W0066587

Eberhard Schmidhäuser
Verbrechen und Strafe

Eberhard Schmidhäuser

# Verbrechen
## und
# Strafe

Ein Streifzug
durch die Weltliteratur
von Sophokles bis Dürrenmatt

Verlag C.H.Beck München

Die Deutsche Bibliothek – CIP-Einheitsaufnahme

*Schmidhäuser, Eberhard:*
Verbrechen und Strafe : ein Streifzug durch die Weltliteratur
von Sophokles bis Dürrenmatt / Eberhard Schmidhäuser. –
München : Beck, 1995
   ISBN 3-406-39531-7

ISBN 3 406 39531 7

© C.H.Beck'sche Verlagsbuchhandlung (Oscar Beck) München 1995
Satz und Druck: Appl, Wemding
Bindung: Großbuchbinderei Monheim

# Vorwort

*Ein Jurist fragt – der Dichter antwortet*

Ein Jurist fragt nach Verbrechen und Strafe, der Dichter antwortet in Werken der Weltliteratur.

*„Verbrechen und Strafe"* – wenn beide zusammen genannt werden, denken wir zunächst an Täter, die das eine begehen und das andere erleiden, und an Gesetze, die das eine als Untat schildern und das andere als Reaktion ankündigen.

*„In der Weltliteratur"* – das meint hier einige ausgesuchte literarische Werke, die den Geist der abendländischen Kultur, aus der sie entstanden sind, repräsentativ wiedergeben.

*Ein Jurist fragt* – aber *auch jeder andere* könnte so fragen, wenn er sich nur *die Begriffe* zueigen macht, von denen der Jurist hier ausgeht. *„Verbrechen"* und *„Strafe"* sind ja keine Phänomene, die nur dem Juristen zugänglich sind. Wenn er als Fragender genannt wird, dann nur deshalb, weil er mit den entsprechenden Begriffen umzugehen gewohnt und daher wohl auch in ihrer Definition sicherer ist, als man es sonst findet.

So wird der hier Fragende – bezogen auf ein staatliches Gemeinwesen unseres Kulturkreises – von folgenden Begriffen ausgehen: *Verbrechen* ist, gesetzlich geschildert, eine rechtswidrig-schuldhafte Verletzung von Rechtsgütern, die die staatlich organisierte Gesellschaft nicht ohne vergeltende Reaktion hinnehmen will. Sie verspricht sich der Sache nach – entgegen allen beschönigenden Ideologien – von der vergeltenden Übelszufügung, die die staatliche *Strafe* immer ist, daß die Allgemeinheit von der offenen und allzu häufigen Begehung von Verbrechen weithin abgehalten wird, so daß ein einigermaßen gedeihliches Gemeinschaftsleben möglich ist.

*Der Dichter antwortet* – auf seine Weise, und das heißt: gewiß nicht in den Begriffen des Strafrechts, ja überhaupt nicht im gleichen Sinne in „Begriffen". Er antwortet vielmehr durch die von ihm in seinem Werk anschaulich gemachten *Geschehensabläufe und Bedeutungsträger.* Der Fragende muß dann die Antwort des Dichters erst verstehend in die Welt seiner Begriffe umsetzen. Er darf sich dabei nicht an seine Ausgangsbegriffe klammern, sondern muß bereit sein, auch solche Phänomene zu akzeptieren, die nichts mit staatlichen Normen zu tun haben. *Verbrechen* ist dann schlechthin eine Untat, die einen ethischen Wert verletzt, und *Strafe* ein Übel, das dem Täter im Bedeutungszusammenhang mit dieser Untat – von wem auch immer – auferlegt wird. Gewiß können auch Phänomene einer staatlichen Rechtsordnung Gegenstand der Dichtung sein, aber das Verbrechen und die Strafe, die dem Dichter wichtig sind, bewegen sich in einem weiteren Rahmen.

Wer den Dichter befragt, muß also sozusagen einen gemeinsamen Nenner finden, der ihm das Wort des Dichters zugänglich macht. Denn die Dichtung ist gegeben, die Frage wird erst gestellt.

Das bedeutet *vom Fragenden her gesehen eine Erweiterung* des Horizontes. Wo auch immer in der Dichtung Konstellationen begegnen, die mit gravierender Wertverletzung eine Übelszufügung verbinden, da ist eine Antwort zu erwarten. Und es bedeutet *vom Dichter her gesehen eine Einengung.* Auch wo ein Werk der Dichtung höchste Kunst verkörpert, kommt nur das in den Bereich der Antwort, was den Gegenstand der Frage bildet. Gleichwohl kann die einengende Frage dazu führen, daß wir die Dichtung aufgrund der Antwort besser verstehen, als wir sie zuvor verstanden haben. –

„*Der*" Dichter antwortet – das besagt nicht, daß nur ein einzelner Dichter befragt wird. Es geht *in diesem Buch* um herausragende *Werke mehrerer Dichter.* Die Auswahl bestimmte sich nach der Erwartung einer fruchtbaren Antwort. Die Reihenfolge der befragten Werke ergab sich nach der

Schwierigkeit des Zugangs, nach der Art der Probleme, die den Dichter beschäftigen, und auch nach der Subtilität des Gehalts. Schließlich hat sich der Autor des Buches das Ziel gesetzt, aus dreizehn Kapiteln in gewissem Sinne ein Ganzes werden zu lassen.

Gleichwohl: Jedes *Kapitel* sollte auch als einzelnes gelesen werden können. *Textnachweise* und einige *Anmerkungen* zu diesem Vorwort und zu allen Kapiteln finden sich *im Anhang* des Buches.

Das Vorwort kann nicht schließen ohne einige *Worte des Dankes*:

Die Studienstiftung des Deutschen Volkes hat mich für 1983 (und dann wieder 1986) zu einem ihrer Sommerseminare eingeladen und mir die Wahl des Themas meiner Arbeitsgruppe freigestellt. Damit hat sie über ihre Veranstaltungen hinaus den Anstoß gegeben zu Seminaren und Vorlesungen in Hamburg zum Thema „Verbrechen und Strafe im Spiegel der Weltliteratur" und schließlich zu dem vorliegenden Buche. Ich erinnere mich dankbar des frohen Interesses der Studenten und später auch eines weiteren Kreises von Hörern.

Ich danke dem Verlag C.H.Beck für die offene Türe, die ich für das Vorhaben dieses Buches gefunden habe, und besonders Herrn Dieter Burneleit, der höchst einfühlsam und teilnehmend die Aufgaben des Lektorats wahrnahm.

Schließlich danke ich dem Ammann Verlag (Zürich), der 1994 die Neuübertragung des bisher meist „Schuld und Sühne" benannten Romans Dostojewskijs unter dem treffenderen Titel „Verbrechen und Strafe" herausgegeben und der nun die Verwendung dieses Titels für mein Buch gestattet hat.

# Inhalt

# Aufklärung der Gesellschaft über Verbrechen und Strafe

## Friedrich Schiller
### DER VERBRECHER AUS VERLORENER EHRE

*Die Geschichte vom Sonnenwirt als „prosaische Schrift" Schillers*

Friedrich Schiller war – damals 26 Jahre alt – schon weit bekannt als Dichter der Dramen DIE RÄUBER und KABALE UND LIEBE. Da veröffentlichte er im Jahre 1786 in der von ihm herausgegebenen Theaterzeitschrift „Rheinische Thalia" anonym die Erzählung „Verbrecher aus Infamie, eine wahre Geschichte". Sechs Jahre später erschien der kaum veränderte Text unter dem Titel „Verbrecher aus verlorener Ehre. Eine wahre Geschichte", – nunmehr unter dem Namen des Autors in dessen Sammelwerk „Kleinere prosaische Schriften". Dies ist die Fassung, von der seitdem in der Regel ausgegangen wird; auch wir halten uns im folgenden an sie.

Mit gutem Grund steht diese „Schrift" am Beginn der Stücke aus der Weltliteratur, die Gegenstand dieses Buches sind. Denn sie nimmt sich der Phänomene Verbrechen und Strafe, wie wir sie aus dem Alltagsleben kennen, am unmittelbarsten an und sie beginnt in der Sprache ihrer Zeit mit einem Satz, der auch an den Beginn des vorliegenden Buches paßt: „In der ganzen Geschichte des Menschen ist kein Kapitel unterrichtender für Herz und Geist als die Annalen seiner Verirrungen."

Auf wenigen Seiten erzählt Schiller das Leben eines Christian Wolf, der einen Mord und andere Untaten beging. Vor die eigentliche Erzählung setzt er eine etwas spröde allgemeine Betrachtung über schwere Verbrechen und das Publi-

kum, das die Berichte über diese Verbrechen liest. Er
schließt sie mit dem Hinweis, daß der Verbrecher, von dem
er „jetzt sprechen werde", „durch des Henkers Hand" gestorben sei.

Christian Wolf ist der Sohn eines Gastwirts auf dem Dorfe
und wird hernach als „der Sonnenwirt" bekannt. Seine Jugend ist belastet durch sein unglückliches Aussehen, durch
sein weithin vergebliches Bemühen, von den Mädchen des
Dorfes trotzdem anerkannt zu werden, durch seinen Ausweg in die Jagdwilderei und durch drei Bestrafungen wegen
dieses Delikts. Er wird zunächst zu einer Geldbuße, nach erstem Rückfall zu einem Jahr Zuchthaus und schließlich nach
erneutem Rückfall zu drei Jahren Festung verurteilt.

Die Erzählung geht in eine Lebensbeichte des Sonnenwirts selbst über, zu der er sich später seinem geistlichen
Beistand und dem Gericht gegenüber bereit gefunden hat,
einleitend mit dem Satz: „Ich betrat die Festung als ein Ver-
irrter und verließ sie als ein Lotterbube." Wieder in Freiheit, lechzt er nach Rache. „Alle Menschen hatten mich be-
leidigt, denn alle waren besser und glücklicher als ich. Ich
betrachtete mich als den Märtyrer des natürlichen Rechts
und als ein Schlachtopfer der Gesetze." „Damals gelobte ich
unversöhnlichen, glühenden Haß allem, was dem Menschen gleicht."

Der in seine Vaterstadt Zurückgekehrte wird von allen
Menschen gemieden. Nur sein Mädchen zeigt sich erfreut,
aber er erkennt an ihrem Gesicht ihre „schändliche" Erkran-
kung und wendet sich von der „Soldatendirne" lachend ab.
„Es tat mir wohl, daß noch ein Geschöpf unter mir war im
Rang der Lebendigen." Er betreibt erneut die Wilderei und
stößt dabei eines Tages ganz unvorhergesehen auf den Jäger
Robert, der ihn einst ertappt und angezeigt hat. Er erschießt
ihn, nicht ohne einiges Zögern. Von Gewissensangst getrieben, flieht er und ringt mit dem Entschluß, sich umzubringen. Da taucht im „dunkelsten Dickicht" ein Räuber auf,
der ganz begeistert ist, als der berühmte Sonnenwirt sich zu

erkennen gibt. Wolf schildert den lebhaften Dialog mit diesem „wilden Mann", der ihn zum Mitgehen bewegt und in eine tiefe Kluft zu seiner Räuberbande führt. Von ihr wird Wolf sogleich mit Freuden aufgenommen und zum Haupt der Bande bestimmt.

Damit endet der Teil der Geschichte, in dem Wolf über sich selbst spricht. Schiller übergeht die Zeit seines tiefsten Falls ausdrücklich mit der Begründung: „Das bloß Abscheuliche hat nichts Unterrichtendes für den Leser." Er berichtet sodann über Reuegefühle und Gewissensbisse des Sonnenwirts. Mehrere Gnaden-Bittschriften an den Landesherrn bleiben ohne Antwort. Da „entwischt" Wolf seiner Bande, entschlossen, aus dem Lande zu fliehen und in fremde Kriegsdienste zu treten. In einer kleinen Landstadt macht er sich als einsamer Reiter durch sein Auftreten verdächtig, wird um seinen Paß gebeten, sucht plötzlich zu fliehen, wird, obwohl er mit einer allerdings ungeladenen Pistole droht, überwältigt und vor den Richter, den Oberamtmann des Ortes, gebracht. Dieser befragt ihn „mit ziemlich brutalem Ton". Wolf reagiert entsprechend: er sei „ein Mann, der entschlossen ist, auf keine Frage zu antworten, bis man sie höflicher einrichtet." Der Oberamtmann läßt ihn in den Turm setzen. Am nächsten Tag aber begegnet er dem Gefangenen mit der Bitte um Verzeihung, daß er ihn so hart angegangen. Der andere Ton bewegt Wolf, dem Oberamtmann unter vier Augen zu bekennen, er sei „aus freier Wahl" sein „Verräter": „Ich bin der Sonnenwirt."

Mit diesem Satz endet die von Schiller erzählte „wahre Geschichte".

## Der historische Stoff

Schiller hat diese „Geschichte" nicht völlig frei erfunden. Der historische Vorgang, den er aufgegriffen hat, ist der Lebenslauf des Sonnenwirts Fridrich Schwan, geboren 1729 in Ebersbach bei Göppingen. Man weiß auch ziemlich sicher, wie dieser Stoff Schiller zugekommen ist und was er folglich daran geändert und hinzugetan hat. Daraus wieder kann man erschließen, was ihn bewogen haben muß, die „Geschichte" in dieser Weise zu schreiben und zu veröffentlichen.

Friedrich Schiller, als Sohn eines württembergischen Offiziers 1759 in Marbach geboren, kam mit 14 Jahren an die Hohe Carlsschule in Stuttgart, eine Institution des württembergischen Herzogs, die Kadettenanstalt und Akademie zugleich war. Einer von Schillers Lehrern dort war Jacob Friedrich Abel, Professor der Philosophie. Dessen Vater war der einstige Oberamtmann Abel in Vaihingen an der Enz, der im Jahre 1760 ebendort den historischen Sonnenwirt festgenommen hat. Es ist nun ganz davon auszugehen – und wird allgemein so gesehen –, daß Professor Abel auf der Carlsschule seinen Zöglingen getreulich berichtete, was sein Vater und was auch er selbst, der als damals Zwölfjähriger den Gefangenen fast täglich sehen und sogar mit ihm sprechen konnte, mit dem Sonnenwirt erlebt hatte. Die Untaten dieses Mannes hatten in Württemberg durch Jahre hindurch Furcht und Schrecken erregt. Im Verfahren vor der Gemeindebehörde Vaihingen, die das Gerichtskollegium bildete, kam es zum Todesurteil. Es wurde am 30. Juli 1760 in Vaihingen vollstreckt. Der 31 Jahre alte „Sonnenwirtle" wurde gerädert (lebendig aufs Rad geflochten – also in einer damals noch üblichen besonders grausamen Weise getötet).

Schiller hat wohl auch bedacht, daß er gerade ein halbes Jahr alt war, als dieser Mann hingerichtet wurde.

### Die „Relationen" und das „lesende Publikum"

Schillers einleitende Bemerkungen lassen erkennen, daß er an den ausführlichen Verbrechensberichten, die zu seiner Zeit weit verbreitet waren, und an der darauf beruhenden Haltung des „lesenden Publikums" gegenüber „dem" Verbrecher Anstoß nahm. Hauptsächliche Lektüre waren da

die oft von Geistlichen, aber auch von Juristen redigierten
sog. „Relationen", die schon im ganzen vorangegangenen
18. Jahrhundert sehr viel gelesen wurden.

Dazu drei Beispiele. Zuerst ein Buch aus dem Jahr 1727:
„Ausführliche Relation von der famosen Zigeuner-Diebs-
Mord-und Rauber-Bande, welche den 14. und 15. Nov.
1726 zu Gießen durch Schwert, Strang und Rad, respective
justifiziert worden. Von Dr. Johann Benjamin Weißen-
bruch, Fürstl. Hessen-Darmst. Vormundrat, auch Ober-
schultheißen und Peinl. Gerichtsassessor." Das 19. Kap. enthält das Urteil und die Hinrichtung von 25 Mitgliedern der
Bande, worunter 8 „Weibspersonen". – Aus dem Jahr 1753
das zweite Beispiel: „Actenmäßige Nachricht von einer zahl-
reichen Diebsbande, welche von einem zu Hildburghausen
in gefänglicher Haft sitzenden jungen Dieb entdeckt worden, nebst einem Anhang aus denen wider die anno 1745
allhier hingerichteten Gaudiebe Johann Georg Schwarzmül-
ler und Friedrich Weiner verführten Inquisitionsactis, auch
Verzeichnis vorgekommener Wörter von der Spitzbuben-
Sprache."

Drittes Beispiel ist das ohne Autoren- und ohne Jahresan-
gabe in Tübingen erschienene Buch: „Hannikel oder die
Räuber- und Mörderbande, welche in Sulz am Neckar in
Verhaft genommen und am 17. Juli 1787 daselbst justifiziert
worden. Ein wahrhafter Zigeuner-Roman ganz aus den Kriminalakten gezogen". Es ist davon auszugehen, daß dieses
Buch noch im Jahre 1787 erschienen ist, also im Jahr nach
der ersten Veröffentlichung von Schillers Erzählung. Liest
man auch nur in einigen der „Relationen" des 18. Jahrhunderts, so zeigt sich, daß dieses „Hannikel"-Buch den
Geist all dieser Machwerke gerade auch für die Zeit Schillers aufs deutlichste belegt. Daher sei im folgenden einiges
wenige aus dem Buch zur Veranschaulichung wiedergegeben:

„Es wird hier dem Publikum ein kurzer Auszug einer
Geschichte vorgelegt, die dem Leser aus jeder Klasse, dem

das Interesse der Menschheit am Herzen liegt, nicht ganz gleichgültig sein kann. Man lernt in diesen Blättern an Hannikeln und Konsorten Tiger in Menschengestalt kennen, die nicht nur in ihren eigenen Eingeweiden herumgewühlt, sondern auch kein Bedenken getragen haben, andre, die ihnen niemalen auf die Zehe getreten, in ihrer Ruhe zu stören, sie mit mörderischer Wut anzufallen und auf das allerempfindlichste zu kränken." „Was hier von ihnen erzählt wird, ist echt und ganz aus den Kriminalakten gezogen." „Es ist wohl nicht zu zweifeln, daß jeder Menschenfreund, wenn er die hier erzählte ungeheure Greueltaten liest oder hört, eine Träne vom Auge wischen ⟨werde⟩, und daß ihm der Gedanke: wieviel Elend und Roheit" ... „noch unter seinen Brüdern herrsche, einen tief ausgeholten Seufzer kosten werde." „Unter diesen herbeigebrachten so schädlichen Auswüchsen der Menschheit befand sich dann an Hannikel, Wenzel und Duli ein Kleeblatt, wie man es in der Hölle kaum anzutreffen sich getrauen sollte. Hannikel war das Herzblatt darunter, dessen Gift sich auch dem andern ihm nahen Unkraut reichlich mitteilte." ... usw. usw.

Es folgen schließlich genaue Angaben über die einzelnen Taten, über die Begehungsweise, das gewaltsame Vorgehen gegen in ihren Wohnungen überfallene Personen, weiterhin über Beutegegenstände und Schadenshöhe. Am Schluß kommt der Bericht über die „Handfestmachung dieser Bösewichte", und zwar auf schweizerischem Gebiet, über die Flucht Hannikels, seine neue Ergreifung, dann über den Transport der Bande nach Sulz am Neckar und die Unterbringung in „festeste Gefängnisse".

Allein hierzu werden dann Details wie die folgenden berichtet: „Drey neue Thüren, deren jede 10 Zoll dick, und mit mehrmals handbreiten, fingerdicken eisernen Bändern, dreipfündigen Kloben, und einem sehr starken französischen Schloß versehen ist, und die noch nebenher mit zwei sehr dicken eisernen Querstangen durch starke Schließe be-

festiget werden, führten den Hannikel in das vor ⟨= für⟩ ihn
bestimmte enge sehr verriegelte Blockhaus."

Angefügt ist noch ein besonderer Anhang von 30 Seiten,
zu gleicher Zeit in Tübingen erschienen, und zwar über
die Hinrichtung der Bandenmitglieder: „Hannikels und seiner Konsorten letzte Auftritte".

### Schillers sozialpädagogisches Interesse

Wir wissen nunmehr, wie damals über Verbrechen und Strafen berichtet wurde und mit welchem Kommentar diese Berichte versehen wurden: „Tiger in Menschengestalt, die
nicht nur in ihren eigenen Eingeweiden herumgewühlt haben", .. „schädliche Auswüchse der Menschheit, wie man
sie in der Hölle kaum anzutreffen sich getrauen sollte" usw.

Nun erst sind wir auch in der Lage, einige Sätze aus der
Einleitung zu Schillers VERBRECHER AUS VERLORENER EHRE
richtig zu verstehen, wenn er schreibt, es lasse sich manches
dagegen einwenden, wie üblicherweise die Geschichte der
Verbrechen behandelt werde. Hier liege wohl auch „die
Schwierigkeit, warum das Studium derselben für das bürger-
liche Leben noch immer so fruchtlos geblieben". Schiller
geht davon aus, daß „bei jedem großen Verbrechen" „eine
verhältnismäßig große Kraft in Bewegung" gewesen sei.
Nun herrsche zwischen der heftigen Gemütsbewegung des
handelnden Menschen ⟨also des Verbrechers⟩ und der ruhigen Stimmung des Lesers ein solcher Kontrast, daß der Leser nichts auf sich anwende, sondern nur ein Kopfschütteln
der Befremdung habe. „Wir sehen den Unglücklichen, der
doch in eben der Stunde, wo er die Tat beging, so wie in der,
wo er dafür büßet, Mensch war wie wir, für ein Geschöpf
fremder Gattung an, dessen Blut anders umläuft als das unsrige, dessen Wille andern Regeln gehorcht als der unsrige."

Die Belehrung des Lesers, sagt Schiller, gehe „mit der Beziehung" ⟨gemeint ist: zum Verbrecher⟩ „verloren". Die Geschichte des einzelnen Verbrechens sei für uns auf diese Wei-

se keine Schule der Bildung, sondern befriedige nur unsere Neugier. Solle sie uns mehr sein, dann gebe es nur zwei Methoden: „Entweder der Leser muß warm werden wie der Held, oder der Held wie der Leser erkalten." Nur so werde die „Lücke zwischen dem historischen Subjekt und dem Leser" geschlossen. Schiller wertet dann die beiden Methoden: Die erste, also die des Erwarmens, gehöre „ausschließend und eigentümlich dem Redner und Dichter". „Dem Geschichtschreiber" bleibe nur die letztere, also die des Erkaltens, übrig. Und da sich Schiller hier als Geschichtschreiber sieht, folgert er: „Der Held muß kalt werden wie der Leser." –

Damit scheint alles auf einen Bericht über den historischen Sonnenwirt hinauszukommen. Aber Schiller wäre nicht der, der er ist, wenn er sich nicht noch zu anderem aufgerufen sähe. Auch in diesem kleinen Werk zeigt sich ein wesentlicher Zug seines Dichtens, – ein Zug, den Goethe später im Gespräch mit Eckermann benennt, wenn er sagt: „Schillers eigentliche Produktivität lag im Idealen." So ist es Schiller denn auch hier, wo er die Berichte über den Sonnenwirt aufgriff, vor allem darum gegangen, an die Stelle der bloßen sachlichen Wiedergabe eine Geschichte treten zu lassen, die den Leser zum „Idealen" hinführt. Er mußte den Leser ermuntern, sich dem Phänomen des Verbrechens auf einer ethisch höheren Stufe zu stellen. Wir werden sehen, daß es ein sozialpädagogisches Interesse ist, das Schiller mit seiner Erzählung verfolgt. Und so gibt er seiner Erzählung nicht von ungefähr den Untertitel: „Eine wahre Geschichte". Damit markiert er eine Mitte zwischen Märchen und historischem Bericht. Weder erdichtet er etwas, was so nicht geschehen sein könnte – das wäre ein Märchen –, noch reiht er lediglich übermittelte Fakten aneinander – das wäre ein historischer Bericht. „Geschichte" meint, was sich so ereignet haben könnte, und „wahr" ist sie nicht i.S. der Wahrheit einer Zeugenaussage, die erlebte Fakten wiedergibt, sondern i.S. des Anspruchs einer Gültigkeit, die uns Menschen etwas bedeutet.

## Einzelnes zu Schillers erzählendem Vorgehen

Schillers erzählendes Vorgehen läßt sich überraschend gut erfassen, da ein Text vorliegt, der das Vergleichen ermöglicht. Im Jahr 1787, also ein Jahr nach dem anonymen Erscheinen von Schillers VERBRECHER AUS INFAMIE, brachte sein Carlsschule-Lehrer Jacob Friedrich Abel ein Buch heraus mit dem Titel: „Sammlung und Erklärung merkwürdiger Erscheinungen aus dem menschlichen Leben", in dessen zweitem Teil die „Lebens-Geschichte Fridrich Schwans" berichtet wird. Der im ganzen sachliche Bericht (der nichts mit den üblen „Relationen" gemein hat, von denen oben die Rede war) wird von Abel u. a. mit folgenden Sätzen eingeleitet: „Fridrich Schwan ward durch seine Räubereien und Mordtaten, ebenso wie durch die außerordentliche Kühnheit und Geschicklichkeit, mit welcher er sie beging, so berühmt, daß er lange Gegenstand des allgemeinen Schreckens gewesen, und daß noch jetzt in mehreren Gegenden Wirtembergs sein Name (Sonnenwirt...) der allgemeine Name eines Räubers und Mörders ist. Aus dem Munde dieses Bösewichts, den ich ein halb Jahr lang beinahe alle Tage sah, und aus der Erzählung mehrerer, verständiger Männer, denen er am Ende seines Lebens alle seine Verbrechen aufs offenherzigste eingestanden, hörte ich oft die Geschichte seiner Laster und seines Unglücks."

Der Bericht Abels wird in den entsprechenden Teilen durch das im Staatsarchiv zu Stuttgart liegende handschriftliche Protokoll der Vernehmung des Sonnenwirts in Vaihingen an der Enz vom 7. März 1760 bestätigt. Der besondere Gewinn an Abels Bericht liegt für uns heute darin, daß wir vergleichen und dabei sehen können, wo und wie Schiller etwas geändert, weggelassen oder hinzugefügt hat.

*Anhand einiger Stichwörter* läßt sich Schillers Vorgehen wie folgt zeigen:

– Der Name des Sonnenwirts: Bei Abel (und das ist immer auch: im historisch erfaßten Geschehen) heißt der

Mann: Fridrich Schwan / – bei Schiller dagegen: Christian
Wolf. Das kann besagen: von außen ein „Wolf", innen aber
doch ein Anhänger Christi.

– Die Erscheinung: Bei Abel: auch dem Mädchen gefiel
der schöne, reiche, mutvolle und feurige junge Mann / –
bei Schiller: die Natur hatte seinen Körper verabsäumt
(kleine unscheinbare Figur, plattgedrückte Nase; sein Anblick eine Widrigkeit).

– Die Kriminalität des Jugendlichen: Bei Abel: Diebstahl
gegen seinen Vater, Bedrohung der Bürger des Orts mit An-
zünden ihrer Häuser, Drohung mit dem Messer; Wilderei
wird eher nur als Nebenbeschäftigung neben schwereren
Taten begangen; Diebstähle aus Rachsucht oder aus Bedürfnis / – bei Schiller: das arme Mädchen, in das er sich verlieb-
te, wies ihn ab; er sucht sie durch Geschenke zu gewinnen;
sein Ausweg: „honett zu stehlen", d.h. zu wildern, um nun
(mit dem durch Verkauf erlösten Geld) Geschenke machen
zu können.

– Die Reaktion der Gesellschaft: Bei Abel: die Bürger des
Orts waren durch seine Drohungen und Anmaßungen auf-
gebracht, und so ist er selbst es, der alle Achtung verspielt,
die sie vor ihm haben könnten / – bei Schiller: ein besonders strenges Edikt gegen Wilddiebe verlangt exemplarische Genugtuung, daher dreimal sich steigernde Bestrafung
des Sonnenwirts. All dieses Geschehen läuft für den jungen
Wolf auf einen oktroyierten Ehrverlust hinaus; schließlich
wird er sogar von dem Jungen verachtet, dem er einen Gro-
schen schenken will. Er sucht Arbeit als Taglöhner, wird
aber überall abgewiesen.

– Die Liebe zu dem Mädchen: Bei Abel: auch dem Mädchen gefiel der junge Mann, aber die Roheit seiner Seele,
seine gehäuften Verbrechen und der Schimpf, den ihm das
Zuchthaus mehr als alle seine Laster zugezogen hatten,
schreckten sie zurück. (Doch Schwan ließ sich nicht abhalten; er drohte an einem Sonntag morgen mit zwei Messern,
mit dem einen sie, dann mit dem andern sich selbst zu tö-

ten. Da versprach das Mädchen alles. Sie verlobte sich mit ihm. Später saß sie in Göppingen in Haft, er trieb sich in der Nähe herum, wartete, bis sie freikam. Dann ließen sie sich von einem abgedankten Pfarrer trauen.) / – bei Schiller: das Mädchen verschmäht ihn nicht mehr, als er ihr Geschenke machen kann. Aber als er vom Zuchthaus zurückkommt, ist sie Soldatendirne, mit schwerer „schändlicher" Krankheit; er verschmäht sie und bekennt sogar: „Es tat mir wohl, daß noch ein Geschöpf unter mir war im Rang der Lebendigen."

– Das Verhältnis zur Gauner-/Räuberbande: Bei Abel: Schwan wird Mitglied einer Gaunerbande und dann deren Anführer. Er wird berühmt durch seine Taten und wird von anderen Banden eingeladen; beteiligt sich dort als Freiwilliger. „Ein Mann von Schwans Geist steht nie stille. Er errichtete selbst eine Gesellschaft, die er unumschränkt beherrschte. Die Gesellschaft bestand aus 20 Personen und folgte blindlings seinen Befehlen." Es wird Schwans taktisches Vorgehen bei den Verbrechenstaten hervorgehoben, z.B. daß Einbrüche in der Nacht vor Sonn- oder Feiertagen ausgeführt wurden. „Schwan stand jetzt auf dem Gipfel seiner Größe ... er war ... im Genuß der schönsten Weiber, er war der Herrscher einer ansehnlichen Bande, und Ruhm und Schrecken ging überall vor ihm her." / – bei Schiller: Wolf wird von einem Bandenmitglied, das im Walde zufällig auf ihn stößt, zu der Bande gebeten; er muß in einen tiefen Abgrund zu ihrem Lagerplatz hinabsteigen. Sie macht ihn zum Anführer. Aber nach einiger Zeit plagt ihn das Gewissen. Er strebt danach, eine Art versöhnender Wiedergutmachung leisten zu können, schreibt drei Bittbriefe an den Herzog und will nach deren Erfolglosigkeit schließlich gar dem König von Preußen dienen und als braver Soldat sterben. In dieser Stimmung löst er sich von der Bande.

– Festnahme und Fluchtversuch: Bei Abel: „Alles stellte sich ihm also, sobald er erblickt wurde, in den Weg. Er wollte, um sich zu befreien, schießen, aber der Pistol, der sonst, wie er selbst nachmals sagte, niemals gefehlt hatte, ging nicht los. Nun versuchte er, schneller zu reiten, aber sein Pferd war erschreckt und ging nicht fort." / bei Schiller sagt der Oberamtmann zu dem Festgenommenen: „Ihre schnelle Flucht macht Sie sehr verdächtig. Warum flohen Sie?" „Weil ich's müde war, der Spott Ihres Pöbels zu sein." „Sie drohten, Feuer zu geben." „Meine Pistole war nicht geladen." Man untersuchte das Gewehr, es war keine Kugel darin.

– Die Konfrontation des Oberamtmanns mit Schwan/ Wolf: Bei Abel: der Amtmann schöpft aufgrund des seltsamen Verhaltens und des Aufzugs des Schwan Verdacht; bei Schwan wird eine Fülle von Verbrechenswerkzeugen gefunden. Der Amtmann hält ihm auf den dringenden Verdacht die schwersten Untaten vor; Schwan gibt seine Verbrecherexistenz zu und bekennt, der Sonnenwirt zu sein / – bei Schiller: der Oberamtmann begegnet dem Wolf in befehlshaberischem Ton und nimmt ihn wegen des gegen ihn sprechenden Anscheins fest. Am nächsten Tag begegnet er ihm freundlicher; Wolf sieht sich einem „edlen Mann" gegenüber und entschließt sich zu einem offenen Geständnis unter vier Augen.

## Schillers „wahre Geschichte"

Dort der Bericht Abels, hier die „wahre Geschichte" Schillers –: Das stichwortbezogene Vergleichen macht uns überdeutlich, worum es Schiller ging. Er wollte seine Mitbürger als die Leser der üblichen Kriminalrelationen zur Kritik an diesem Lesestoff und an sich selbst bewegen. Sie sollten ihre Haltung ändern und dem Phänomen des Verbrechens in der Gesellschaft nicht vor allem mit sensationslüsterner Neugier begegnen, sondern wesentlich mit humaner Teilnahme. So hat er den gegebenen Stoff, wie er dem historischen Vorgang entspricht, an beiden Seiten erheblich korrigiert: auf der Seite des Verbrechens, durch das der Einzelne sich gegen die Gesellschaft stellt, und auf der Seite der Strafe (auch schon der Strafverfolgung), in der sich die staatlich organisierte Gesellschaft gegen den Einzelnen richtet.

Schillers Korrekturen haben die Laufbahn des Verbrechers unglücklicher, seine Bestrafungen unerträglicher gemacht. So ergab sich für die „wahre Geschichte" vor allem:

– die sehr ungünstige Ausgangslage für Wolfs Leben im Erscheinungsbild seiner Person;

– die relativ harmlose Kriminalität als Einstieg, nämlich die Wilderei, die im ursprünglichen Rechtsbewußtsein einer ländlichen Bevölkerung ohnehin kein Unrecht darstellt, da das in freier Natur geborene und aufgewachsene Wild nach diesem Bewußtsein für jedermann jagdbar ist. Dazu kommt eine übermäßige Kriminalisierung: die im Feudalstaat besonders harte Bestrafung der Wilderei, und dies nur, damit den wenigen der herrschenden Gesellschaftsschicht das Jagdvergnügen ungeschmälert erhalten bleibe;

– die „verlorene Ehre", die recht eigentlich eine entzogene Ehre ist: „Ehre" hier verstanden als der Anspruch auf angemessene Anerkennung in der Gesellschaft, – entzogen durch Zuchthaus und durch Festungshaft, ohne jede Hilfe zur Wiedereingliederung in die Gesellschaft;

– die schematische Art der nur auf das Äußere und die Schädlichkeit der Tat ausgerichteten jeweiligen Strafzumessung, die auf die Motive und etwaigen Bedrängnisse des Täters nicht die geringste Rücksicht nimmt: „Die Richter sahen in das Buch der Gesetze, aber nicht einer in die Gemütsverfassung des Beklagten."

– das spezifische Gerechtigkeitsverlangen des Wolf, das ihn in eigentümlicher Weise auf dem Verbrechensweg festhält. Die bei Schiller nur auf die Wilderei bezogenen harten Strafen wecken Wolfs Trotz: „Ich wollte mein Schicksal verdienen." Das besagt aus der Sicht Wolfs: Das Gleichgewicht der Gerechtigkeitswaage wird vom Verbrecher selbst hergestellt. Das bisherige Zuviel an Strafen muß durch weitere Wilderei und sonstige Untaten ausgeglichen werden

(– wozu freilich nicht die Tötung eines Menschen gehört, an die Wolf in diesem Stadium des Geschehens nicht denkt). Wenn man sich der Maxime erinnert, unter die Kant das staatliche Strafen gestellt sah: daß Gerechtigkeit auf Erden herrsche, „damit jedermann das widerfahre, was seine Taten wert sind", dann sieht es Wolf von der Gegenseite und handelt nach der Maxime: daß der Gesellschaft widerfahre, was seine verbüßten Strafen an Unwert voraussetzen, – damit also bei schon vollstreckter Strafe Gerechtigkeit erzielt werde durch Nachlieferung von Verbrechen. Eine derartige Motivation findet sich – wenn ich recht sehe – sonst nirgends in der Literatur.

Schiller zeigt durch den ganzen Verlauf des Geschehens, daß jeder Mensch für sein Dasein auf ein Mindestmaß an Anerkennung in seiner sozialen Umwelt angewiesen ist. Wolf geht auf die Bahn des Verbrechers, als er diese Anerkennung nicht erfährt. Er gewinnt sie später in der Räuberbande, also in der Randgruppe einer Subkultur. Aus der vorherigen Vereinzelung findet er so wieder zu einem sozialen Bewußtsein. Auf einmal plagt ihn das Gewissen, und er sucht nach dem Rückweg in die staatlich geordnete Gesellschaft (wie seine Bittbriefe an den Landesherrn zeigen). Auf ganz andere Weise erfährt er dann innerhalb dieser Gesellschaft eine Anerkennung, als ihn der Oberamtmann als Gesprächspartner ernst nimmt, ihm sozusagen von gleich zu gleich begegnet. Nun ist der Kontakt hergestellt, der ihn zum Geständnis bereit sein läßt. (Ein „freiwilliges" Geständnis, wie in der Sekundärliteratur immer gemeint wird, war es freilich nicht; er war ja doch festgenommen, hatte keine Aussicht auf Freikommen und mußte gar mit der Folter rechnen. „Freiwillig" wäre sein Geständnis nur gewesen, wenn er aus völliger Bewegungsfreiheit heraus sich bei der Polizei gemeldet und zu erkennen gegeben hätte. Jedenfalls aber war es in der Schillerschen Geschichte die seine Persönlichkeit achtende Art des Oberamtmanns, die Wolf bewog, seine Karten aufzudecken.)

*Schillers „wahre Geschichte" in ihrer Bedeutung für gestern und heute*

Wir können nunmehr das Ganze des Stücks im Blick auf die Phänomene von Verbrechen und Strafe würdigen.

Wir sahen: Schiller schrieb in einer Zeit, in der das lesende Publikum mit jenen sensationsbeladenen Relationen bedient wurde, die die Untaten im schrecklichen Detail der Begehung und der Schadensfülle schilderten und das Strafverfahren im Detail der Verhaftung, Verurteilung und Urteilsvollstreckung – eben auch in den meist dazu gehörenden Einzelheiten der Vollstreckung der Todesstrafe. Schiller distanziert sich in den einleitenden Abschnitten der Erzählung nachdrücklich von dieser Kriminallektüre. Der Held müsse „erkalten" wie der Leser, d.h. der Held sollte so nüchtern gezeigt werden, daß dem Leser ein sachliches Urteil über ihn und die Gesellschaft möglich werde. Es müsse dem Leser die „republikanische Freiheit" zugestanden werden, selbst zu Gericht zu sitzen, – d.h. die Freiheit, nicht in den emotionalen Strudel des bloßen Verwerfens und Teilnehmens an der Sensation gerissen zu werden.

Diese Distanz ist aber – nach Schiller – nur zu gewinnen, wenn nicht vor allem die schreckliche Untat in ihrem Detail gezeigt, sondern wenn der Blick in die Psyche des Täters gerichtet wird, und zwar schon vor der Begehung der Tat mit der Frage, wie der Täter überhaupt zu dieser Tat gekommen ist. Diesem Konzept entspricht nun ganz die Darstellung aus Schillers Feder: daß er vorneweg mit nur kurzem Wort sagt, wohin der Weg des Helden geführt hat: „Er starb durch des Henkers Hand", und daß er später, als es um die Wiedergabe der einzelnen Taten des Wolf gehen könnte, nur sagt: „Den folgenden Teil der Geschichte übergehe ich ganz; das bloß Abscheuliche hat nichts Unterrichtendes für den Leser."

So wird Schillers VERBRECHER AUS VERLORENER EHRE seinen Zeitgenossen gegenüber zum sozialpädagogischen Lehrstück. Der Leser soll erkennen, daß der Verbrecher, den er als den „Unglücklichen" bezeichnet, nicht „ein Geschöpf fremder Gattung" ist, sondern „in eben der Stunde, wo er die Tat beging, so wie in der, wo er dafür büßet, Mensch war wie wir". Und um dies ganz deutlich zu machen, läßt Schiller – verglichen mit dem historischen Stoff – das Verhalten des Christian Wolf weniger verwerflich erscheinen, als es das des Schwan war, und das Verhalten der Mitmenschen gegen Wolf im Ursprung gehässiger, als es seinerzeit Schwan gegenüber war.

Schiller stützt sich dabei auf die Psychologie seiner Zeit. Er spricht von der „großen Kraft", die bei jedem großen Verbrechen in Bewegung war. Er geht offenbar davon aus, daß sie auch der guten Tat hätte dienen können. So meint er – als Wolf später hoffte, noch „rechtschaffen werden" zu können –: „Auf dem höchsten Gipfel seiner Verschlimmerung war er dem Guten näher, als er vielleicht vor seinem ersten Fehltritt gewesen war." Das ist gewiß vereinfachend gesehen. Es käme dann lediglich darauf an, wohin die große Seelenkraft gelenkt wird (so wie im modernen Supermarkt die Kassiererin das Trennbrett für die berechnete Ware umlegt, wenn der nächste Kunde an der Reihe ist). Zu dieser Psychologie gehört dann auch die Monokausalität i.S. der alles bestimmenden Einzelursache: „Aus verlorener Ehre" ist Wolf zum Verbrecher geworden, wie wenig später auch Anselm Feuerbach in seinen „Merkwürdigen Kriminalrechtsfällen" etwa den „Brudermörder aus Enthusiasmus für eine Handlungsspekulation" schildert oder den „Mörder aus eingewöhnter Rachsucht".

Im Rahmen dieser Psychologie wird von Schiller auch die „Mechanik der gewöhnlichen Willensfreiheit" ins Bild gesetzt. Christian Wolf schildert selbst seine Gedanken: seinen Entschluß zum Haß gegen alles, was dem Menschen gleicht, – sein Bewußtsein, als er im Wald auf den Jäger Robert trifft und der Flinte die schreckliche Wahl erlaubt, – seinen Entschluß, dem Getöteten die Uhr zu nehmen und sie dann doch zurückzulassen, – seine Wahl zwischen rastloser Todesfurcht und dem Entschluß zur Selbsttötung. In alledem geht Schiller von der „unveränderlichen Struktur der menschlichen Seele" aus. Er sieht die Ursache des Verhaltens seines Helden in den „veränderlichen Bedingungen der Umwelt". Und so, indem er den Charakter des Wolf im Vergleich zum historischen Sonnenwirt verbesserte, verschlechterte er dessen soziale Umgebung und vermehrte damit die Mit-Schuld der Gesellschaft.

Speziell ins Stammbuch der Juristen seiner Zeit gehört in Schillers Erzählung der schon oben wiedergegebene Satz: „Die Richter sahen in das Buch der Gesetze, aber nicht einer in die Gemütsverfassung des Beklagten." Dies traf sicher für manche aus Not begangene Tat zu. Aber man muß doch auch fragen, inwieweit die Richter damals überhaupt berechtigt waren, sich anders zu verhalten. Seit jener Zeit hat sich auch in den Strafgesetzen viel geändert; und in der Strafzumessung unserer Gegenwart wird manchmal vielleicht eher zuviel auf Bedrängnisse des Angeklagten geschaut, auch wenn er sie selbst verschuldet hat. Man vergleiche mit unseren heutigen Erfahrungen nur etwa eine Vorschrift über die Strafbarkeit des Diebstahls aus dem Bayerischen StGB von 1813, Art. 215, wonach innerhalb einer gewissen Grenze das Strafmaß schematisch durch die Schadenshöhe bestimmt wurde (...„und diese Strafzeit um so viele Vierteljahre verlängert werden, so vielmal der Wert des Entwendeten die Summe von 50 Gulden in sich enthält").

Vielleicht hat auch Schillers DER VERBRECHER AUS VERLORENER EHRE seinen Beitrag geleistet, den Strafmechanismus früherer Jahrhunderte allmählich abzubauen. Jedenfalls waren ihm Verbrechen und Strafe in dieser dichterisch gestalteten Erzählung in doppelter Weise bedeutsam: einmal in dem Ziel, ein Gegengewicht zu schaffen gegen die in den sog. Relationen verbreitete Art der Kriminalliteratur jener Jahrzehnte, und sodann in dem Ziel, eine Humanisierung des staatlichen Strafens als möglich aufzuzeigen. Dazu ge-

hört: daß man im Täter des Verbrechens den Mitmenschen
sieht, und sodann, daß der Gesetzgeber eine übermäßige
Kriminalisierung abbaue, und schließlich, daß die Gesellschaft ihre Mitschuld an verbrecherischen Lebensläufen er-
kenne.

Daß dies alles überzeitliche Anforderungen an die strafende Gesellschaft sind, hat sich in den zweihundert Jahren seitdem oft genug gezeigt. Und so hat diese „wahre Geschichte"
als Aufklärung der Gesellschaft über Verbrechen und Strafe
ganz entschieden ihren Platz in der Reihe der Werke, die
wir unter dem Aspekt dieser Phänomene des menschlichen
Zusammenlebens betrachten werden, – und sie hat ihn in
ihrer leicht zu erfassenden Struktur und klaren Zielsetzung
mit Recht auch an erster Stelle.

# Eines Menschen Weg aus einer heillosen Welt des Unrechts in eine geheilte Welt des Rechts

## Heinrich von Kleist
## MICHAEL KOHLHAAS

### *Michael Kohlhaas als sprichwörtliche Figur*

„Der ist der reinste Kohlhaas" – hört man gelegentlich sagen, wenn von jemandem die Rede ist, der unerbittlich „sein" Recht verfolgt oder sich den Behörden gegenüber als unbelehrbar erweist und dann als Querulant gilt. „Fiat justitia et pereat mundus!" (es geschehe Gerechtigkeit, und mag die Welt darüber zugrunde gehen) wird dann einem solchen Verhalten öfters als Leitspruch unterstellt.

Wenn die Figur des Kohlhaas „sprichwörtlich" genannt werden kann, so ist das nicht einer historischen Gestalt als solcher zuzuschreiben, sondern allein der Kleist'schen Erzählung von jenem Mann, dem Unrecht geschehen war und der dann sein Recht so verbrecherisch verfolgte, daß der erste Satz der Erzählung ihn mit dem paradoxen Wort einführen kann, dieser „außerordentliche Mann" sei „einer der rechtschaffensten zugleich und entsetzlichsten Menschen seiner Zeit" gewesen.

Gleichwohl: Ein Mann dieser Art lebte tatsächlich, litt, wütete, wurde hingerichtet und – ist für Kleist zum Helden seiner Erzählung geworden. Deren Untertitel „Aus einer alten Chronik" verdeckt allerdings, daß hier nicht wieder-berichtet wird, sondern daß neu erdichtet worden ist und daß – wie in Schillers VERBRECHER AUS VERLORENER EHRE – ein historischer Vorgang lediglich dazu gedient hat, die Phantasie des Dichters anzuregen.

### *Der Dichter, seine Erzählung und sein Stoff*

Heinrich von Kleist ist 1777 geboren und endete 1811 im Freitod. In der kurzen Zeit seines Dichtens beschäftigte er sich während rund sechs Jahren neben vielem anderen mit dem Stoff, der in Berichten über den historischen Kohlhase überliefert ist. Die Erzählung veröffentlichte er 1810. Goethe lehnte sie ab; für Kafka war sie das „Lieblingswerk".

Verschiedene Quellen berichten über jenen Hans Kohlhase, der als angesehener Bürger zu Cölln im Brandenburgischen in der ersten Hälfte des 16. Jahrhunderts lebte und Viehhandel betrieb. Die Schilderungen sind nicht einheitlich, stammen zum Teil aus dem Ende des 16., zum anderen erst aus dem 17. und gar 18. Jahrhundert. Man weiß nicht, welche der Quellen Kleist zu Rate zog. Es kommt darauf auch nicht sonderlich an: Das Vergleichen des vorgegebenen Stoffes mit der nachherigen Dichtung ist hier nicht gleichermaßen interessant wie bei Schillers zuvor behandeltem Stück. Was Kleist am historischen Stoff geändert oder hinzugefügt hat, weist nicht in ähnlicher Weise auf eine belehrende oder sonstige Intention, sondern ist allein vehementer Ausdruck seiner Faszination und schöpferischen Phantasie.

Wir nehmen kurz zur Kenntnis, was noch im Jahre 1731 als Bericht über den historischen Kohlhase veröffentlicht worden ist:

Als Kohlhase einmal schöne Pferde ins angrenzende Sachsen führte, um sie zu verkaufen, wurde er von den Leuten eines Adligen angesprochen, er habe die Pferde gestohlen. Er ließ sie zurück, um Beweis für den ehrlichen Erwerb beibringen zu können. Als er mit ausreichendem Beweis wiederkam, waren die Pferde zur Arbeit verwendet und dadurch verdorben worden. Kohlhase wollte sie nicht wieder annehmen, sondern bezahlt haben. Da Kohlhase auch beim

Kurfürsten zu Sachsen nicht zu seinem Recht kam, „hat er" – wie der Bericht formuliert – dem Kurfürsten „entsagt". Er nahm zunächst einen reichen Seidenkrämer aus Wittenberg als Geisel. In der Folge hat er sächsische Dörfer „geplündert, das Städtlein Zane ausgebrannt und großen Schaden getan". Kohlhase kannte Weg und Steg; so entging er lange Zeit allen Versuchen, ihn zu ergreifen. Da er „einen Schaden über den anderen in Sachsenland getan", schrieb schließlich Martin Luther an ihn. (Der in Wittenberg am 8. Dezember 1534 datierte Brief ist, als Antwort auf ein nicht überliefertes Schreiben des Kohlhase, erhalten.) Kohlhase suchte daraufhin Luther auf. Entgegen Kohlhasens Erwartung wurde seine Rechtssache wegen der Pferde nicht zu einem Ende gebracht. Da riet ihm sein Geselle George Nagelschmidt, er solle den Kurfürsten zu Brandenburg, also seinen eigenen Landesherrn, so angreifen, daß er sich seiner Sache in Sachsen annähme. Kohlhase folgte unbedacht diesem Rat und raubte einem Silberlieferanten des Kurfürsten einige Silberbarren, nur um sie zu verstecken. In der Folge wurde er gefaßt, in Berlin vor Gericht gestellt und mit seinem Gesellen Nagelschmidt zum Tode des Rades verurteilt. Am Tage nach Palmsonntag 1540 wurden beide in Berlin hingerichtet.

Wesentliche Züge dieses Berichts nehmen wir heute als historisches Faktum. Bei Kleist finden wir folgende Teile des Geschehens als Grundstruktur seiner Erzählung wieder: Erstes Unrecht gegen Kohlhase, Ausbleiben seines Rechts in Sachsen, sein Reagieren durch Gewalt gegen Sachen und Menschen, einen Brief Martin Luthers, schließlich das Todesurteil und dessen Vollstreckung in Berlin. Doch was Kleist daraus gemacht hat, stellt Recht und Unrecht, Verbrechen und Strafe in einen großen geistigen Zusammenhang. Und wir können die lange Zeit, in der der Dichter sich mit dem Stoff befaßte, als Beweis dafür nehmen, wie stark hier die schöpferische Kraft gefordert war, damit es schließlich zu der machtvollen Erzählung kommen konnte.

## Die Etappen des erzählten Geschehens

Wie in MICHAEL KOHLHAAS Verbrechen und Strafe im Blick
auf Rechts-Ordnung und -Unordnung gesehen werden,
wird am ehesten deutlich, wenn man die Erzählung in markanten Etappen erfaßt und dabei einige Überlagerungen in
Kauf nimmt.

### Der widerrechtliche Auftakt

Aus dem historischen Hans Kohlhase ist in der Erzählung Michael Kohlhaas geworden, – „Michael", der später als „Statthalter Michaels, des Erzengels" auftritt. Er lebt als Roßhändler (auch „Roßkamm") in Kohlhaasenbrück im Kurfürsten-
tum Brandenburg mit seiner Frau Lisbeth und fünf Kindern.

Kohlhaas ist mit einer Koppel Pferde zum Verkauf ins
Sächsische unterwegs. Er wird an der Tronkenburg angehal-
ten; man verlangt „ungesetzlich" Wegzoll und Paßschein
von ihm. Er zahlt den Wegzoll und ist bereit, sich einen
Paßschein in Dresden zu besorgen, sieht sich aber seitens
des Junkers Wenzel und des Schloßvogts mit Gewalt bedroht und läßt zwei Rappen als Pfand und seinen Knecht
Herse zu deren Betreuung zurück.

Als er nach einigen Wochen wiederkommt, erfährt er:
Seine Rappen hat man in der Feldbestellung eingesetzt.
Aus den strammen Tieren sind zwei abgehärmte Mähren
geworden. Seinen Knecht Herse hat man aufs übelste ver-
prügelt und von der Burg vertrieben. Nach einigem Wort-
wechsel mit dem Junker und dem Schloßvogt erklärt Kohlhaas, er wolle seine wohlgenährten Pferde wieder. Wenige
Zeit später geht er nach Dresden und verlangt vor Gericht
„gesetzmäßige Bestrafung" des Junkers Wenzel von Tronka, Wiederherstellung der Pferde in den vorigen Stand und
Ersatz des Schadens für sich und seinen Knecht Herse.

Die Rechtssache wird unter dem Einfluß von Tronka-
Verwandten verschleppt und schließlich niedergeschlagen.

Auch die vermittelnde Fürsorge eines brandenburgischen Stadthauptmanns führt letztlich nur dazu, daß Kohlhaas eine Dresdner Resolution übermittelt wird, die ihn als einen unnützen Querulanten bezeichnet und auffordert, die Pferde abzuholen oder wissen zu lassen, wohin sie gebracht werden sollen.

## Des Kohlhaas rechtsbeflissenes Verhalten

Trotz der „abscheulichen Ungerechtigkeit" erweist sich Kohlhaas noch immer als einer der „rechtschaffensten Menschen" (der bis in sein dreißigstes Jahr das „Muster eines guten Staatsbürgers" war). Kleist wird nicht müde, uns dies vor Augen zu führen.

Die „ungesetzlichen Erpressungen" und die „unverschämte Forderung", die beiden Rappen als Pfand zurückzulassen, haben Kohlhaas zwar empört; und die Sache mit dem Paßschein hat sich in Dresden als Märchen erwiesen. Trotzdem kehrt Kohlhaas friedfertig zur Tronkenburg zurück, „ohne irgend weiter ein bitteres Gefühl als das der allgemeinen Not der Welt". Als er dann freilich die Pferde in ihrer jämmerlichen Verfassung gesehen und erste Kunde über seinen Knecht Herse gehört hat, drängt alles in ihm, den ihn übel beschimpfenden Schloßvogt in den Kot zu werfen. Doch siegt sein „Rechtgefühl, das einer Goldwaage" gleicht, und macht ihn unsicher. „Ein richtiges, mit der gebrechlichen Einrichtung der Welt schon bekanntes Gefühl" läßt ihn trotz aller Beleidigungen geneigt sein, den Verlust der Pferde zu verschmerzen, falls seinen Knecht eine Schuld treffe. So vernimmt er, zu Hause angekommen, den Knecht nach allen Regeln inquisitorischer Fangfragen, bis er von dem verbrecherischen Verhalten auf der Tronkenburg überzeugt ist.

Jetzt aber erwachsen Kohlhaas alle Impulse, sein Recht auf rechtlichem Wege zu suchen. Er sieht sich, nachdem er von den Ungerechtigkeiten gehört hat, die täglich von der

Tronkenburg gegen die Reisenden verübt werden, „mit seinen Kräften der Welt in der Pflicht verfallen", „sich Genugtuung für die erlittene Kränkung und Sicherheit für zukünftige seinen Mitbürgern zu verschaffen." Er ist entschlossen, „die öffentliche Gerechtigkeit für sich aufzufordern". Die Anrufung der Gerichte und Behörden bleibt freilich ohne jeden Erfolg.

In diesem Stadium des Geschehens ist es ihm „die widerwärtigste Erwartung, die seine Brust jemals bewegt" hat, es könnten ihm die Leute des Junkers die beiden Rappen in ihrem trostlosen Zustand zurückbringen. Dann nämlich würde – so ist das zu verstehen – die Offenkundigkeit des Unrechts durch eine nur scheinbare Wiedergutmachung beeinträchtigt. Dies wäre dann „der einzige Fall, in welchem seine von der Welt wohlerzogene Seele, auf nichts, das ihrem Gefühl völlig entsprach, gefaßt war." Das heißt: Er wüßte nicht, wie er mit dieser Situation seelisch sollte zurechtkommen können. So ist er denn seltsam erleichtert, als er erfährt, daß die Pferde auf der Tronkenburg „weiterhin auf dem Felde gebraucht würden; und mitten durch den Schmerz, die Welt in einer so ungeheuren Unordnung zu erblicken, zuckte die innerliche Zufriedenheit empor, seine eigene Brust nunmehr in Ordnung zu sehen."

In allem erweist sich Kohlhaas – im innersten Gefühl begründet – als ein Mann von außerordentlicher Rechtsgesinnung, der sich auch durch das Unrecht, das anderen Menschen angetan wird, aufgefordert sieht, für die Erhaltung und Durchsetzung des Rechts zu sorgen.

## Der Entschluß zur Rache

Ein letzter Versuch, innerhalb der Rechtsordnung zum Recht zu kommen, ist gescheitert. Es war der Gedanke, man könne den eigenen Landesherrn durch eine Bittschrift zum Eingreifen bewegen. Kohlhaasens Frau Lisbeth hatte die Aufgabe übernommen, die Schrift dem Kurfürsten von

Brandenburg zugänglich zu machen. Doch nun ist seine Frau, ohne etwas erreicht zu haben, todkrank von Berlin zurückgekommen. Sie beschwört auf dem Totenbett ihren Mann, weist mit dem Zeigefinger auf die Stelle der Bibel: „Vergib deinen Feinden ..." – und stirbt.

Kohlhaasens Geduld ist zu Ende. In Gedanken antwortet er seiner gestorbenen Frau: „so möge mir Gott nie vergeben, wie ich dem Junker vergebe!", und nimmt damit – entgegen anderen Deutungen – in seinem Racheverlangen dieses „vergeben" als Unterbegriff von „vergelten" ironisch und drohend: Möge Gott mir nie so – in der schrecklichen Weise – vergelten, wie ich nun dem Junker vergelten werde.

Der explosive Willensdruck, der sich aufgrund der Kette erfolglosen Rechtsbemühens in Kohlhaas aufgestaut hat, bestimmt nunmehr sein Denken und sogleich auch sein Tun: Sein Programm sind Aktionen, die er für erlaubt behaupten und für deren Rechtfertigung er auf das zu seiner Zeit noch nicht ganz versunkene Leitbild ritterlicher Fehde zurückgreifen wird. Er stellt sich in der sozialen Rangordnung sogleich auf eine Stufe mit den Adelspersonen, mit denen er zu tun hat: mit denen auf der Tronkenburg, die das Recht brechen, und mit denen in den Behörden und Gerichten des Kurfürstentums Sachsen, die das Recht verweigern, und läßt seine Frau gleich einer Fürstin bestatten.

Danach „warf er sich noch einmal vor ihrem nun verödeten Bette nieder und übernahm sodann das Geschäft der Rache." Kleist macht mit diesem Satz, der ein sichtbares Handeln („warf er sich nieder") mit einer zunächst rein innerlich sich vollziehenden Entschließung („übernahm das Geschäft der Rache") verbindet, in einzigartiger Weise sichtbar, daß in einem solchen Entschluß schon im ersten Moment ein tat-ähnlicher, die Zukunft bestimmender Akt liegt. Nun geht es um Rache, nicht mehr um Rechtsverfolgung auf rechtlichen Wegen, – es geht um eine Vergeltung, die nicht die objektivierenden Schranken der Strafe anerkennt, – um Rache, die Subjekt und Objekt der Vergeltung

auf eine Stufe stellt und die als Vergeltung im Bösen immer
in die Maßlosigkeit tendiert.

## Das verbrecherische „Geschäft der Rache"

Es ist ein krankhaftes Umschlagen in das andere Extrem einer Rechts-Verabsolutierung, in das sich Kohlhaas nun hin-
einreißen läßt. Schon zuvor, als er den Verkauf seines Anwe-
sens vorbereitete, sagte er zu seiner nach den Gründen fragenden Frau, er wolle nicht bleiben, wo man ihn in seinen
Rechten nicht schützen wolle: „Lieber ein Hund sein,
wenn ich von Füßen getreten werden soll, als ein Mensch!"
Und Martin Luther gegenüber bezeichnet er sich später als
aus der Gemeinschaft der Menschen „verstoßen": „Verstoßen nenne ich den, dem der Schutz der Gesetze versagt ist.
Denn dieses Schutzes bedarf ich; wer mir ihn versagt, der
stößt mich zu den Wilden der Einöde hinaus; er gibt mir
die Keule, die mich selbst schützt, in die Hand."
   Gedanken aus der Staatskonstruktion i.S. des 200 Jahre
später von Rousseau vorgetragenen Gesellschaftsvertrags
werden hier Kohlhaas in den Mund gelegt: Da ihm die staatlich geordnete Gesellschaft den Rechtsschutz verweigert, zu
dem sie vertraglich verpflichtet ist, sieht er sich ihr gegenüber in den Kriegszustand versetzt; er muß sich erkämpfen,
worauf er Anspruch hat.
   Über ein bloßes Widerstandsrecht gegen staatliche Un-
rechtsgewalt geht dies weit hinaus. Kohlhaas wehrt nicht
etwa staatliche Gewalt ab, sondern will die staatlichen Organe durch extreme Gewalt dazu nötigen, ihrerseits die
Rechtsordnung, die für ihn und auch für sein Gewerbe Le-
bensgrundlage ist, wenn nötig mit Gewalt zu gewährlei-
sten. Zugleich geht es ihm um seine Menschenwürde. Er
möchte dann „lieber ein Hund sein als ein Mensch", wenn
er die Rechtlosigkeit hinnehmen muß.
   In seiner Empörung verliert sich Kohlhaas schließlich in
einen grenzenlosen Subjektivismus. Alle Unordnung der

Welt konzentriert sich für ihn in dem ersten rechtswidrigen Tun des Junkers Wenzel, – sodann in dem grob verbrecherischen Vorgehen auch der anderen Tronkenburgleute, und hernach in der hierauf bezogenen Rechtsverweigerung durch die staatlichen Organe in Dresden. Und diese Empörung treibt ihn in einen Privatkrieg, den er nicht nur gegen den Junker Wenzel und seine Leute und gewisse Staatsorgane führt, sondern auch gegen die Stadt Wittenberg (in der der Junker verborgen sein soll) und gegen ganze Landstriche und eben gegen viele unbeteiligte, ja völlig unschuldige Menschen.

In der Literatur wird hierzu oft auf das mittelalterliche Fehderecht als eine Begründung der Rechtmäßigkeit von Gewaltakten, auch gegenüber Unbeteiligten, hingewiesen. Kohlhaas hält sich ja auch in gewissen Aktionen an den Anschein eines solchen Rechts. Vielleicht redet er sich zunächst sogar den Glauben ein, er verhalte sich noch innerhalb der Rechtsordnung. So stellt er einen „Rechtsbeschluß" zu, verkündet öffentlich Mandate und schreitet später gegen manche selbstherrlichen Gewaltakte ein, die einzelne seiner Gefolgsleute vornehmen. Es kommt in diesem Zusammenhang auch zur Sprache, daß Kohlhaasens Lebenszeit, die im ersten Satz der Erzählung auf „die Mitte des sechzehnten Jahrhunderts" festgelegt ist, gerade in die Epoche fällt, in der die staatlichen Organe um Durchsetzung des Gewaltmonopols und Verdrängung des mittelalterlichen Fehderechts bemüht waren. (1495 ist der Ewige Landfrieden verkündet worden.) Für diese Epoche kann man denn auch davon ausgehen, daß das ritterliche Fehderecht noch nicht ganz aus der Welt war. Aber auf keinen Fall konnte dieses Recht von Kohlhaas, einem gewöhnlichen Bürger und Händler, überhaupt beansprucht werden. In der Kleistschen Erzählung hat er sich freilich einen gewissen Anschein gegeben, er halte sich an die Regeln der Fehde. Eine objektive Legitimation konnte dies aber nie bedeuten. Und er hat dann auch, in schrecklicher Anmaßlichkeit, die Regeln dessen, was als ritterliche

Fehde hätte verstanden werden können, schwerstens verletzt.

Nachdem Kohlhaas seine Kinder evakuiert und sein Anwesen aufgegeben hat, richtet sich die erste Gewaltaktion gegen die Tronkenburg. Einen Junker Hans von Tronka schleudert er so in die Ecke, daß „sein Hirn an den Steinen versprützte"; die Leichen des Schloßvogts und Verwalters mit Weib und Kindern fliegen aus den offenen Fenstern. Aber Wenzel entkommt nach Wittenberg. Kohlhaas zieht mit einem Haufen zusammengeholter Leute durchs Land, läßt die Stadt Wittenberg dreimal an verschiedenen Stellen in Brand setzen und verbreitet als „entsetzlicher Wüterich" überall Schrecken. Und doch bleibt er noch immer in der „Hölle unbefriedigter Rache", da Wenzel schließlich im Schutz seiner Familie am Hofe geborgen wird.

Über all dem gerät Kohlhaas in einen Rausch von Größenwahn, in eine „Schwärmerei krankhafter und mißgeschaffener Art". Er bezeichnet in einem Mandat den Junker „als den allgemeinen Feind aller Christen", in einem anderen nennt er sich selbst „einen Reichs- und Weltfreien, Gott allein unterworfenen Herrn", später gar „einen Statthalter Michaels, des Erzengels". Er sei gekommen, „mit Feuer und Schwert die Arglist, in welcher die ganze Welt versunken sei, zu bestrafen". Er spricht von dem „Sitz unserer provisorischen Weltregierung".

Man sieht, wie sehr Kohlhaas im innersten Nerv seiner Existenz getroffen ist. Es ist nicht so sehr das, was ihm begegnet, sondern wie er es erlebt. Sah er sich zunächst aus allen Ordnungen des menschlichen Zusammenlebens gestoßen, so ist alsbald seine eigene innere Ordnung zerstört. Und was als Rache an Junker Wenzel begonnen hat, setzt sich fort in einer Kette von Unheil und Verbrechen, die er über viele unschuldige Menschen bringt. Das „Geschäft der Rache" hat ein entsetzliches Gesicht angenommen. Kohlhaas erweist sich darin zwar als eine starke Persönlichkeit, nicht aber als eine große. Zur Größe gehört eine andere geistige Dimension. Es fasziniert uns das ursprüngliche Recht-Wollen, doch dies gerät zu sehr ins Subjektiv-Individuelle, als daß es Größe begründen könnte (ganz abgesehen von der verbrecherischen Verabsolutierung, in die es schließlich gerät).

## Das Eingreifen Martin Luthers

Wir wissen das historische Faktum: Martin Luther antwortete im Jahre 1534 dem Hans Kohlhase schriftlich auf einen Brief. In Kleists Erzählung übernimmt Luther als anerkannte Autorität in ursprünglich eigener Initiative „das Geschäft, den Kohlhaas, durch die Kraft beschwichtigender Worte, ... in den Damm der menschlichen Ordnung zurückzudrücken." Er spricht Kohlhaas in einem Plakat, das überall im Lande angeschlagen wird, in deutlichen Worten an: „der du vorgibst, das Schwert der Gerechtigkeit zu handhaben ... du, den Ungerechtigkeit selbst ... erfüllt ... du, vom Kitzel schnöder Selbstrache gereizt ... Das Schwert, das du führst, ist das Schwert des Raubes und der Mordlust, ein Rebell bist du und kein Krieger des gerechten Gottes."

Als Kohlhaas diese Worte zu lesen bekommt, sieht er sich „in der ganzen Verderblichkeit, in der er dastand," plötzlich entwaffnet. Er macht sich in Verkleidung spontan auf den Weg zu Luther und steht schließlich in dessen Arbeitszimmer. Luther wehrt Kohlhaasens Rede, er sei aus der Gemeinschaft verstoßen, energisch ab und spricht ihm eine klare Sprache: „du gottverdammter und entsetzlicher Mensch". Aber Kohlhaas bringt keinen Rückzug zustande. Das Gewicht der bereits vollbrachten Untaten nötigt ihn, für sie eine Art Rechtfertigung in dem noch zu erreichenden Erfolg zu suchen — ein Zug in der Psyche des Helden, der erneut die subtile Psychologie Kleists erweist. Der Kampf um die gerichtliche Entscheidung gegen den Junker hat Kohlhaas das Leben seiner Frau gekostet, er will nun der Welt und sich selbst zeigen, daß sie „in keinem ungerechten Handel umgekommen ist".

So ist er, der von Luther die Wohltat des heiligen Sakra-
ments erbittet, zwar bereit, allen zu vergeben, aber – so
meint er – auch Jesus vergab nicht allen seinen Feinden.
Der Junker soll denn gezwungen werden, ihm die Rappen
wieder dick zu füttern.

Auf diese Weigerung Kohlhaasens hin beendet Luther das
Gespräch. Er sendet aber schon am anderen Morgen ein
Schreiben an den Kurfürsten von Sachsen und regt an, dem
Roßhändler zur Erneuerung seines Prozesses Amnestie zu
erteilen.

*Freies Geleit und Amnestie unter Bedingungen.*
*Auflösung des Kohlhaasischen Kriegshaufens.*
*„Schutzhaft“ für Kohlhaas*

Im Staatsrat des Kurfürsten kommt – von Kleist aufs anschaulichste ins Bild gesetzt – alles Für und Wider zu Luthers Vorschlag in einer Weise zur Sprache, die jedem Juristen aus der Erfahrung amtlicher Beratungen vertraut ist.
Der Kurfürst folgt letztlich „ohne weiteren Anstand“ Luthers Rat. Schon nach wenigen Tagen erscheint ein Plakat,
wonach dem Kohlhaas freies Geleit nach Dresden zur erneuerten Untersuchung seiner Sache zugesichert wird, falls
er binnen drei Tagen die Waffen niederlege. Völlige Amnestie wird für den Fall zugesagt, daß seine Klage, der Rappen
wegen, nicht abgewiesen werden sollte.

Kohlhaas legt die Waffen nieder, löst seinen ganzen Haufen von Leuten auf und begibt sich nach Dresden. In großer
Neugier versammelt sich dort eine unermeßliche Menschenmenge. Man gibt Kohlhaas – wie man sagt und zunächst wohl auch meint: zum Schutz – eine Wache von
drei Landsknechten. Sie schützt ihn aber alsbald so sehr
nach allen Seiten, daß das „freie Geleit“ schließlich alle Freiheit verliert.

## Kohlhaasens jämmerliche Rappen auf dem Markt zu Dresden

Die Klage des Kohlhaas wird in Dresden umgehend, der ersten niedergeschlagenen gemäß, erneut aufgesetzt. Sorge macht dabei die Forderung nach „Wiederherstellung der Pferde in den vorigen Stand", da die beiden Rappen verschollen sind. Man weiß nicht, ob sie noch leben.

Aber Junker Wenzel läßt unter dem Druck der Klage nachforschen. Schon wenige Tage später führt ein Abdekker vom Lande die dürren und wankenden Pferde, an seinen Schinderkarren gebunden, auf den Markt zu Dresden. Unter dem Zulauf einer großen Menschenmenge, die sich immer mehr zur höhnenden Teilnahme aufgerufen sieht, spielt sich eine empörende Szene ab:

Der Kämmerer Junker Kunz von Tronka tritt auf und verhandelt mit dem Abdecker. Kohlhaas wird herbeigeholt, um Augenschein zu nehmen. Er erklärt, es seien seine Pferde. In der Folge entwickelt sich ein böses Handgemenge zwischen dem Kämmerer und einem Handwerksmeister. Landsknechte müssen eingreifen und den mit Blut bedeckten Kämmerer nach Hause bringen. Der Erzähler selbst bezieht an diesem Punkt Stellung: „Einen so heillosen Ausgang nahm der wohlgemeinte und redliche Versuch, dem Roßhändler wegen des Unrechts, das man ihm zugefügt, Genugtuung zu verschaffen."

Der Abdecker vom Lande bindet, als sich „das Volk zu zerstreuen anfing, die Pferde an einen Laternenpfahl, wo sie den ganzen Tag über ... ein Spott der Straßenjungen und Tagediebe", unversorgt stehen bleiben. Erst gegen Einbruch der Nacht vrschafft ihnen die Polizei eine Obhut beim Abdecker der Stadt Dresden.

Doch diese trostlosen Vorgänge bleiben nicht ohne Folgen. Die Stimmung im Lande schlägt um. Man beginnt zu meinen, es sei besser, ein offenbares Unrecht an Kohlhaas zu verüben als ihm Gerechtigkeit in einer so nichti-

gen Sache zu gewähren, bloß damit sein rasender Starrsinn
befriedigt werde.

## Die verhinderte Flucht des Kohlhaas und seine Verurteilung in Dresden

Immerhin hätten die Dinge jetzt einen einigermaßen befrie-
denden Gang nehmen können. Der Wille Kohlhaasens ist
durch den Vorfall, der sich auf dem Markt zugetragen hat,
in der Tat gebrochen. Er ist bereit, den Junkern unter Vergebung alles Geschehenen entgegenzukommen. Da regt sich
erneut der Stolz der Junker und droht alles zu verzögern.

Doch dies spielt alsbald keine Rolle mehr, denn auf Kohlhaas kommt eine Versuchung zu, der er unglücklich erliegt.
Das freie Geleit ist ihm im Laufe der sich hinschleppenden
Wochen faktisch entzogen worden. Diese Lage nutzt Johann Nagelschmidt, einer von den abgedankten Knechten
aus seinem Kriegshaufen, der den Krieg im Lande auf seine
Weise und unter der Behauptung, Statthalter des Kohlhaas
zu sein, fortgesetzt hat. Nagelschmidt sendet an Kohlhaas
ein Schreiben, ihm zur Flucht aus seiner Haft zu verhelfen.
Der Bote wird abgefangen, der Brief gelesen und trügerisch
dann doch an Kohlhaas geleitet. Dieser nimmt den Vorschlag an, in der Absicht, mit seinen fünf Kindern nach
Hamburg zu gehen und über See auszuwandern. Sein Ant-
wortschreiben gelangt sofort in die amtlichen Hände. Kohlhaas wird auf Kabinettsbefehl des Kurfürsten arretiert,
schwer mit Ketten beladen, in die Stadttürme gebracht und
alsbald verurteilt, mit glühenden Zangen geviertelt und ver-
brannt zu werden. Seine Lage könnte nicht trostloser sein.

## Eingreifen des Kurfürsten von Brandenburg und des kaiserlichen Hofes

Es ist der tiefste Punkt erreicht, den des Kohlhaas Geschick
nehmen kann. Da gelingt es einem Manne am Hofe, den
Kurfürsten von Brandenburg, den Landesvater des Kohl-

haas, unter Darstellung des Unrechts und der Verfahrens-
widrigkeiten, die man sich im Sächsischen hat zuschulden
kommen lassen, für dessen Schicksal zu interessieren. Es
kommt zu Kontakten über den Fall. Schließlich ist Sachsen
im Hin und Her zwischenstaatlicher Belange und unter
dem Eindruck gewisser Regeln des Völkerrechts bereit,
Kohlhaas an Brandenburg auszuliefern.

Im Geflecht dieser Vorgänge verliert auch die dem Kohl-
haas in Sachsen zugesagte Amnestie ihre Bedeutung, da die
Rechtssache an die höchstmögliche Instanz gekommen ist:
Der kaiserliche Hof in Wien betreibt gegen Kohlhaas die
Anklage wegen Landfriedensbruchs und läßt sie vor dem
Berliner Gericht durch einen Ankläger vertreten. Kohlhaas
wird in Berlin zum Tode verurteilt, allerdings nicht zur
Vierteilung, sondern zur Hinrichtung durch das Schwert. In
Dresden kommt zu gleicher Zeit unter dem Druck Bran-
denburgs das Verfahren gegen den Junker Wenzel von
Tronka wieder in Gang. Auch die beiden Pferde lassen sich
wohl noch auffüttern. So sieht alles danach aus, als könne
dem Kohlhaas Genugtuung widerfahren.

*Die Zigeunerin, die Kapsel am Halse des Kohlhaas
und das Freiheitsangebot des sächsischen Hofes*

Ist demnach im Rahmen des staatlichen Handelns der Weg
zur Gerechtigkeit offen, so bliebe jedoch das Unrecht noch
unvergolten, das sich der sächsische Hof im Verfahren gegen Kohlhaas hat zuschulden kommen lassen. Unvergolten
bliebe auch der Verstoß gegen das zugesicherte freie Geleit
und damit zugleich gegen die angekündigte Amnestie.

Um auch diese schwer wägbaren obrigkeitlichen Un-
rechtshandlungen auszugleichen – Handlungen, die in der
Vetternwirtschaft am Hof ihren Ursprung haben –, führt
Kleist die weitschweifige und doch höchst spannende Geschichte mit der Zigeunerin ein. Er rechnet alles Unrecht,
das dem Kohlhaas seitens des sächsischen Hofes im Laufe

des Verfahrens angetan worden ist, dem Kurfürsten als dem
verantwortlichen Souverän zu und bringt gegen ihn die geheimnisvolle Figur auf den Plan.

Am Tag nach der Bestattung seiner Frau Lisbeth war
Kohlhaas in Jüterbock und erlebte dort, daß die Kurfürsten
von Sachsen und von Brandenburg angesichts einer Volks-
menge eine wahrsagende Zigeunerin um Bescheid baten.
Nachdem sie dem Herrn von Brandenburg über die Zukunft seines Hauses Gutes gesagt hatte, hielt sie sich dem
Sachsen gegenüber zurück und schrieb ihre Vorhersage zu
drei Punkten auf einen Zettel. Doch sie gab nicht ihm den
Zettel, sondern dem hinter allem Volk stehenden unbekannten Kohlhaas: von diesem Manne könne der Kurfürst den
Zettel einlösen. Dem Kohlhaas aber überreichte sie, indem
sie ihn nur zu seinen Ohren beim Namen nannte, den Zettel als Amulett: er solle es verwahren, es werde ihm der-
einst das Leben retten. Ein Kontakt des Kurfürsten mit
Kohlhaas unterblieb damals, da alles Interesse auf ein Ereignis gelenkt wurde, das überraschend die Wahrsagekunst der
Zigeunerin bestätigte, und da Kohlhaas sich alsbald entfernt
hatte. –

Als Kohlhaas dann später mit seinen Kindern von Dresden nach Berlin transportiert und kurz vor der Grenze ein
Halt eingelegt wird, kommt es zu einer zufälligen Begegnung des Kurfürsten von Sachsen mit Kohlhaas. Aus einer
Laune des Augenblicks fragt ihn hierbei der von Kohlhaas
nicht erkannte Kurfürst, was die Kapsel an seinem Halse be-
deute, und erfährt, bis zur Ohnmacht erschreckend, die ganze, ihm ja weitgehend bekannte Vorgeschichte mit der Zigeunerin.

Das Verlangen, die Kapsel mit der Weissagung in seinen
Besitz zu bringen, bestimmt nun das weitere Eingreifen des
Sachsen. Ein erster Versuch scheitert: Der Kämmerer Kunz
reist dem Transport ins Brandenburgische nach und bietet
im Auftrag seines Herrn dem Kohlhaas Freiheit und Leben
gegen den Zettel. Aber Kohlhaas lehnt rundweg ab. Auch

ein zweiter Versuch scheitert: Ein eigenhändiger Brief an
den Kaiser, die Klage gegen Kohlhaas zurücknehmen zu
dürfen, erbringt nur die Antwort, die Sache sei wegen Verletzung des öffentlichen Landfriedens zu einer Angelegenheit des gesamten Reichs gemacht worden und müsse ihren
weiteren Fortgang nehmen. Ebenso schlägt ein Schreiben
an den Kurfürsten von Brandenburg mit dem Hinweis auf
die Amnestie fehl. Ihm wird nur geantwortet, das Reichs-
oberhaupt sei daran keineswegs gebunden.

Einen letzten, von sonderbarem Zufall beherrschten Versuch macht der Kämmerer Kunz. Er bestellt ein altes Trö-
delweib, das Zugang in Kohlhaasens ritterliches Gefängnis
bekommen hat, daß sie dem Kohlhaas den Zettel abliste.
Dies Weib aber ist die Zigeunerin selbst, die Kohlhaasens
verstorbener Frau Lisbeth seltsam ähnlich sieht. Sie gibt
sich hernach dem Häftling zu erkennen und rät, mit Hilfe
des Zettels sein Leben zu retten. Kohlhaas geht darauf aber
nicht ein, sondern jauchzt vor Freude über die Macht, die
ihm über seinen Feind gegeben ist. –

Mit der Zigeunerin und ihrem Verhalten sind nun fast alle
Prämissen bereitgestellt, unter denen sich dank Kohlhaasens
Haltung die Gerechtigkeit der Vergeltung auf den höchst-
möglichen Punkt treiben läßt.

## Kohlhaasens letzte Tage und die Hinrichtung

Kohlhaas, mit seinen fünf Kindern in einem ritterlichen Gefängnis untergebracht, lebt in gelöster Ruhe auf seinen To-
destermin zu. Alles, was zu ordnen war, ist geordnet. Sein
Zwinger ist weit geöffnet. Angehörige und Freunde haben
Zugang zu ihm.

Dann, auf dem Weg zum Richtplatz, wird ihm ein Blatt
überreicht. Auf diesem Blatt teilt ihm die Zigeunerin, als
„Deine Elisabeth" unterzeichnend, mit, daß der Kurfürst
von Sachsen sich auf dem Richtplatz befinde, in der Absicht, die Kapsel nach der Hinrichtung an sich zu bringen.

Nun tritt der Kurfürst von Brandenburg persönlich auf und redet den Todeskandidaten mit Pathos an: Dies sei der Tag, an dem ihm sein Recht geschehe. Er unterrichtet Kohlhaas, in welcher Weise alle Klageforderungen ohne Einschränkung erfüllt seien, und fragt ihn im Wissen um sein eigenes erfolgreiches Bemühen: „Bist du mit mir zufrieden?" Schließlich wird Kohlhaas noch die Verurteilung des Junkers Wenzel zu zwei Jahren Gefängnisstrafe bekanntgegeben. Er erklärt, „sein höchster Wunsch auf Erden" sei erfüllt. Als er dann bereit ist, dem Kaiser für den Bruch des Landfriedens Genugtuung zu geben, entdeckt er auf den letzten Schritten zum Richtblock den Kurfürsten von Sachsen in der Menge. Er nimmt sich die Kapsel vom Halse, öffnet sie, liest den Zettel der Zigeunerin und verschlingt ihn. Er trifft damit den harrenden Sachsen so sehr ins innerste Mark, daß dieser in Krämpfen ohnmächtig niedersinkt (und hernach „zerrissen an Leib und Seele" nach Dresden zurückkehren muß).

Die freimütige Hinwendung zum Schafott ist die letzte Handlung des Kohlhaas.

## Kohlhaas als Geschöpf des Dichters Heinrich von Kleist

Es ist die Frage nach Verbrechen und Strafe, die uns an diese Erzählung Kleists herangeführt hat. In dem erzählten Geschehen sind beide Phänomene, Verbrechen und Strafe, in ihrem Verbundensein markant gegeben: Dort die Untaten des Junkers Wenzel – gefolgt von der Freiheitsstrafe, deren Verhängung den Titelhelden noch in seinen letzten Augenblicken beglückt, – und hier die Mord- und Brandzüge des Kohlhaas – gefolgt von der Todesstrafe, die er willig auf sich nimmt.

Trotz dieser klaren Zuordnung sind Verbrechen und Strafe für unser Bemühen um Verstehen gerade dieser Dichtung aber nur Stichwörter, hinter denen wir erst auf den eigentlichen Gehalt stoßen. Das Wesentliche der Erzählung liegt im Bereich von Recht, Unrecht und Gerechtigkeit, bezogen auf das Geschick eines Menschen, der als starke Persönlichkeit ganz subjektiv existentiell auf das funktionierende Recht angewiesen ist. Wenn man das Schicksal bedenkt, das dieser Kohlhaas sich bereitet und dann erlitten hat, läßt sich wohl sagen, Michael Kohlhaas zeige uns eines Menschen Weg aus einer heillosen Welt des Unrechts in eine geheilte Welt des Rechts. Das bedeutet:

Es geht um das ganz individuelle Schicksal eines einzelnen Menschen. Kleist macht nicht etwa das Widerstandsrecht des Bürgers gegen die Staatsgewalt oder den historischen Übergang vom Fehderecht des Mittelalters zum Gewaltmonopol des modernen Staates oder eine besondere Theorie der Staatsbegründung zum Thema. Wenn gewisse Momente der Erzählung auf solche „Rechts"-Fragen hinweisen, dann gehören sie nur zu der Umwelt, die sich um das eigentlich gemeinte Geschehen legt. Fragen dieser Art haben gewiß ihren Eigenwert und können vor allem zu rechtshistorischen Aspekten bereichernde Antworten erhoffen lassen. Aber sie beschränken sich dann auf einige Teile der Erzählung. Wir bemühen uns dagegen um das Auffinden dessen, was der Dichter im Gesamtgefüge von Verbrechen und Strafe mit seiner Erzählung Michael Kohlhaas ins Bild setzt.

Für eine solche Sicht geht es um nichts anderes als das erregende Schicksal eines wahrhaft rechtsbesessenen Menschen. Am Anfang steht die aufkommende Empörung des Helden über das ihm zugefügte Unrecht und am Ende seine herausleuchtende Bereitschaft, für das von ihm selbst begangene schwerste Unrecht die Vollstreckung der Todesstrafe auf sich zu nehmen. Für beides müssen wir – und nichts spricht etwa für einen grundlegenden Charakterwandel des Helden – von einer bestimmten seelisch-geistigen Struktur dieses Mannes ausgehen, die sich durch das ganze Erzählgeschehen als tragender Grund erweist.

Es kommt darauf an, wie Kohlhaas sich selbst in der Gemeinschaft der Mitmenschen sieht und wie er erlebt, was

auf ihn zukommt. Daß er ein Mann des Rechts ist, zeigt sich
schon aus wenigem, – ein Mann, der das Vertrauen auf eine
funktionierende Rechtsordnung als ein Grundelement seiner Existenz und seines Personseins erlebt. Rechtlichkeit
geht bei ihm vor Religiosität und mitmenschlicher Liebe.
In solcher Gesinnung, die sowohl eigenes Verhalten gegenüber anderen wie auch die Erwartung fremden Verhaltens
gegenüber der eigenen Person umfaßt, erfährt er die Rechtsordnung als Heimstatt. In ihr sieht er sich in der Ausübung
seines Berufs und zugleich mit seiner Familie und mit Hab
und Gut geborgen.

Das ist nicht mit jener paragraphensüchtigen Rechthabe-
rei verbunden, die schon beim kleinsten Unrecht anderer ei-
fert und in der Kohlhaas gelegentlich gesehen wird. Kohlhaas kennt die „gebrechliche Einrichtung der Welt“, er ist
sich der Unordnung bewußt, die wir Menschen uns gegen-
seitig zumuten. So nimmt er am Beginn des Erzählgesche-
hens auch manches Unrecht mit einer gewissen resignieren-
den Überlegenheit hin. Es gibt jedoch eine Grenze in seinem ganz subjektiv-individuellen Erleben, über die hinaus-
gehend die Zumutung für ihn unerträglich wird.

Eine solche Grenze kann jeder Mensch für sich auf seine
Weise ziehen. Es gibt da jene Gutmütigkeit im Hinnehmen, die dem Unrecht eher Vorschub leistet und auch von
der eigenen Person nichts fordert. Es gibt auch eine Emp-
findlichkeit, für die schon der kleinste Verstoß unerträglich
ist. Und es gibt die Haltung jener Halunken, die sich nur
nach dem eigenen Interesse und im Hinblick auf Recht
und Unrecht ganz beliebig verhalten.

Für Kohlhaas jedenfalls war die Grenze des Zumutbaren
dort überschritten, wo es um die Wiederherstellung der Pferde ging. An diesem Punkt hakte sich seine ganze Selbstach-
tung fest. Es war nicht der materielle Wert – „er hätte gleichen Schmerz empfunden, wenn es ein Paar Hunde gegolten hätte“ –, aber es war dies die Leistung, in deren Verweigerung er nach allem Vorangegangenen die unerträgliche Miß-

achtung seiner Person sah. Da die Forderung berechtigt war, spielt die Subjektivität, die in der Wahl gerade dieser Grenzziehung für Kohlhaas liegt, keine Rolle für die Beurteilung.

Sehen wir in dieser Weise also, daß es für Kleist im Michael Kohlhaas um ein ganz individuelles Schicksal geht, dann ist es der Weg gerade dieses Menschen aus einer heillosen Welt des Unrechts in eine geheilte Welt des Rechts, der über *vier Stufen* führt:

– Die *erste Stufe* ist die des Vertrauensverlustes. Kohlhaas zeigt sich als ein Sozialwesen, das ganz besonders darauf angewiesen ist, daß seine berechtigte Forderung von Behörden und Gerichten anerkannt wird. Sein Vertrauen, daß die staatlichen Organe ihm zu seinem Recht verhelfen, wird schmerzlich enttäuscht. Er verliert in dieser heillosen Welt des Unrechts zugleich mit dem Vertrauen jeden Halt.

– Auf der *zweiten Stufe* sehen wir den Ausbruch von Kohlhaasens Selbstbehauptung, eine wahre Willensexplosion mit der Vielzahl ihrer Exzesse. Der schützende Damm der Rechtlichkeit ist gebrochen. Was Recht sein soll, sieht Kohlhaas nur noch ganz allein in seinem Anspruch auf Auffütterung der Pferde. Hinter diese Rechtsverfolgung tritt für ihn alles Übermaß an Rechtsbruch, den er nun begeht, zurück. Aus der Rechtsverfolgung ist schreckliche Verbrechensbegehung geworden.

Neuerdings wird Kohlhaas gelegentlich mit den Terroristen unserer Tage gleichgesetzt. Aber eine solche Analogie läßt sich allenfalls insoweit behaupten, als auch diese Terroristen sich als eine Art Krieg führende Größe darstellen und entsprechende Behandlung verlangen. Der entscheidende Unterschied aber ist der: daß es den Terroristen nach ihrer Vorgabe um die Änderung des Gesellschafts- und Rechtssystems geht, wogegen Kohlhaas ja gerade an dem vorhandenen Rechtssystem festhält und lediglich dessen Durchsetzung erreichen will.

– Auf diesen Ausbruch der Selbstbehauptung folgt als *dritte Stufe* die der Verzagtheit, der Resignation. Die Vorhal-

tungen Luthers sind nicht ohne Wirkung auf Kohlhaas geblieben. Und nachdem sich die erbärmliche Szene mit den
Rappen auf dem Marktplatz zu Dresden abgespielt hat, läßt
Kohlhaas gar alle Hoffnung fahren. Er ist bereit, weithin
nachzugeben. Als dies zu keinem Ende führt, will er fliehen
und unter Mitnahme seiner Kinder sogar das Festland verlassen.

– Die letzte, die *vierte Stufe* ist die der Zufriedenheit. Es
„glich nichts der Ruhe und Zufriedenheit seiner letzten
Tage" – so läßt uns Kleist dies Versöhnliche erleben. Kohlhaas hat sich zuvor schon, nachdem er seine eigenen Verbrechen hinter sich hat und durch das ihm als neue Erfahrung auferlegte Verzagtsein hindurchgegangen ist, wieder
als der Mann des Rechts erwiesen, der er zu Anfang war.
Als solcher trägt er selbst zur Gerechtigkeit bei, indem er
die Befreiung durch den sächsischen Hof rundum aus-
schlägt und seine Strafe auf sich nimmt.

Seine Haltung gründet zunächst auf der Aussicht, daß die
volle Gerechtigkeit in den Rechtsverfahren verwirklicht
werde. Doch das höchste Gefühl der Zufriedenheit erfährt
er zum Schluß in dem Blickkontakt mit dem sächsischen
Kurfürsten und in dem Verzehren des Zettels.

### Durch Verbrechen und Strafe der Weg zu Gerechtigkeit und Versöhnung

Kleist geht es offensichtlich darum, auf die vorangegangenen
Unrechtstaten ein Höchstmaß erreichter Gerechtigkeit folgen zu lassen. Dazu gehört es denn auch, daß nicht etwa
derjenige, von dem zuvor das Unrecht ausging, nämlich der
sächsische Hof, nun das Urteil fällt und vollstreckt. Dies tut
vielmehr Brandenburg. Dessen Kurfürst hat sich aus reiner
Rechtlichkeit des Kohlhaas angenommen und nimmt es
nun auch auf sich, dem Kohlhaas die Gnade zu verweigern,
die dieser selbst freilich gar nicht begehrt, die aber von der
ganzen Stadt erwartet und erhofft worden ist.

Dafür stellt sich der Kurfürst selbst in nahezu märchen-
haft-utopischer Anwandlung auf eine Stufe mit dem wie
von einer Krankheit genesenen Verbrecher Kohlhaas, indem er ihn fragt, ob er mit ihm zufrieden sei. Das sind Ein-
zelzüge in der Erzählung, die bei der Suche nach ihrem Gehalt nicht unbeachtet bleiben dürfen.

Ebenso ist das Wirken der Zigeunerin für die volle Verwirklichung der Gerechtigkeit im Sinne dessen notwendig, was
Kohlhaas sich – über die staatlichen Aktionen hinaus – wünschen konnte. Im Gegensatz zur Würdelosigkeit des sächsischen Kurfürsten, der ihm heimliche Befreiung gegen die
Kapsel der Zigeunerin bietet, bleibt Kohlhaas auch da standhaft, wo es um sein Leben geht, und rechnet in Überlegenheit mit dem Sachsen ab. So kann Kohlhaas in dem Bewußtsein, auch hierin zum Ziele gekommen zu sein, als Mann
des Rechts befriedet seinen Kopf auf den Richtblock legen.

Es ist „der verhängnisvolle Montag nach Palmarum, an welchem er die Welt, wegen des allzuraschen Versuchs, sich selbst
in ihr Recht verschaffen zu wollen, versöhnen sollte." Aber
mit seiner Hinrichtung ist die Welt des Rechts noch nicht soweit geheilt, wie es das dichterisch-utopische Bild verlangt.
So geschieht nach dem Tod des Kohlhaas noch ein übriges:
Die unschuldigen Söhne – nicht etwa des „Hingerichteten"
oder gar des „Verbrechers", sondern: – des „Abgeschiede-
nen" werden zu Rittern geschlagen. Nun erst erscheint die
Versöhnung vollkommen und die Welt des Rechts als geheilt.

### Aus der Welt des Unrechts in die des Rechts und darüber hinaus

Wir sehen: So also führt im Michael Kohlhaas der Weg eines Menschen aus einer heillosen Welt des Unrechts in eine
geheilte Welt des Rechts. Und wir Leser folgen diesem Weg,
der in einer eigentümlichen Weise unsere Sympathie und unsere Antipathie im Wechsel hervorruft: Am Anfang steht uns
Kohlhaas in seinem Kampf ums Recht sehr nahe, weil er sich

nicht etwa bequemerweise das Unrecht bieten läßt. Dann haben wir allen Grund, uns von seinem Gerechtigkeitsfanatismus und seinen Greueltaten zu distanzieren. Und schließlich sind wir wieder mit ihm einig, als er sich – nahezu sokratisch – der Strafe nicht entzieht, vielmehr dazu beiträgt, ein Bild weithin verwirklichter Gerechtigkeit entstehen zu lassen.

Auf diesem ganzen Weg waren uns die beiden Pferde Symbol für die Anerkennung und Verachtung der Werte, die einem staatlich geordneten Zusammenleben vernünftiger Menschen zugrundeliegen: Am Beginn die beiden strammen Rappen. Dann ein erster Tiefpunkt auf der Tronkenburg, als die geschundenen Pferde gar im Schweinestall stehen und wie Gänse aus dem halb abgedeckten Dach herausgucken. Schließlich ein Tiefstpunkt, als die elenden Tiere auf dem Markt zu Dresden an den Laternenpfahl gebunden stehen, ein Spott den Straßenjungen und Tagedieben. Aber am Ende sehen wir auf dem Richtplatz die „beiden, von Wohlsein glänzenden, die Erde mit ihren Hufen stampfenden Rappen". So scheint die geheilte Welt des Rechts das Höchste, was uns Kleist für unser Zusammenleben vor Augen führt.

Doch dem ist nicht so. Kleist zeigt uns, daß wir Menschen nicht nur in der Welt des Rechts leben. Es gibt auch die Kraft der Liebe und der Vergebung. Lisbeth und Luther haben dies dem Manne des Rechts gegenüber deutlich gemacht. Kohlhaas freilich war auf einen Wandel seines Charakters nicht angelegt. So hätte es auch seinem eigenen Rechtsverständnis widersprochen, wenn der Kurfürst ihn begnadigt hätte. Kleist ist da ganz folgerichtig auf dem Weg, den er sein Geschöpf vom Verbrechen zur Strafe gehen läßt.

Immerhin können wir, die Leser der Erzählung, uns den Gedanken der Begnadigung zum Schluß noch spielerisch erlauben. Dann können wir Kohlhaas fragen, ob er sich in dieser Sache gegen die Tronkas nochmals so verhielte wie beim ersten Mal. Er würde es wohl verneinen, aber vielleicht hinzufügen, daß sich auch Wenzel von Tronka nicht nochmals so verhielte, wie er es getan hat.

# Im Verbrechen Abwendung von, in der Strafe Hinwendung zu Gott und den Menschen

## Fjodor Michailowitsch Dostojewskij
### VERBRECHEN UND STRAFE (SCHULD UND SÜHNE)

### *Der Autor und sein Roman*

Ein Russe, als Sohn eines Arztes 1821 in Moskau geboren, als weltberühmter Autor 1881 in Petersburg gestorben, hat im Alter von 45 Jahren diesen Roman geschrieben. Mit 26 Jahren hatte er sich an revolutionär gesinnte Kreise angeschlossen und zu schriftstellern begonnen. Zwei Jahre später wurde er verhaftet, zu Todesstrafe verurteilt und auf dem Richtplatz in unmittelbarer Erwartung des Kommandorufes zu seiner Erschießung begnadigt. Die Begnadigung bedeutete: vier Jahre Zwangsarbeit und sechs Jahre Militärdienst in Sibirien. Im Alter von 38 Jahren kehrte er ins europäische Rußland zurück.

Der Roman erschien in Fortsetzungen im Jahre 1866. Sein Titel wird im Deutschen bisher meistens „SCHULD UND SÜHNE" genannt, neuerdings aber nachdrücklich „VERBRECHEN UND STRAFE".

Das erzählte Geschehen spielt nahezu in der Gegenwart des schreibenden Autors: Im Jahre 1865 tötet der Student Raskolnikow in Petersburg zwei Frauen, gesteht später die Tat und wird zu acht Jahren Zwangsarbeit in Sibirien verurteilt. Am Ende des Romangeschehens hat er rund ein Jahr Strafe verbüßt.

*Ein kurzes Kapitel für einen großen Roman*

Wenn der Roman eines so bedeutenden Autors den Titel „VERBRECHEN UND STRAFE" trägt, dann müßten schon besondere Gründe vorliegen, wollte man ihn nicht in dieses Buch aufnehmen. Mit dem Titel allein ist freilich erst angedeutet, daß das Werk für unser Fragen fruchtbar sein kann. Es muß sich noch ergeben, in welcher Weise gerade die Verbindung der beiden Phänomene Verbrechen und Strafe den Gehalt des Werkes bestimmt oder doch wesentlich mitbestimmt.

Aber selbst wenn sich eine solche Behandlung vom Gehalt her rechtfertigt, könnte der große Umfang des Romans ein Hindernis sein. Während die anderen Werke, die uns in diesem Buch interessieren, ziemlich kurz sind, jedenfalls aber an einem Abend zu lesen, umfaßt VERBRECHEN UND STRAFE in den gängigen deutschen Ausgaben über 600 oder auch 700 Seiten. Wie ist mit diesem Umfang nunmehr in einem einzigen Kapitel umzugehen?

Schon ein erster Blick in die sechs großen Teile des Romans läßt erkennen, daß hier russische Menschen vieler Arten in den verschiedensten Handlungen und Zusammenhängen auftreten. Ein ganzer Kosmos russischen Lebens jener Zeit um 1865 wird uns vor Augen gestellt. Ginge es darum, das Werk als Dichtung zu würdigen, dann müßte das Ganze in allen Handlungssträngen und Haupt- und Nebenfiguren berücksichtigt werden. Wir aber können – wie sich bestätigen wird – für unser Bemühen fragegerecht auswählen. Wir können von der Vielschichtigkeit des Romans, von einer Fülle von Ereignissen und einer Vielzahl von Personen absehen und doch im Blick auf unser besonderes Thema den Faden in der Hand behalten.

Der Roman selbst wird oft als „Kriminalroman" bezeichnet. Neben anderem ist er auch dies, allerdings auf seine Weise. Wenn zu einem Kriminalroman eine besondere, auf ein Verbrechen und seine Aufdeckung bezogene Spannung gehört, dann beruht sie hier nicht etwa darauf, daß der Leser lange im unklaren gelassen wird über den Täter oder gar über das Verbrechen selbst. Sie ergibt sich vielmehr daraus, daß in psychologisch faszinierendster Weise gezeigt wird, wie der Täter auf seine Tat zugeht, wie er sie ausführt und wie sie hernach auf ihn wirkt, wie er zwischen der Angst, entdeckt zu werden, und der Bereitschaft, sich zu offenbaren, hin- und herpendelt, wie er immer neu darin unsicher ist, wer aus seiner Umwelt seine Tat ahnt oder gar weiß, wie ihn schließlich der Staatsanwalt durchschaut und im nahezu freundschaftlichen Gespräch unter vier Augen sogar als Mörder bezeichnet und ihn dennoch bis zu seinem Geständnis nicht verhaften läßt.

## Das Romangeschehen, fragegerecht komprimiert

Im Jahre 1865 in Petersburg. Rodion Raskolnikow, ein bitterarmer, intelligenter dreiundzwanzig Jahre alter Student, der seit einem halben Jahr nicht mehr studiert, wohnt in einer winzigen Kammer in einem großen Mietshaus. Sein Zustand ist jämmerlich: Er ist seiner Vermieterin schwer verschuldet, hat kaum zu essen, geht in zerlumpten Kleidern, seine Nerven sind angegriffen ⟨I/1⟩. Mühsam wird er von seiner verwitweten Mutter und seiner Schwester, deren beider ganze Liebe ihm gilt ⟨I/3, Brief der Mutter⟩, durch gelegentliche Geldsendungen unterstützt.

Er entschließt sich, eine alte Pfandleiherin, bei der er schon zweimal Gegenstände versetzt hat, umzubringen, um an deren Geld und Wertsachen zu kommen. Er tötet sie in ihrer Wohnung. Da kommt überraschend deren Schwester. Er tötet auch sie und macht sich mit dem Geldbeutel der Pfandleiherin und einigen Schmuckstücken und Pfandsachen davon ⟨I/7⟩. Am nächsten Tag verbirgt er die ganze Beute unter einem großen Stein in einem Hof ⟨II/2⟩ und glaubt, nun alle Beweise seines Verbrechens beseitigt zu haben.

Tagelang liegt er krank in seiner Kammer, in Fieberdeli-
rien bei halbem Bewußtsein ⟨II/3⟩. Da kommt sein früherer Studienfreund Rasumichin und nimmt sich seiner an.
Als er wieder auf den Beinen ist, lernt er Sonja kennen,
eine feinsinnig-religiöse Achtzehnjährige, die der Prostituti-
on nachgeht, um so den Unterhalt für ihre Mutter und ihre
Halbgeschwister zu beschaffen ⟨III/4⟩. Raskolnikow küm-
mert sich um diese Familie.

Rasumichin macht ihn rein gesellschaftlich mit Porfirij bekannt, der als Staatsanwalt mit den Ermittlungen in der
Mordsache der Pfandleiherin befaßt ist ⟨III/5⟩. Porfirij erkennt nach wenigen Begegnungen in Raskolnikow den Täter ⟨IV/5⟩ und sagt ihm bei einem späteren Gespräch auch
offen, er sei der Mörder ⟨VI/2⟩. Zu diesem Schluß ist er
aber aufgrund so subtiler Überlegungen gekommen, daß er,
zumal da Raskolnikow im psychologischen Zweikampf immer wieder ausweicht, keine Verhaftung herbeiführt, da es
ihm zunächst an brauchbaren Beweisen fehlt. In einer Art
einfühlsamster Menschenkenntnis kündigt er schließlich
die Verhaftung an und rechnet zugleich damit, daß Raskolnikow sich zuvor selbst offenbaren werde ⟨VI/2⟩.

Raskolnikow hat sich schon zuvor ⟨V/4⟩ Sonja, die ihm
aus dem Neuen Testament die Erzählung von der Wieder-
erweckung und Auferstehung des Lazarus (Johannes-Evan-
gelium, Kap.11, 1–46) vorgelesen hat, als Mörder zu erkennen gegeben. Sie, die vor allem die Schwester der Pfandleiherin gekannt hat, ist erschüttert und drängt ihn aus ihrem
gläubigen Christsein heraus, die Tat vor aller Welt zu gestehen und sich anzuzeigen. Erst vier oder fünf Tage später
⟨VI/8⟩ geht er wieder zu Sonja, verläßt sie dann ohne rechten Abschied, sucht das Polizeirevier auf und erklärt dem
sprachlosen Polizeimann: „Ich habe die alte Beamtenwitwe
und ihre Schwester Lisaweta mit einem Beil erschlagen und
beraubt" ⟨VI/8 am Ende⟩.

Das ganze Romangeschehen bis hier hat sich in 15 Tagen
abgespielt, und der Roman scheint zu Ende. Aber noch in-

nerhalb des Romans bringt der Dichter ein Nachwort, einen „Epilog". Aus ihm ⟨Epilog 1⟩ ergibt sich, daß Raskolnikow fünf Monate nach dem Geständnis zu acht Jahren Zwangsarbeit in Sibirien verurteilt worden ist und sich nun dort im Gefängnis befindet. Sonja ist durch ein Geldgeschenk in die Lage versetzt worden, ihm nach Sibirien zu folgen und sich in seiner Nähe aufzuhalten. Sie besucht ihn gelegentlich im Gefängnis und an seinen Arbeitsstätten außerhalb des Gefängnisses. Nach neun Monaten Sibirien werden sie sich der Gemeinsamkeit ihrer Liebe bewußt ⟨Epilog 2⟩. Seit dem Mord sind anderthalb Jahre vergangen. Unter seinem Kopfkissen im Gefangenenlager liegt jetzt das Neue Testament, Sonjas Buch, aus dem sie ihm die Auferstehung des Lazarus vorgelesen hat.

Der Epilog schließt mit dem Hinweis, daß hier eine neue Geschichte beginne: die Geschichte der allmählichen Erneuerung eines Menschen.

## Das Romangeschehen, fragegerecht aufgegliedert

Was uns für die Frage nach Verbrechen und Strafe interessiert, läßt sich nicht etwa in fortlaufendem Strang aus dem Roman herauslösen. Dostojewskij erzählt zwar in weiten Strecken den Ablauf im zeitlichen Nacheinander. Aber manches Wichtige, insbesondere was die Motivation zur Tat Raskolnikows ausmacht, wird erst später sukzessiv nachgeliefert, sei es nun in der Wiedergabe der Gedanken oder Selbstgespräche des Raskolnikow, sei es in den Gesprächen, die er mit Sonja und Porfirij führt. Für unser Bemühen ist der Stoff ohne Rücksicht auf den Gang des Erzählens zu erfassen, so daß sich daraus die folgenden Abschnitte ergeben.

## Raskolnikow vor der geplanten Tat

Raskolnikow hat vor anderthalb Monaten bei der Pfandleiherin einen Ring versetzt ⟨I,6⟩. Jetzt erinnert er sich – in letzter Zeit ist er abergläubisch geworden – an seinen dama-

ligen Rückweg in seine Kammer. Er hat in einer Gaststätte
vom Nebentisch ein Gespräch mitangehört, in dem ein Student einem Offizier erklärte, er würde die verdammte Alte
– gemeint war die Pfandleiherin – am liebsten umbringen
und ausrauben ⟨I/6⟩.

Das Gespräch hat ihn aufs äußerste erregt. Gewiß hatte er
ähnliche Gespräche unter jungen Leuten schon mehrmals
mitangehört, wenn auch in anderer Form und über andere
Gegenstände. „Warum aber kam er gerade jetzt dazu, dieses
Gespräch und diese Gedanken zu hören, wo in seinem eigenen Kopf ... *genau die gleichen Gedanken* aufgetaucht waren?
Und warum stieß er gerade jetzt, da in ihm der Keim seines
Gedankens über die Alte durchbrach, hier auf ein Gespräch
über dieselbe Alte? ... Dieses Zusammentreffen erschien
ihm stets merkwürdig." ... „als wäre hier tatsächlich eine
Vorausbestimmung, ein Fingerzeig im Spiel gewesen ..."

Mit der Wiedergabe dieser Gedanken Raskolnikows beginnt Dostojewskij das psychische Material zu liefern, in
dem man weithin das Motiv oder die Motive Raskolnikows
zum Mord an der Pfandleiherin zu erkennen glaubt. Der
Dichter scheint zunächst an einen ganz banalen Raubmord
gedacht zu haben und dann erst – so wird berichtet – auf
subtilere Gedanken und Ziele seines Helden gekommen zu
sein. Denn ein intelligenter Student der Art, wie er ihm vor-
schwebte, könne wohl nicht einen simplen Raubmord begehen.

Was dann im Laufe des Romans zur Motivation des Helden noch sukzessiv erkennbar wird, läuft nach diesem Verständnis im wesentlichen auf zwei Motive hinaus, die einander sogar in gewisser Weise widerstreiten. Man sieht diese
Ansicht im Namen des Helden bestätigt – „Raskol" bedeu-
te „Spaltung" – und folgert, daß Raskolnikow in seiner Motivation gespalten war und eine Doppelmotivation zu seiner Tat hatte. Für dieses Verständnis des Romans ist dann
das eine Motiv eher philanthropisch-altruistisch (um der
Menschheit in wichtigen Dingen helfen zu können); es soll

im folgenden „*Menschheitsmotiv*" genannt werden. Das andere Motiv ist ich-erhöhend-egoistisch (um Karriere unter den Menschen machen zu können); es läßt sich im Anschluß an die dazu gehörende Leitfigur als „*Napoleon-Motiv*" bezeichnen.

## – *Das Menschheits-Motiv*

Was der höchst faszinierte Raskolnikow im Gasthaus zufällig mitzuhören bekommt, läuft auf den Vorschlag hinaus, mit der Tatbeute segensreiche Unternehmungen zugunsten der Menschheit zu fördern. Nietzsche könnte hierin vielleicht eine Beschwörung des Wertes der Fernstenliebe sehen, die die Nächstenliebe zurückdränge (womit nicht gesagt sein soll, daß Nietzsche dies auch bei dem utilitaristischen Handlungsprogramm der vorliegenden Art gut hieße!).

Raskolnikow hört aus dem Mund des ihm unbekannten Studenten Sätze wie diese ⟨I/6⟩: Am liebsten würde ich diese verdammte Alte umbringen und ausrauben und ich hätte deswegen nicht die geringsten Gewissensbisse. Ich habe natürlich einen Scherz gemacht. Aber ... auf der einen Seite ist da eine dumme, gedankenlose, nutzlose, bösartige kranke Alte, niemandem nützlich, die selbst nicht weiß, wozu sie lebt, und die morgen schon von selber sterben kann. Auf der anderen Seite gibt es frische junge Kräfte, die verloren gehen, wenn man sie nicht unterstützt, und davon gibt es Tausende, und das überall. Hunderte, tausende guter Taten, die mit dem Geld der Alten vollbracht werden könnten, werden in ein Kloster verbannt. Hunderte, vielleicht tausende von Existenzen könnten auf den richtigen Weg gebracht werden, – alles von ihrem Geld. Töte sie und nimm ihr Geld, um dich dann mit dessen Hilfe dem Dienst an der Menschheit und der gemeinsamen Sache zu widmen. Was meinst du, ob nicht ein winzig kleines Verbrechen durch tausend guter Taten aufgewogen wird? ... Ein Tod für hundert Leben – das ist eine Rechnung! Und was

wiegt, allgemein gemessen, das Leben dieser schwindsüchti-
gen, blöden, bösartigen Alten? Nicht mehr als das Leben einer Laus, einer Küchenschabe, ja nicht einmal soviel, weil
die Alte schädlich ist.

So etwa sind die Worte des Studenten. Auf eine Zwi-
schenfrage des Offiziers antwortet er, natürlich werde er
die Alte nicht umbringen, er rede nur von der Gerechtigkeit, nicht von sich.

Im weiteren Verlauf schiebt sich bei Raskolnikow das Napoleon-Motiv zwar deutlich vor das Menschheitsmotiv, aber
in dem späten Gespräch, in dem er Sonja den Mord beichtet,
taucht doch auch das Stichwort von der „Laus" wieder auf:
„Ich habe doch nur eine Laus getötet, Sonja, eine unnütze,
widerliche, schädliche Laus" ⟨V/4⟩.

## – Das Napoleon-Motiv

Balzac spricht in seinem in den Jahren 1837 bis 1843 erschienenen Roman VERLORENE ILLUSIONEN vom Beispiel
Napoleons, das dem 19. Jahrhundert so verhängnisvoll geworden sei, weil es einer Unmenge mittelmäßiger Köpfe
Mut gemacht habe, – so auch Lucien (dem Helden seines
Romans). „Es ging vom Bösen zum Guten und vom Guten
zum Bösen mit gleicher Leichtigkeit."

Offenbar hat einige Zeit danach auch Dostojewskijs Held
Raskolnikow das Napoleon-Beispiel faszinierend gefunden.
Er hat – wie sich aus einem späteren Gespräch mit Rasumichin und Porfirij ergibt ⟨III/5⟩ – ein halbes Jahr zuvor, als
er von der Universität ging, einen Artikel „Über das Verbrechen" geschrieben und einer Zeitschrift eingesandt. Dieser
Artikel ist nun vor zwei Monaten in einer anderen Zeitschrift ohne Wissen Raskolnikows erschienen. Erst Porfirij
orientiert ihn davon. Raskolnikow sieht sich genötigt, den
Grundgedanken aus der Erinnerung wiederzugeben, etwa
so: daß der ungewöhnliche Mensch für sich das Recht in
Anspruch nehmen könne, über einige Hindernisse hinweg-

zusteigen, wenn die Durchführung seiner Idee das verlange. Die Gesetzgeber und Beglücker der Menschheit, angefangen mit den ältesten, fortgesetzt mit Solon, Mohammed, Napoleon und so weiter, seien alle bis zum letzten Verbrecher gewesen. Sie hätten auch vor Blut nicht halt gemacht, wenn einzig das Blut ihnen weiterhalf. Solche ungewöhnlichen Menschen würden gewiß selten geboren. „Gewöhnlich" seien die, die nur sich selbst reproduzierten. Die „Ungewöhnlichen" dagegen hätten die Gabe, in ihrem Umkreis ein neues Wort zu prägen.

Als Raskolnikow später Sonja sein Verbrechen gebeichtet hat, begehrt sie – zu seiner und ihrer eigenen Erleichterung – alles zu erfahren. Und er bekennt: „Ich wollte ein Napoleon werden, deshalb habe ich gemordet" ⟨V/4⟩. Napoleon hätte ohne die geringsten Bedenken ein lächerliches altes Weib erwürgt, die umgebracht werden mußte, wenn es darum ging, wegen der Karriere an ihr Geld in der Truhe zu gelangen. So habe auch er gemordet, nach dem Beispiel der Autorität.

Wenn wir uns an diese Selbstdarstellung Raskolnikows halten, dann tritt das „Menschheitsmotiv" offensichtlich etwas zurück. Das Bild vom Übermenschen, das „Napoleon-Motiv", gibt den Ausschlag für sein Handeln. Doch wie dem auch sei: Raskolnikow holt sich für sein Bewußtsein auf diese Weise die subjektive Rechtfertigung für seine Tat zusammen und gewöhnt sich so an dieses Denken, daß er schließlich die Tat begeht.

## Die Ausführung der geplanten Tat

Dostojewskij läßt uns die Ermordung der Alten in allen erregenden Einzelheiten miterleben ⟨I/7⟩ – von der Öffnung der Wohnungstüre bis zu dem Augenblick, in dem Raskolnikow beginnt, die Sachen in den Taschen seines Mantels und seiner Hose zu verstauen, ohne die Päckchen, das sind die vorgefundenen Pfandsachen, von den Futteralen zu trennen oder zu öffnen.

Nun hört er Schritte. Nach einigem Zögern geht er aus dem Schlafraum in das Zimmer, in dem die erschlagene Alte liegt. Da steht in der Mitte des Zimmers Lisaweta, die Stiefschwester der Toten, die eigentlich erst später nach Hause kommen sollte.

## *Raskolnikow – nach der geplanten Tat, vor der Gerichtsverhandlung*

Mit dem Beil, mit dem er die Alte erschlagen hat, tötet er nun auch deren Schwester ⟨I/7⟩. Dem kalkulierten Unrecht wird neues hinzugefügt, das nicht einkalkuliert war. Völlig außer sich, hastet er hinweg. Die Angst packt ihn immer mehr. Der Ekel vor dem, was er getan, steigt in ihm hoch und wächst von Minute zu Minute.

Am nächsten Tag – er weiß kaum, wie er wieder in seine Kammer gekommen – zittert er vor Schüttelfrost und beseitigt die Spuren der Tat: Er schneidet die blutverschmierten Fransen von seiner Hose und versteckt den Geldbeutel und die Sachen, die er bei der Alten aus dem Koffer gezogen hat, in einem Loch unter der Tapete ⟨II/1⟩. Auf dem Polizeibüro, vor das er seiner Schulden wegen geladen ist, bricht er ohnmächtig zusammen, als er von dem Mord des Vorabends reden hört. Wieder in seinem Zimmer, wird er sich der Entdeckungsgefahr bewußt und macht sich auf den Weg in ferner liegende Straßen der Stadt. Er verbirgt die Beute unter einem großen Stein in einem Hof ⟨II/2⟩ – und dies, ohne den Geldbeutel auch nur geöffnet zu haben ⟨zu Sonja, V/4; auch Epilog 1⟩.

Dann liegt er drei Tage nahezu bewußtlos in seiner Kammer, als läge er schon im Sarge, bis Rasumichin sich seiner annimmt ⟨II/3⟩. Er ist physisch völlig zusammengebrochen – eine Folge des seelisch-geistigen Fiaskos. Von der Menschheit ist er weitestgehend isoliert. Im Rückblick ist zu fragen, was von seinem Tatplan und dem, was er selbst als seine Motive erkennbar gemacht hat, zu halten ist.

Mit dem *Menschheitsmotiv* ist Raskolnikow kläglich gescheitert. Wenn es darum ging, einen Menschen als eine
schädliche „Laus" zu töten, um der Menschheit helfen zu
können, dann hat er außer der „Laus" noch einen Menschen getötet, den er nie als „Laus" bezeichnet hätte. Denn
Lisaweta war in seinen Augen ein liebenswerter Mensch,
zugleich eine Protagonistin der unterdrückten, also hilfsbe-
dürftigen Menschheit. Daß er nun auch sie – und auf so
schreckliche Weise – umgebracht hat, widerspricht dem angeblichen Motiv auf schärfste. Das Geld hat er vergraben,
ohne daß man sagen könnte, was damit noch Großes zu erreichen wäre. Gewiß könnte er in absehbarer Zeit seiner
Mutter und seiner Schwester davon eine Unterstützung zukommen lassen. Aber keinesfalls könnte er sich von nun an
in respektabler Weise als Wohltäter der Menschheit betäti-
gen.

Und wenn Raskolnikow sich in *Napoleon* die Autorität
zum Vorbild genommen hat, dann bedeutet das – da er die
Tat nicht nur geplant, sondern auch wirklich begangen hat
–, daß er sich für einen dieser „ungewöhnlichen" Menschen, einen Übermenschen, gehalten und daraus gefolgert
hat, er „dürfe" wie der gedachte Napoleon eine alte Frau töten, weil er für seine Karriere Geld brauchte. Wie kläglich
hat er aber gegenüber diesem Vorbild versagt! Ein armseli-
ger Student ist zutage gekommen, den der Ekel packt, nachdem er die geplante und zusätzlich die ungeplante Tat hinter
sich hat, – ein Student, dem das mehrere Tage dauernde
Darniederliegen offenbart, daß er so gar nicht „ungewöhnlich", vielmehr durch das Verbrechen in seiner Persönlichkeit aufs heftigste erschüttert ist.

Aus dem Napoleon ist eine kümmerliche gejagte Figur
geworden – eine Figur, die sich selbst jagt: vom Verbergen-
Wollen zum Gestehen-Wollen, vom schrecklichen Wach-
traum ins Delirium, von der radikalen Kontaktverweige-
rung (indem er zu schlafen vorspiegelt) in die ausgeklügelte
Kontaktsuche (weil er doch Klarheit gewinnen muß, was

die andern inzwischen ahnen, vermuten oder gar wissen). Er kehrt sogar – wie aus Zufall – zum Tatort zurück: zwanghaft – als könne er nicht mehr wahrhaben, was er getan, und müsse sich Widerlegung oder Bestätigung verschaffen.

Gelegentlich wird gemeint, Raskolnikow habe den Mord der Pfandleiherin als Selbstversuch („Autoexperiment") betrieben. Es sei ihm darum gegangen, zu erfahren, ob er ein außergewöhnlicher Mensch, ein Napoleon, sei. Aber eine solche Deutung projiziert den nachherigen Ausgang des Vorhabens in die vorangegangene Motivation. Wenn Raskolnikow gegenüber seinem Leitbild kläglich versagt hat, so kann dies kein Grund sein, die Napoleon-Vorstellung als zuvor offen gebliebene Frage zu sehen. Vielmehr war sie als schon bejaht vorauszusetzen. Nicht weil er erst herausfinden wollte, ob er ein außergewöhnlicher Mensch ist, hat er die Alte getötet, sondern weil er sich vor sich selbst für einen außergewöhnlichen Menschen erklärt hat, hat er sich die seltsame „Berechtigung" zu dieser Tat eingeredet und die Tat begangen. Er wäre denn auch über sein Versagen nicht so sehr erschüttert gewesen, wenn er die Tat nur als Experiment verstanden hätte.

Im übrigen brauchten wir nur zu fragen, ob Raskolnikow die Tat auch dann begangen hätte, wenn er – sagen wir: aufgrund der großzügigen Schenkung eines russischen Mäzens – plötzlich viel Geld in die Hand bekommen hätte. Nehmen wir Raskolnikow als Geschöpf des Dichters wie eine existierende Person, so müssen wir die Frage verneinen. Er befand sich in demütigender Armut, belastet von dem guten Willen seiner Mutter und seiner Schwester, die sogar eine unwürdige Ehe eingehen wollte, nur um ihm materielle Hilfe zukommen lassen zu können ⟨I/3⟩. Nie konnte sein Stolz zulassen, daß dies geschah ⟨I/4⟩. Vor Gericht hat er denn auch später ⟨Epilog 1⟩, mit zeitlichem und innerem Abstand von seiner Tat, offen gesagt, der Grund der Tat seien seine elende Lage, seine Armut und seine Hilflosigkeit gewesen. Wie hätte er also nach allem, was wir von ihm wissen, die Alte töten sollen, nur um zu erproben, ob er ein „Napoleon" sei oder nicht sei?

Wenn wir Raskolnikow so sehen, dann zeigt sich freilich, daß die beiden sog. „Motive" gar keine Motive sind. Es sind vielmehr Konstruktionen, die er sich autosuggestiv als Rechtfertigung einredet. Jeder Verbrecher muß sich für seine Tat, soweit er sich mit einer in seiner Umwelt anerkannten Moral konfrontiert sieht, eine Berechtigung herleiten, daß er denn doch so handeln „dürfe" oder müsse. Es sind aus dem subjektiven Interesse geborene rationale Erwägungen, die freilich immer wieder dazu führen können, daß ein zunächst nur eher spielerisch gedachtes Verbrechen hernach tatsächlich begangen wird. Und je mehr der potentielle Täter mit der überkommenen Moral großgeworden und je intelligenter er ist, desto anspruchsvoller müssen diese Konstruktionen sein. Da ist man dann froh, wenn man sich an einen „Napoleon" klammern kann.

Im übrigen zeigt sich an Raskolnikow etwas Allgemein-Gültiges: Zwar ist er ein Verbrecher von seltener Struktur, aber an seinem Verhalten ist doch manches abzulesen, das für jedes Verbrechen gilt. Jede Tat, durch die wir einen anderen verletzen, wie wir selbst nicht verletzt zu werden wünschen, bedarf eines seelisch-geistigen Anlaufs. Dieser kennt hauptsächlich zwei Möglichkeiten: einmal die Abwertung des anderen (er ist eine „Laus", ein Untermensch, ein Schmarotzer), sodann die Entwertung oder Umwertung bisher anerkannter Werte (auch utilitaristisch: so viele gute Taten wiegen mehr als das eine Verbrechen, dessen Begehung die guten Taten ermöglicht). So versetzte sich Raskolnikow in die Lage, den entscheidenden Entschluß zu fassen, aus dem dann eine ganze Reihe von Einzelhandlungen fast zwanghaft entsprang.

In diesem Sinne waren das Entscheidende die Gedanken *vor* der Tat. Nach dem Doppelverbrechen hat Raskolnikow alle Selbstsicherheit verloren. Nun erfährt er von verschiedenen Seiten wohlwollendes Teilnehmen an seinem Ge-

schick und läßt sich manches Wegweisende mit zurückge-
nommenem Widerstand, ja ohne Widerspruch sagen.

Da ist der Staatsanwalt Porfirij, der ihm nicht so sehr als
Verfolgungsorgan, sondern als einfühlsamer Intellektueller
näher gekommen ist. Er zeigt, verneinend oder bejahend,
die Möglichkeiten auf, die er für Raskolnikows weiteren
Weg bedenkt. Seine Worte sind: Fliehen werden Sie nicht;
Sie glauben doch selbst nicht mehr an Ihre Theorie. Hand
an sich zu legen – eine alberne Annahme, die Sie mir verzeihen werden. Sie brauchen in erster Linie das Leben.
Ohne uns kommen Sie nicht aus. Sie werden Ihr Leid auf
sich nehmen. Im Leid liegt eine Idee. ⟨VI/2⟩

Und dann ist da vor allen anderen Sonja, die ihm aus der
absoluten Sicherheit ihres christlichen Glaubens heraus den
Weg weist, der aus ihrer Sicht allein ihm Rettung bringen
kann: „Geh sofort, unverzüglich, stell dich auf einen Kreuz-
weg, knie nieder und küsse zuerst die Erde, die du entweiht
hast, und dann verneige dich vor der ganzen Welt, in allen
vier Richtungen, und sage vor allen Menschen laut: ‚Ich
habe getötet!‘ Dann wird Gott dir wieder Leben geben.“
„Du sollst das Leid auf dich nehmen und dadurch die Erlösung finden, das sollst du tun“ ⟨V/4⟩.

Vier oder fünf Tage später ist Raskolnikow bereit, so zu
handeln. Er geht auf das Polizeirevier und gibt sich, wie
schon oben wiedergegeben, als Mörder der Pfandleiherin
und ihrer Schwester zu erkennen. Allerdings ist nicht zu
sehen, daß er dies bereuend oder gar im Sinne der von
Sonja gemeinten Bußbereitschaft getan hätte. Er hat nur
äußerlich die Vorschläge befolgt. Noch im sibirischen Gefängnis empfindet er zunächst keine Reue ⟨Epilog 2⟩. Be-
stimmend war für ihn wohl nur, daß er seine Lage für ausweglos hielt. Flucht und Freitod schieden tatsächlich für
ihn aus. Und das Bewußtsein, jeden Augenblick dann
doch verhaftet werden zu können und so ständig gehetzt
zu sein, mußte für diesen stolzen Charakter unerträglich
werden.

## Die Gerichtsverhandlung

Nur im Rückblick wird über die Gerichtsverhandlung berichtet ⟨Epilog 1⟩. Raskolnikow hat klar und in jeder Hinsicht unbeschönigt ausgesagt. Der krankhafte und erbärmliche Zustand des Täters vor der Ausführung des Verbrechens wurde nicht bezweifelt. Da er die Geldbörse nicht einmal geöffnet hatte, gereichte ihm „die neueste Theorie der zeitweiligen geistigen Umnachtung" zum Vorteil. Da Staatsanwalt Porfirij – wie von ihm zuvor versprochen – nichts davon verlauten ließ, daß er Raskolnikow als Täter erkannt und ihm dies unter vier Augen offen gesagt hatte, ging das Gericht von der völlig freien Selbstanzeige des Angeklagten aus. So fiel das Urteil mild aus: Acht Jahre Zwangsarbeit.

## Raskolnikow – nach dem Strafurteil, im Gefängnis

Ort und Zeit sind nun: Sibirien, Stadt, Festung, Gefängnis. Fast anderthalb Jahre nach dem Verbrechen, ist Raskolnikow seit neun Monaten hier. Sonja ist ihm nach Sibirien gefolgt, hält sich in der Nähe auf und kann in gewissen Kontakt mit den Gefangenen treten ⟨Epilog 1⟩.

Raskolnikow empfindet keine Reue. Unter den Mitgefangenen ist er ein Außenseiter. Sie beginnen, ihn zu hassen. Offenbar sieht er seine Tat noch, solange es irgend geht, als einen bloßen Irrtum, einen Fehler der Konstruktion. Dann brauchte er gewissermaßen nur ein anderes Gedankengebäude an Stelle des ersten zu setzen und könnte wieder solch eine Tat begehen!

Er erlebt aber in solchem Denken eine seltsame Sehnsucht: Wenn das Schicksal ihm wenigstens Reue beschert hätte! „Qualen und Tränen – das ist doch wenigstens Leben. Aber er bereute sein Verbrechen nicht" ⟨Epilog 2⟩. Immerhin sieht man: Der rationale Verstand, der Nur-Verstand, sehnt sich nach Gefühl.

Da werden er und Sonja sich bei einem morgendlichen Zusammensein nahe der Arbeitsstätte im Freien gemeinsam ihrer Liebe bewußt ⟨Epilog 2⟩. Dostojewskij zeichnet nun fast holzschnittartig grob die aufkommende Veränderung: „An diesem Tage schien es ihm, als ob alle Sträflinge, seine früheren Feinde, ihn mit anderen Augen ansahen. Er fing sogar selbst mit ihnen zu sprechen an, und man antwortete ihm freundlich." Auch konnte er an diesem Abend seine Gedanken nicht mehr auf etwas konzentrieren. „Er konnte nur fühlen." An die Stelle seines theoretisierenden Reflektierens tritt etwas ganz Neues – das „wirkliche Leben". „Unter seinem Kopfkissen lag das Neue Testament."

### Die Phänomene Verbrechen und Strafe unter drei Aspekten

Raskolnikows Tat und ihre Folgen für ihn – das ist unter drei verschiedenen Aspekten zu sehen. Der Dichter selbst hat wiederholt die Unterschiede deutlich betont.

– *Unter dem Aspekt der staatlich organisierten Gesellschaft* haben *Verbrechen und Strafe* ihre Bedeutung unmittelbar im Blick auf den Bestand des Gemeinwesens. *„Verbrechen"* ist hier die schuldhaft-rechtswidrige Tat, die – generell gesehen – nicht ohne Reaktion hingenommen werden kann. Raskolnikow reflektiert selbst im Rückblick diese Kategorie ⟨Epilog 2⟩: „Gewiß, es ist ein Kriminalverbrechen ⟨in den anderen Übersetzungen: eine Straftat/eine kriminelle Handlung⟩ geschehen; der Buchstabe des Gesetzes ist übertreten, und Blut ist vergossen." Und er selbst nennt dann auch die Strafe als die in diesem Bereich gebotene Folge: „So nehmt doch für den Buchstaben des Gesetzes meinen Kopf – und damit basta!" *„Strafe"* ist als staatliche Reaktion (entgegen allen Beschönigungen in unserer Gegenwart) die angemessene vergeltende Zufügung eines Übels zum Zwecke der allgemeinen Abschreckung. (Dieses Ziel der Generalprävention bedeutet freilich nicht, daß es darum ginge, schlechthin alle Straftaten zu verhindern, sondern nur, daß die offene und zu zahlreiche Begehung möglichst verhindert und so ein gedeihliches Zusammenleben der Menschen ermöglicht werde.) Raskolnikows Haltung ist insoweit zunächst ganz nüchtern. Er sieht hier lediglich nach außen gerichtete Möglichkeiten des Handelns und Folgentragens: das Geständnis, das er erbringt, – die Strafe, die er gegen sich geschehen läßt.

– *Der zweite Aspekt* ist *der des Mit- und Zwischenmenschlichen,* ohne den Zusammenhang mit staatlicher Organisation und den ihr notwendig zugehörenden Zwängen. Wo zuvor Verbrechen und Strafe sind, ist hier der *Bruch der Gemeinschaft mit Menschen* und als Folge die *Isolation des Nicht-dazu-Gehörenden.* Das sind Momente, die stark in der Substanz des breiten Volkes ihren Platz haben. Es ist das, was gerade in Dostojewskijs Dichtung das so entschieden Russische ausmacht (ganz im Unterschied etwa zu dem Weltbürgertum in den Werken Goethes). Durch die Verletzung des Elementar-Mitmenschlichen, die gewiß nicht etwa allen gesetzlich normierten Straftaten innewohnt, sondern nur solchen einer bestimmten, das Menschsein in Frage stellenden Qualität, bricht der Verletzende mit seiner Mitwelt und wird – als Folge – auch von ihr hinausgestellt. Beides zeigt sich bei Raskolnikow: „Es schien ihm" ⟨als er die Beute unter dem Stein verborgen hat und auf der Newabrücke steht⟩, „als hätte er sich von allen und allem wie mit einer Schere abgeschnitten" ⟨II/2⟩. Hat er sich so in das schmerzliche Erleben der Vereinsamung gestoßen, so erfährt er auch von anderen, sobald sie nur seine Tat wissen, die Ausstoßung: Im sibirischen Gefängnis wird er von den Mitgefangenen verachtet, ja, sie begannen sogar, ihn zu hassen. Sie schmähten ihn und fielen über ihn her: „Du Gottloser!" ⟨Epilog 2⟩

– *Der dritte Aspekt* ist *der religiöse,* der der Transzendenz. Was Raskolnikow getan hat, ist hier als das schlechthin Böse die *Sünde vor Gott.* Und das bedeutet, daß der Sünder sich durch sein Handeln immer auch selbst befleckt und die *Strafe Gottes,* in welcher Gestalt auch immer, zu gewärtigen hat. Sonja, in ihrer ungebrochenen christlichen Gläubig-

keit, sieht den so schrecklich gefallenen Menschen vor sich
und sagt ihm offen: „Was haben Sie sich da angetan?" „Es
gibt jetzt niemanden auf der Welt, der unglücklicher ist als
du!" „Von Gott haben Sie sich abgewandt, und Gottes Strafe
hat Sie getroffen, Sie dem Teufel ausgeliefert!" ⟨V/4⟩

Was bedeutet nun *die staatlich verhängte Strafe* für den Mörder Raskolnikow? *Unter diesem Aspekt* gilt sein eigenes Wort:
Ist die Strafe verbüßt, dann ist „basta" – dann „sind wir" quitt
⟨Epilog 2⟩. *Die Reaktion der menschlichen Gemeinschaft* zeigt
sich zunächst bei den Mitgefangenen, mit denen gemeinsam er eingesperrt ist. Von ihnen wird er gehaßt und wird
Sonja geradezu verehrt. Ihr gelingt es denn auch, ihn durch
ihre Liebe zu ändern und für die anderen zu öffnen. So
kam es ihm vor, als sähen alle Häftlinge ihn jetzt anders an.
Er hatte sogar von sich aus angefangen, mit ihnen zu reden
⟨Epilog 2⟩. Die Erfahrung der Liebe Sonjas hat den aus der
menschlichen Gemeinschaft Ausgebrochenen mit den Mitmenschen versöhnt.

Das läßt sich freilich bei Dostojewskij nicht denken ohne
ein Erlebnis *im Bereich der Transzendenz,* ohne eine neue Haltung zu Gott. Auch sie geht auf Sonja zurück, auf ihre, ihm
in Liebe bekundete Gläubigkeit. Die Versöhnung mit Gott
wird als geglaubter Akt nunmehr dadurch möglich werden,
daß Raskolnikow „das Leiden auf sich genommen" hat. Es
ist – in der Bedeutung des Wortes als einer Werterfahrung
– der Sinn, den Raskolnikow jetzt dem ihm auferlegten
Strafübel gibt. Es ist eine bewußte, gefühlserfüllte Bejahung
des Strafleidens als eines Gegengewichts gegen die Sünde.
Sie bedeutet „Sühne" und führt vor dem Horizont des Lei-
denden als religiöse Leistung der Person zu Gott.

VERBRECHEN UND STRAFE *als Ideen-Roman*

Wenn man irgend eine Art von Roman als *„Ideen-Roman"*
bezeichnen kann, dann ist es dieser Roman. In ihm zeigt
Dostojewskij, daß der Mensch nicht als sich isolierendes

Einzelwesen und nicht ohne transzendenten Bezug leben kann. Im Blick auf die konkrete geistige Situation und die Theorien seiner Zeit bedeutet das: daß der russische Intellektuelle nicht ohne die Einbettung in das russische Volk und nicht ohne den christlichen Glauben des russischen Volkes wahrhaft Mensch sein kann.

Die Verbrechensbegehung offenbart die völlige Sinn-Leere im Leben dieses Menschen Raskolnikow. Er leidet unter dem Mangel eines wirklichen Wertes in seinem Leben. Er sucht Sinn zu konstruieren mit Hilfe rationalistischer Theorien und vertraut diesen Theorien ohne Gefühl. Er setzt sich darin selbst als Maßstab für Recht und Unrecht und scheitert in mehrfacher Hinsicht. Er erlebt schmerzlich seine Isolation. Unter den beiden ihm gangbaren Wegen geht er schließlich nicht den, das Leben aufzugeben, sondern den, es festzuhalten – durch Geständnis und Aufsichnehmen der Strafe. Aber er bereut noch nicht. Er setzt nur sein Leben fort, beginnt nicht ein neues Leben. Erst im Gefangenenlager bezwingt ihn die liebende Zuwendung der Sonja. Sie hat ihm – sozusagen stellvertretend für die Menschheit – in christlichem Glauben sein Verbrechen vergeben und damit den sinnerfüllenden Anfang eines neuen Lebens gestiftet.

Jetzt sind wir in der Lage, nochmals auf den Namen des Romanhelden zurückzukommen. Wenn „Raskol" Spaltung bedeutet und „Raskolnikow" der gespaltene Mensch ist, dann meint das als „Spaltung" nicht etwa die beiden konstruierten, scheinbaren Motive des Mörders, sondern – wie wir jetzt sagen können – die Abspaltung dieses Menschen von seinen Mitmenschen, vom Volk und von dessen religiösem Glauben. Der bloße rechnende (euklidische) Verstand ohne Bindung an die transzendierenden Werte führt zur Menschen-Verachtung und folgerichtig ins schwerste Verbrechen. Der Mensch verliert sich selbst, wenn er sein Dasein nur im Diesseitigen zu gründen versucht.

Dies alles läßt sich nicht ohne ein gewisses Pathos referieren. Das ist ein Reflex der Schreibweise dieses Dichters, der sich in dem Roman mit den Ideologien und Theorien seiner Zeit und seiner Umgebung auseinandersetzt und daher immer da, wo es um die russische Seele geht, nicht ohne dieses Pathos schreibt. Doch trotz aller zeit- und ortsgebundenen Momente steht dieser Roman über Zeit und Ort und erweitert auch uns heute unsere Erfahrung vom Menschen.

Was unser Gesamtthema betrifft, so liegt im Verbrechen des Romans VERBRECHEN UND STRAFE nicht nur das staatlich normierte Unrecht, sondern vor allem die Abwendung vom Mitmenschen und von Gott, und in der Verbüßung der gerichtlich verhängten Strafe findet Raskolnikow schließlich den Sinn, der ihn befähigt, sich wieder dem Menschen und Gott zuzuwenden.

# Staatsverbrechen und Straf-Ersatz unter Königen

## William Shakespeare
### HAMLET

Shakespeare schrieb in den Jahren 1600/1601 im Alter von 36/37 Jahren die Tragödie „The tragicall Historie of Hamlet Prince of Denmarke". 1603 wurde das Stück erstmals aufgeführt. Es gehört zu den bedeutendsten Stücken der Weltliteratur. Im deutschsprachigen Raum ist die Titelfigur des Stücks nahezu sprichwörtlich, wenn es darum geht, ein Zögern und Zaudern in wichtigen Dingen zu charakterisieren. In Hamlet sieht man fast überall den Prototyp eines Menschen, der handeln sollte, aber zuviel denkt und nicht handelt.

Ist in dieser Weise von Hamlet die Rede, so wird man sich an die Konturen von Shakespeares Drama, soweit es um die Person des „Zauderers" geht, fürs erste etwa so erinnern: Der alte König Hamlet von Dänemark ist von seinem Bruder im Schlaf umgebracht worden. Der Mörder heiratet die Königswitwe und wird selbst König. Dem jungen Hamlet erscheint der Geist seines Vaters und verlangt Rache. Doch Hamlet findet nicht zur Tat. Erst am Schluß kommt es zu einem Rundum-Töten anläßlich eines Fechtkampfs. Hamlet tötet den König. Auch seine Mutter, er selbst und sein Fechtgegner kommen zu Tode.

### Die Frage nach Verbrechen und Strafe

Es ist zunächst nicht zu erwarten, daß gerade die HAMLET-Tragödie in der Reihe der von uns behandelten Werke Platz hat. Zwar finden sich in dem Stück mehrere Untaten,

die als „Verbrechen" in Betracht kämen: Hamlet tötet Polonius; Claudius schickt Rosenkranz und Güldenstern mit
Hamlet nach England, um Hamlet dort töten zu lassen;
Hamlet fälscht den an die Engländer gerichteten königlichen Brief in einer Weise, die Rosenkranz und Güldenstern den Tod bringen wird; Laertes ficht im scheinbar
sportlichen Wettkampf mit heimlich vergiftetem Rapier
und bringt Hamlet die tödliche Wunde bei; Claudius vergiftet den für Hamlet bestimmten Trank, an dem sich seine
Frau Gertrud den Tod holt. Wenn es uns darum ginge, Verbrechen festzustellen, wäre also Stoff genug da. Aber wir
wollen nicht Straftaten als solche erfassen, sondern suchen
einen Zusammenhang von Verbrechen und Strafe, der für
das Verständnis der Dichtung bedeutsam ist. Und die ange-
führten Untaten lassen keinen Bezug auf eine strafende Reaktion erkennen.

Wo könnte im HAMLET ein solcher Zusammenhang zu
finden sein? Wir müssen uns einen Überblick über das ganze Stück verschaffen, müssen vor allem das schon vor Dra-
menbeginn liegende Mordverbrechen des Claudius an seinem Bruder in den Geschehenszusammenhang einbezie-
hen, dann wird deutlich, daß hier ein besonderes Kapitalver-
brechen nach einer besonderen Reaktion verlangt. Offensichtlich ist diese Reaktion Hamlet auferlegt. Vielleicht
könnte hier auch ein Schlüssel zum umfassenderen Verständnis der Tragödie zu finden sein. Warum zögert Hamlet mit seiner Reaktion? Hat sie überhaupt mit „Strafe" zu
tun? Diese Fragen verlangen zunächst einen geduldigen
Umgang mit dem Text und mit den daraus zu erschließen-
den Motivationen des Prinzen. Darauf muß sich unser Bemühen richten. All jene Teile der Tragödie, die zwar für
den Gesamtgehalt des Stücks Gewicht haben, nicht aber für
unsere begrenzte Fragestellung, müssen beiseite bleiben.

## Das Geschehen vor und die Lage bei Beginn des Dramas

### Die wesentlichen Ereignisse

In Dänemark, in der Königsburg zu Helsingör, regiert König Hamlet. Sein und seiner Frau Gertrud Sohn, der junge Hamlet, studiert in Wittenberg ⟨I/2⟩. Claudius, der Bruder des Königs, tötet heimlich den König, indem er ihm beim Mittagsschlaf im Garten Gift ins Ohr gießt (– eine Tat, die zwingend aus dem weiteren Geschehen zu erschließen ist). Aus Hofkreisen wird ausgestreut ⟨I/5⟩, eine Schlange habe ihn beim Schlaf im Garten gebissen. Kurz nach der Bestattung des Toten heiratet Witwe Gertrud ihren Schwager Claudius. Die zur Königswahl Berufenen, die Großen des Landes, stimmen zu, daß nunmehr Claudius König sei ⟨I/2⟩.

Im Lande herrscht Unmut wegen der belastenden Rüstung gegen Norwegen. Mehr noch: Das ganze Staatswesen scheint nicht in Ordnung zu sein. „Etwas ist faul im Staate Dänemark", klagt Marcellus ⟨I/1⟩. Man hat „des Lands Verderben" zu befürchten. Horatio, Hamlets Freund, befürchtet Gefahr für den Staat durch den Prinzen Fortinbras von Norwegen ⟨I/1⟩.

Den Wachen auf der Terrasse vor dem Schloß zeigt sich – zu ihrer großen Beunruhigung – nun schon zum dritten Mal um Mitternacht ein Geist in voller Rüstung, der wie der verstorbene König aussieht ⟨I/1⟩. Hamlet ist in Wittenberg vom Tod seines Vaters unterrichtet worden und nach Helsingör gereist. Er kommt zur Bestattung zu spät, aber noch rechtzeitig zum Ausklang der Hochzeit seiner Mutter mit Claudius und zu dessen Thronrede. Nur Hamlet geht schwarz gekleidet ⟨vor I/2⟩.

### Das Geschehen im Urteil seiner Zeit

Als historischer Hintergrund dieser Ereignisse sind nicht etwa dänische, sondern englische Verhältnisse zu sehen. Shakespeare schrieb aus seiner Zeit und für seine Zeit. Er

hat zwar einen alten Stoff aus der Geschichten-Sammlung
des Saxo Grammaticus (um 1200) aufgegriffen, aber – wie
die Kenner der Materie betonen – in der teilweise über-
nommenen Erzählung eines „Amlet" nunmehr englische
Zeitgeschichte dargestellt. Auf sie müssen wir uns insoweit
einlassen, als das Verständnis der Dichtung davon abhängt.

Die Tat des Claudius ist als heimtückische Tötung eindeutig Mord. Die Ehe der Königswitwe mit ihrem Schwager ist nach Elisabethanischer Auffassung inzestuös. Sie verletzt zudem, so kurz nach dem Tod des Gatten geschlossen,
die Trauergebote. Für die Thronfolge kannte das damalige
England keine Erbmonarchie. Es galt aber auch keine Wahl-
monarchie im strengen Sinne. Vielmehr wird man von einer
Mischform ausgehen müssen: Zwar „wählen" die Großen
des Reiches, sie sind dabei aber nicht völlig frei, sondern in
der Regel begrenzt durch den Rahmen, den der Vorschlag
des vorangegangenen Königs gezogen hat. Dieser wird freilich jemanden vorschlagen, der Aussicht hat, ohne Schwierigkeiten gewählt zu werden. Ins Drama selbst spielt diese
Nachfolgeregelung wiederholt herein. So sagt Rosenkranz
zu Hamlet, der den fehlenden „Aufstieg" beklagt: „Wie
kann das sein, wo Ihr doch die Stimme des Königs selbst
habt für die Thronfolge in Dänemark?" ⟨III/2⟩ Und Hamlet äußert unmittelbar vor seinem letzten Wort: „Doch sage
ich voraus, die Wahl fällt auf Fortinbras, er hat meine sterbende Stimme" ⟨V/2⟩. „My dying voice" – diese „sterbende
Stimme" ist es, um die der alte Hamlet durch den Mord gebracht worden ist. So fragt sich, welche Thronfolge nach seinem Tod zu erwarten war. Die Zuschauer der Shakespeare-
Zeit könnten hier verschieden geurteilt haben: Entweder sahen sie die Spielregeln so, daß nach des alten Hamlet Tod
die Königswitwe befugt war, die Krone – mit der zu erwartenden Zustimmung der Großen des Reiches – dem Sohne
zu übertragen, und daß sie dies auch hätte tun sollen. Vor
diesem Hintergrund erscheint dann Claudius als Usurpator
der Königsmacht. Oder sie sahen in der noch so fragwürdi-

gen Heirat der Königswitwe deren Stimme für Claudius als Nachfolger. Das bedeutet dann, daß die Großen in ihrem Sinne gewählt haben ⟨Thronrede I/2⟩ und daß Claudius (von dessen Mordtat ja niemand weiß) als rechtmäßiger König und im Verhältnis zu Hamlet nicht als Usurpator auftritt.

## Das Geschehen im Urteil Hamlets

Hamlets Einstellung zu diesen Vorgängen ergibt sich aus manchen seiner späteren Äußerungen. Dabei ist es wohl als Zeichen seiner Kritikbereitschaft zu verstehen, daß Shakespeare ihn in Wittenberg studieren läßt, also in der durch den „Protest" Luthers berühmt gewordenen Stadt. Hamlet empört sich zunächst nicht etwa darüber, daß ihm die Krone vorenthalten wird, umso mehr aber darüber, daß seine Mutter „mit solcher Behendigkeit in ein blutschänderisches Bett" geeilt ist ⟨I/2⟩. Die Mißachtung des Trauergebots und die (als inzestuös gesehene) Heirat mit dem Schwager – das ist es, was ihn erregt und was auch später noch, im Zimmer der Königin nach der Tötung des Polonius, als Empörung fortdauert ⟨III/4⟩. Erst in der letzten Szene gibt Hamlet Horatio gegenüber zu erkennen, daß er sich ursprünglich als Nachfolger auf dem Throne seines Vaters sah. Er sagt über Claudius: „der meinen König mordete und meine Mutter zur Hure machte, der hineinplatzte zwischen die Wahl und meine Hoffnungen" ⟨V/2⟩.

## Hamlets Auftrag

Das bedeutsamste Ereignis ist für Hamlet nach seiner Rückkehr aus Wittenberg das Erscheinen des Vatergeistes und dessen Auftrag. Wir haben dabei zu unterscheiden: was der Geist sagt und wie Hamlet den Auftrag versteht und akzeptiert.

Wir nehmen den Geist zunächst unbekümmert als eine real existierende Figur – so, wie er uns auf der Bühne begegnet. Hamlet ist unterrichtet, daß den Wachen auf der Ter-

rasse der alte König in voller Rüstung erschienen ist. Nun
will er selbst die Erscheinung sehen. Der Geist kommt,
winkt Hamlet auf die Seite und spricht: Ich bin deines Vaters Geist. Räche seine ruchlose Ermordung! Ich wurde im
Schlaf von Bruderhand zugleich um Leben, Krone und Königin gebracht. Laß das königliche Bett von Dänemark kein
Lager sein von Unzucht und fluchbeladener Blutschande.
Doch wie du auch die Tat betreibst, beflecke deinen Geist
nicht und laß deine Seele nichts ersinnen gegen deine Mutter. Ade, ade, gedenke mein! ⟨I/5⟩ So lautet, auf ein paar
wichtigste Sätze zusammengefaßt, der Befehl des Geistes.
Der „alte Maulwurf" ⟨wie Hamlet ihn nennt, I/5⟩ läßt sich
noch in derselben Nacht wiederholt hören. Während Horatio und Marcellus von Hamlet verpflichtet werden, niemals
jemandem etwas von der Erscheinung zu sagen, tönt er
schauerlich aus der Tiefe: „schwört, – schwört, – schwört
bei seinem Schwert!" (Erst viel später, nach der Tötung des
Polonius, erscheint der Geist nochmals, nun im Hausrock
im Zimmer der Königin. Er ist dann nur Hamlet sichtbar
und erinnert ihn an die Ausführung des Befehls: „Vergiß
nicht" III/4.)

Hamlet ist aufs tiefste erschüttert, als sein toter Vater vor
ihm steht, ihn über sein Lebensende unterrichtet und Rache fordert. Ohne großes Überlegen verlangt Hamlet Aufklärung und sagt dem Geist rasches Handeln zu: „Laß es
mich eilends wissen, damit ich mich mit Flügeln schnell
wie Denken ... auf meine Rache stürzen kann." ⟨I/5⟩ „Re-
venge" – zweimal dies Wort des Geistes: „Räche, räche den
ruchlosen Mord" – dies vor allem müßte es sein, was ihm
im Ohre klingt. Das heißt zunächst nichts anderes als: übe
Blutrache! Und dieser Aufgabe will sich Hamlet sofort stellen.

Doch kaum ist der Geist verschwunden, müssen Hamlet
andere Gedanken gekommen sein. Er unterrichtet alsbald
seine Gefährten, daß er ein sonderliches Wesen („an antic
disposition") zeigen werde. Er hat also offensichtlich schon

einen ersten Plan seines Vorgehens gefaßt. Doch dann bedenkt er seine Aufgabe aus größerer Distanz und sagt zu seinen Gefährten noch das Wort, das den Auftrag, den er an
sich gestellt sieht, in eine neue Dimension rückt:
„The time is out of joint, O cursed spite,
    That ever I was born to set it right!"
– in der herkömmlichen Übersetzung Schlegels:
„Die Zeit ist aus den Fugen; Schmach und Gram,
    Daß ich zur Welt, sie einzurichten, kam!"
– und neu übertragen (Klein):
„Die Zeit ist aus den Fugen, o verfluchte Schicksalstücken,
    daß jemals ich geboren ward, um sie zurechtzurücken!"
⟨I/5 am Ende⟩
„to set it right" – daß heißt auch: die Dinge ins Recht zu
setzen, und meint, bezogen auf den in Dänemark herrschenden „faulen" Zustand, Recht und Ordnung im damaligen Begriff wiederherzustellen. Daß dazu, wenn schon ein
Mörder auf dem Throne sitzt, dessen Beseitigung gehört,
ist sicher. Doch damit wäre der Rahmen eines auf bloße
Blutrache gerichteten Auftrags weit überschritten. Was das
für die Frage nach Verbrechen und Strafe bedeutet, wird
noch zu zeigen sein.

Zunächst kamen Hamlet freilich nur erste Entwürfe seines Handelns in den Sinn. Sie mußten ihm alsbald fragwürdig werden. Ihre grundlegende Prämisse wird von Stunde
zu Stunde problematischer geworden sein. Hamlet hatte ja
keine Erfahrung mit Geistern. War denn der Rede des Geistes ohne weiteres zu trauen? Zwar hatten auch die beiden
Gefährten auf der Wache den alten Hamlet erscheinen sehen, aber das Zwiegespräch mit dem jungen Hamlet haben
sie nicht gehört, und selbst wenn sie es gehört hätten: Wer
sagte ihnen denn, daß die Behauptung des Königsmords
der Wahrheit entspräche?

So konnte an ein rasches Handeln immer weniger gedacht werden. Hamlet mußte zunächst Gewißheit suchen,
was von der Rede und dem Befehl des Geistes zu halten

sei. Und er wird sich im Laufe der Zeit auch Gedanken haben machen müssen, was denn, falls er entschlossen war, alles dazu gehöre, die Dinge wieder ins Recht zu setzen.

*Hamlets halbes Vertrauen in das Wort des Vatergeistes*

Wie hielt man es nun zu Shakespeares Zeit mit Geistern?
Wir Heutigen müssen sie so gelten lassen, wie sie dem
Dichter und seinem Publikum galten. So wenig wir die
Dichtungen Homers verstehen, wenn wir die unsichtbar
auf dem Schlachtfeld agierenden Götter der alten Griechen
leugnen wollten, so wenig können wir das wahrhaftige Erscheinen des Geistes in HAMLET negieren.

Entscheidenden Aufschluß hierzu gibt uns die 1935 erschienene Untersuchung von J. Dover Wilson, „What hap-
pens in Hamlet". Er macht deutlich, daß es im 16. und
17. Jahrhundert *drei Richtungen in der Geisterfrage* gab: eine
katholische, eine protestantische und eine „skeptische". Die
katholische Ansicht ging dahin, die Geister seien die Seelen von Toten, denen gestattet worden sei, aus dem Fe-
gefeuer zu einem bestimmten Zweck zu den Lebenden
zurückzukehren. Es sei die Pflicht der Gläubigen, hier zu
helfen, damit die wandernde Seele Ruhe finde. – Die Pro-
testanten hielten die Erscheinungen für möglich. Ihre
Theologen kamen in hitzigen Diskussionen zu dem Schlus-
se: Geister könnten Engel sein, meist aber seien es Teufel,
die die Gestalt von verstorbenen Verwandten oder Freun-
den angenommen haben, um den Partnern der Erscheinung an Körper oder Seele zu schaden. – Die „skeptische"
Richtung meinte, es gebe zwar Geister, aber sie nähmen
keine irdische Gestalt an; was erlebt werde, seien Illusionen melancholischer Gemüter oder Gaunereien eines
Schurken.

Nach Wilson gibt es keinen Zweifel: „Der Geist in HAM-
LET war eine weitaus fesselndere und wichtigere Figur für
die Elisabethaner, als er es je für uns sein kann."

Hat demnach Hamlet die Erscheinung des Geistes voll ernstgenommen, so bedeutete dies doch keineswegs, daß er sich auf das Wort des Geistes verlassen konnte. Er war vielmehr zwangsläufig unsicher. Schon bei Beginn der ersten Begegnung mit dem Geist sieht Hamlet die Alternative: Du magst ein Geist des Heils sein oder ein verdammter Kobold ⟨I/4⟩. Auch im sog. Hekuba-Monolog ⟨nach dem Gespräch mit den Schauspielern, II/2⟩ läßt er seine Unsicherheit erkennen: Der Geist, den ich gesehen habe, kann ein Teufel sein; er täuscht mich womöglich, um mich zu verderben. Und noch später spricht er zu Horatio von der Möglichkeit: … so ist's ein Höllengeist, den wir gesehen haben ⟨III/2⟩. Hamlets Sicht entspricht ganz der protestantischen Geistertheorie. Ihm muß es nun darum gehen, nicht „verdorben" zu werden. Er muß vermeiden, daß er einen unschuldigen oder doch nicht überführten Claudius tötet. Dies wäre einem Endziel, die Zeit wieder einzurichten, ganz zuwider.

## Verschaffen von subjektiver und intersubjektiver Gewißheit

Auf Hamlet lastet also einige Unsicherheit. Er muß zunächst versuchen, für seine Person Gewißheit zu erlangen über die Richtigkeit der Schilderung des Geistes. Ein anderer Weg als der über das wenn auch nur indirekte Geständnis des Täters kam den Umständen nach nicht in Betracht. Er mußte daher Gelegenheiten schaffen, auf jeden Fall aber Gelegenheiten ergreifen, soweit sie sich anboten, daß der „mutmaßliche" Mörder sich selbst verrate.

Um alle Chancen zu wahren (vielleicht auch, um jeden Verdacht von gegen den König gerichteten Machenschaften zu vermeiden), spielt Hamlet zunächst den Verrückten. Er sagt in dieser Rolle Wahrheiten und macht Andeutungen, die er sonst nicht sagen könnte. Er versucht damit auch, gewisse Reaktionen zu testen. Aber dies alles ist reines Zufallsspiel, und Hamlet kommt so nicht zum Erfolg.

Da bietet sich ihm eine Gelegenheit eigener Art. Schauspieler kommen und wollen ihre Künste zeigen. Hamlet testet ihre Fähigkeiten. Er fragt den Ersten Schauspieler, ob die Truppe „Die Ermordung des Gonzago" spielen könne. Offensichtlich handelt es sich um ein gängiges Stück; es bietet ein Tötungsverbrechen, das demjenigen ganz ähnlich ist, dem – nach der Schilderung des Geistes – der alte Hamlet zum Opfer fiel. Der Schauspieler erklärt die Bereitschaft für die Truppe ⟨II/2⟩.

Am Ende des sog. Hekuba-Monologs sagt Hamlet, was er von dieser Aufführung erwartet: „Ans Werk, mein Hirn! Hm ... ich hab gehört, daß schuldbeladene Geschöpfe, die in einem Schauspiel saßen, durch die geschickte Anlage der Handlung so ins Herz getroffen wurden, daß sie ihre Missetaten alsbald laut verkündet haben ... Ich will diese Schauspieler etwas, das der Ermordung meines Vaters ähnelt, vor meinem Onkel spielen lassen, ich will auf seine Miene achten ... zuckt er auch nur, so weiß ich, was ich tun muß ... der Geist, den ich gesehen habe, kann ein Teufel sein... Dem König wird das Spiel zur Schlinge, in die ich sein Gewissen zwinge" ⟨II/2⟩.

Das Experiment hat Erfolg. Der König verrät sich an der entscheidenden Stelle des Spiels im Spiel, das Hamlet „Die Mausefalle" nennt ⟨III/2⟩. Er ist „ungeheuer durcheinander" – wie der Höfling Güldenstern berichtet – und verläßt erschrocken fluchtartig den Raum ⟨III/2⟩. Hamlet hat damit *subjektive Gewißheit* insoweit erreicht, als er sich selbst, seiner Beobachtung und damit auch dem Wort des Geistes trauen zu können glaubt. Nun weiß er, was er tun muß: „I know my course" ⟨II/2, gegen Ende⟩ – so hatte er sich zuvor versprochen, unter diesen Umständen dann handlungsfähig zu sein.

Doch wie soll er sich anderen gegenüber auf beobachtetes Geschehen berufen können, wenn es nur seine alleinige Erfahrung bliebe? Gibt es denn, so muß er sich vor dem Spiel der Schauspieler gefragt haben, nicht einen Weg, die mögli-

che Erfahrung auszudehnen, einen anderen Beobachter bei-
zuziehen? Was Hamlet sucht, ist die Herstellung einer inter-
subjektiven Gewißheit. In der Gemeinsamkeit eines gleichen Bewußtseinsinhalts wäre dann die Gewißheit schon
eher objektivierbar und anderen gültiger mitzuteilen. So erzählt er dem vertrauenswürdigen Horatio, was er über seines Vaters Tod erfahren hat. (Diese Weitergabe der ursprünglich von Hamlet verschwiegenen Umstände ist in
III/2 vorausgesetzt und später offen angesprochen, V/2).
Er bittet ihn, beim Spiel der Schauspieler sorgfältig auf den
König zu achten; hernach wollten sie ihrer beider Ansichten zusammenfügen zu einem Urteil über des Königs Ausdruck.

Dabei läßt Hamlet Horatio seine spezifische Unsicherheit
über den Geist erkennen: Wenn des Claudius „verborgene
Schuld bei einer Rede ⟨er meint eine bestimmte Stelle des
aufzuführenden Schaupsiels⟩ sich nicht selbst herausjagt, so
ist's ein Höllengeist, den wir gesehen haben" ⟨III/2⟩. Hernach bestätigt Horatio Hamlet dessen Erleben und Urteil.
Nun ist sich Hamlet seiner Sache völlig sicher: Er will jetzt
„tausend Pfund auf das Wort des Geistes geben" ⟨II/2⟩.
Jetzt hat er auch einen hilfreichen Zeugen gegenüber Dritten. Damit ist die für Hamlet so wichtige *intersubjektive Gewißheit* hergestellt. Er weiß also nun doppelt gesichert, „was
er zu tun hat". Aber was ist dies?

## Vorläufiger Verzicht auf die Tötung des Königs

Man könnte meinen, nun sei die Bahn frei, daß Hamlet bei
nächster Gelegenheit den König töte. Und diese Gelegenheit ergibt sich: König Claudius ist ganz allein in seinem Privatgemach, er kniet im Gebet. Hamlet kommt, von Claudius unbemerkt, in den Raum und spricht vor sich hin: „Jetzt
könnt' ich's passend tun, jetzt ist er im Gebet – und jetzt
will ich es tun (er zieht sein Schwert), und so fährt er gen
Himmel, und so hab ich meine Rache ..." ⟨III/3⟩.

Doch dann kommen Hamlet Bedenken, ihn beim Beten umzubringen und ihn im Gnadenstand aus der Welt zu sto-ßen, während der alte Hamlet unvorbereitet gehen mußte. Er steckt das Schwert wieder in die Scheide: – Wenn ich's jetzt tue, dann sende ich ihn in den Himmel statt in die Höl-le. Dies scheint das durchgreifende Hindernis, jedenfalls macht Hamlet es sich in dieser Weise bewußt: „Weg, Schwert, du sollst einen grausigeren Griff erleben: wenn er betrunken schläft, oder in seinem Zorneswüten, oder ... sonst bei einer Handlung, der keine Spur des Heils anhaftet, dann bring ich ihn zu Fall, daß ... seine Seele so verdammt und schwarz sei wie die Hölle, wo sie hinfährt." ⟨III/3⟩.

Übergeht man zunächst den Inhalt von Hamlets Selbstge-spräch und fragt nur nach dem Befehl des Vatergeistes, dann muß man sagen: Ginge es Hamlet nur (!) um Blutrache, so hätte er hier getötet. Die Sorge, daß Claudius sein Jenseits im Himmel statt in der Hölle fände, würde dann zurücktre-ten. Er redet sich zwar im Augenblick diese Sorge ein. Aber das bedeutet nicht, daß er nicht einen gewichtigeren Grund haben könnte, jetzt nicht zu töten. Es muß ein weiter ge-stecktes Endziel sein, das er sich gesetzt hat, wobei es nicht darauf ankommt, ob er auch alle notwendigen Zwischenzie-le schon im Blick hat. Viel spricht dafür, daß sein Schluß-wort beim Verlassen der Terrasse nach Erscheinen des Gei-stes dieses Endziel bezeichnet und das Schlüsselwort seines weiteren Verhaltens ist. Seine Aufgabe sähe er dann tatsäch-lich darin, die „aus den Fugen geratene Zeit" „zurechtzu-rücken".

Sollte er wirklich dieses Ziel haben, so müßte sich das im weiteren Geschehen des Dramas bestätigen. Es müßte deut-lich werden, welches Handlungsprogramm sich aus einem solchen Entschluß ergibt und wie es sich mit den selbstan-klagenden Monologen Hamlets verträgt. Denn in diesen Monologen wirft sich Hamlet wiederholt ein feiges Versa-gen vor, das sich offensichtlich auf den Blutrachebefehl des Geistes bezieht.

## Hamlets wirkliches Ziel

„The time … to set it right": die Zeit zurechtzurücken –
dies besagt unter den gegebenen Umständen, die Fäulnis
aus dem Staate Dänemark ⟨I/4, Marcellus⟩ zu beseitigen,
des Landes Verderben ⟨I/1, Horatio⟩ zu wenden, im Ganzen gesehen: die gesamtgesellschaftliche Lage in diesem Gemeinwesen ins Lot zu bringen. Ist Hamlet der Mann, sich
dieses Ziel zu setzen und sich nicht mit einer kurzen Blutra-
cheaktion zu begüngen, dann müßte er einer sein, der den
Zustand des „Staates" als reformbedürftig empfindet.

Wir haben immerhin einige Anhaltspunkte für seine seelisch-geistige Struktur, den wichtigsten im berühmten Mo-
nolog „Sein oder Nichtsein" ⟨III/1⟩. In ihm finden sich einige Gedanken, die nur so beiläufig gesagt erscheinen, die
aber doch auffallen müssen, wenn ein königlicher Prinz sie
denkt. Hamlet befaßt sich mit der Selbsttötung und fragt,
wer, wenn sie so leicht von der Hand ginge, das Elend des
langen Lebens ertrüge. Er beklagt in diesem Zusammenhang gewisse Vorgänge des öffentlichen Lebens: die Peit-
schenhiebe und Schmähungen der Mitwelt, des Unterdrük-
kers Unrecht, des Überheblichen Hohn, die Zögerlichkeit
der Justiz, die Unverschämtheit der Behörden. Wir müssen
davon ausgehen, daß er als Prinz in seiner Person nicht sonderlich unter gerade diesen Übeln zu leiden hat. So beweisen seine Gedanken, daß er ausgesprochen sozial mitfüh-
lend, gar volksnah empfindet. Eine solche Volksnähe zeigt
sich auch sonst im Stück. Sie ist schon zu erkennen aus der
Resonanz seiner Gefährten in der ersten Szene, als es um
die Pflicht der Wachleute geht, dem jungen Hamlet das Erlebnis mit dem Geist anzuvertrauen ⟨I/1⟩, sodann aus der
Art, wie Hamlet mit Horatio und Marcellus spricht ⟨I/2⟩,
auch mit den Schauspielern ⟨III/2⟩ und mit den Totengrä-
bern ⟨V/1⟩. Dagegen ist seine Distanz zum glatten und be-
rechnenden Gehabe des Hofstaats im ganzen Stück wiederholt zu sehen ⟨etwa I/4⟩.

All dies zeigt uns bei Hamlet eine Werthaltung, d.h. eine Gesinnung, die ihn unter den gegebenen Umständen über das vom Vatergeist Befohlene hinaus verpflichten mußte. Diese so viel weiter reichende Aufgabe tritt freilich erst in Hamlets Bewußtsein, nachdem er erfahren hat, daß da ein Mord begangen worden ist, auf den zu reagieren der Geist ihn aufgerufen hat. Wir müssen vermuten: Obwohl er als Prinz die Mängel im Staate Dänemark kannte, hätte er die Dinge ohne das Wissen um den Mord doch laufen lassen und wäre wieder zu seinem Studium zurückgekehrt. Palastrevolution ist nicht seine Sache. Nun aber sieht er nicht nur die Greuel im Herrscherhaus, sondern auch die Deformierung des Gemeinwesens und die umfassende Aufgabe seiner Reformierung.

## *Voraussetzungen für die Reformierung des Gemeinwesens*

Wo hat Hamlet anzusetzen, wenn er „die aus den Fugen geratene Zeit" wieder „ins Recht" setzen will? Naiv gesehen wäre dazu vor allem nötig: Claudius des Mords zu überführen und vom Thron zu entfernen. Es wäre also mit Strafe zu reagieren. Sie ist in einem staatlichen Gemeinwesen noch immer das Mittel, nach einem Rechtsbruch den Rechtsfrieden auf rechtlichem Wege herzustellen. Und zu den Zeiten, in denen das Stück spielt, wäre dann nur die Todesstrafe in Betracht gekommen.

Aber gegen einen König gibt es kein Strafverfahren. „Der Oberste im Staat kann nicht bestraft werden" – so lesen wir es (auch) bei Kant. Es müßte eine Revolution vorausgehen und der König abgesetzt werden, um als Ex-König bestraft werden zu können. Eine Revolution konnte jedoch nicht im Programm Hamlets liegen. Ganz abgesehen von allen taktischen Vorbereitungen einer solchen Umwälzung ist zu sehen: „Ehrgeiz und Herrschsucht sind nicht die Leidenschaften, die ihn beleben" (Goethe, Wilhelm Meister). Er kann also nicht daran gedacht haben, Claudius revolutionär vom

Thron zu stoßen und sodann in einem Strafverfahren mit Horatios Hilfe zu überführen oder gar zu einem Geständnis zu bringen. Hamlet mußte ohne die Hilfe einer Strafverfolgung als Einzelner, zudem als Thronfolger handeln.

Wenn es aber darum ging, Recht und Ordnung herzustellen, dann durfte – das wurde schon oben angedeutet – die offenbar unumgängliche Tötung des Claudius nicht als pure Rache erscheinen. Sie mußte vielmehr soweit irgend möglich den Charakter der Rechtlichkeit annehmen. Sie mußte vor allem nachträglich legitimiert werden können. Wie konnte dies überhaupt geschehen? Auf solche Fragen können wir eher antworten, wenn wir den Grundbegriff der Strafe, um den es uns schon bisher in diesem Buche geht, etwas näher entfalten.

Die *„Strafe" ist ein Unterbegriff der Vergeltung,* und zwar – im Unterschied zur Belohnung – der Vergeltung im Übel (in malam partem). Vergilt man Gutes mit Gutem (in bonam partem), dann „belohnt" man den Wohltäter, vergilt man Übeltat mit Üblem, dann übt man „Rache" oder verhängt „Strafe". Die Strafe unterscheidet sich von der Rache vor allem dadurch, daß sie in die Wertestruktur der Gesellschaft, in der sie eingesetzt wird, eingebettet ist: In dem Bedeutungszusammenhang, in dem sie steht, ist sie eine angemessene Reaktion auf die Übeltat des zu Bestrafenden, und zwar als staatliche Strafe auch aufgrund eines Verfahrens, das sie gegen vordergründige Subjektivismen des Vergeltens abschirmt.

Auf die Mordtat des Claudius kann nun, wie wir sahen, nicht mit „Strafe" im üblichen Begriff reagiert werden, da – ganz abgesehen von der Frage nach einem Verfahren – die an der Spitze des Staates stehende Person nicht bestraft werden kann. Fragen wir nun, wie im Rahmen der gegebenen kulturellen Bedingungen überhaupt rechtserhaltend reagiert werden konnte, so kann die Antwort nur mit Hilfe des Oberbegriffs der Vergeltung gefunden werden. Das ist an den Strukturen solchen Vergeltens darzutun.

Es ist von den folgenden *Möglichkeiten einer Vergeltung im Üblen* auszugehen: Als Vergeltung von oben ist es für jedermann die durch Staatsorgane verhängte und vollstreckte Strafe, und für den König (er sei hier als Beispiel für die Staatsspitze genannt) findet sich die Strafe etwa in der griechischen Tragödie als Bestrafung durch die Götter. Eine Vergeltung von unten kommt für jedermann nicht in Betracht, da „jedermann" selbst ganz unten steht. Für den König ist die Übelszufügung von unten nichts anderes als Rache (man denke an Frankreichs Ludwig XVI. im Jahre 1793, an die russische Zarenfamilie im Jahre 1917). Vergeltung auf gleicher Stufe ist für jedermann Rache (dies gilt auch für die meist kollektiv geübte sog. Lynchjustiz) und ist auch für den König Rache (bei Vergeltung durch seinesgleichen).

Ist solche Rache unter Königen im Werterahmen der jeweils aktuellen Kultur einigermaßen „kontrolliert", dann vermag sie gar als Ersatz für Strafe zu fungieren. Und dies ist es nun, was auf das Verhältnis von Hamlet zu Claudius paßt, wenn wir Hamlet als Thronprätendenten sehen und mit Claudius, der auch als Usurpator eben König ist, auf eine Stufe stellen. Hamlet selbst sieht sich in dieser Position, nämlich im Vergleich mit Dritten im selben Rang mit Claudius. Das läßt er dort erkennen, wo er Horatio über den Untergang von Rosenkranz und Güldenstern berichtet: „s'ist gefährlich, wenn die niedrigere Kreatur sich zwischen Stoß und wildentbrannte Degenspitzen großmächtiger Gegner stellt" ⟨V/2⟩.

Wir kommen auf die Ausgangsfrage zurück. Hat sich Hamlet die Aufgabe gestellt, die Zeit ins Recht zu setzen, d.h. hier: das Gemeinwesen in Ordnung zu bringen, dann muß das, was wir sonst als Verbrechen und Strafe erfragen, in anderen Kategorien erscheinen. Die Mordtat des Claudius ist nicht mehr nur eine innerfamiliäre Bluttat, sondern ein Staatsverbrechen, das die Erlangung der Krone zum Ziele hatte. Und statt der Strafe geht es letztlich um die Vergeltung unter Königen und insoweit eben um Rache. Aber: Das Recht im Lande kann Hamlet als künftiger König immerhin dadurch herzustellen suchen, daß er eine möglichst objektivierbare, eine kontrollierte Rache übt, die dann als Strafersatz gelten kann. Dies zu erreichen war Hamlet sehr wichtig, wie sich aus seinen letzten, an Horatio gerichteten Worten ergeben wird. Die Tötung des Claudius mußte als Tat des Hamlet in der sozialen Bewertung (im Urteil der teilnehmenden Gesellschaft) einen positiven Wert bekommen: Aus Blutrache mußte Strafersatz unter Königen werden und aus innerfamiliärer Abrechnung eine staatspolitische Tat.

Wenn Hamlet den Mord an seinem Vater unter diesen Zeichen kontrolliert und vor der Gesellschaft vertretbar vergelten konnte, dann blieb als weitere Aufgabe nur die nachträgliche rechtfertigende Aufklärung des Staatsvolkes über das Geschehen und schließlich das Ergreifen der Königsherrschaft. Sehen wir den Auftrag, den Hamlet sich gestellt sah, mit ihm in dieser Weise, dann zeigt sich uns sein Verhalten wohl auch anders, als es weithin der Sicht entspricht, für die HAMLET die Tragödie des Zauderers ist. Die nähere Untersuchung, wie er vorgegangen ist, mag daher im Folgenden der Überprüfung wie der Bestätigung dienen.

## Hamlets Weg zum Ziel seines Handelns

War es Hamlets Ziel, die „Zeit" „zurechtzurücken", dann mußte es ihm, nachdem er subjektive und (mit Horatio) intersubjektive Gewißheit über die Mordtat und den Täter erlangt hatte, zunächst um die rechtlich vertretbare Tötung des Claudius gehen. Hätte er den betenden Claudius hinterrücks in seinem Privatgemach erstochen, dann hätte sich dieses Tun auch im Rahmen der damaligen Normen keinesfalls vertreten lassen. Es würde dem ganzen Staatsvolke immer nur als Akt der Blutrache erschienen sein und hätte nicht als eine Art von Hoheitsakt verstanden werden können. Von daher lag das Töten hier, von Hamlets Selbstgespräch ganz abgesehen, zwar sehr nahe; es wäre aber doch ganz „falsch" gewesen.

Erst in dem „Fest des Todes", wie Fortinbras es nennt ⟨V/2⟩, hat Hamlet dann, selbst dem Tode nahe, den König unter Voraussetzungen umbringen können, die die Tötung zum Strafersatz machten. Zwar fehlte der offen erkennbare Bezug auf den Königsmord des Claudius; dafür aber gaben dessen unmittelbar vorangegangene Verbrechenshandlungen Grund genug für die vergeltende Reaktion. Dies zeigt der Ablauf des das Drama beschließenden Geschehens.

Shakespeare hat die Lebensenden der Personen, um die es in diesem „Fest des Todes" geht, kunstvoll verflochten. Claudius will Hamlet zu Tode bringen. Er wettet auf den Sieg Hamlets in einem sportlichen Zweikampf mit Laertes; es soll mit stumpfen Degen gefochten werden. Aber für Laertes, der von Claudius für die Untat gewonnen worden ist, wird ein spitzer Degen vorbereitet, und Laertes hat die Spitze noch zusätzlich vergiftet. König Claudius hält überdies eine Giftperle bereit, die er in den Siegestrunk für (besser gesagt: gegen) Hamlet tun wird. Vor versammeltem Hofstaat nimmt der Fechtkampf seinen Lauf. Während einer Kampfpause bietet Claudius Hamlet den vergifteten Trank. Aber statt seiner trinkt die Königin und vergiftet sich unwissend. Laertes verwundet den Hamlet mit der Giftspitze seines Degens. Es kommt im Fechtkampf zur beiderseitigen Desarmierung. Die Degen fallen zu Boden und werden beim Wiederaufnehmen versehentlich vertauscht. Nun verwundet Hamlet den Laertes mit dessen eigener Waffe. Laertes fällt nieder und bekennt, er sei durch eigene Verräterei getötet. Darauf verliert die Königin die Sinne; sie erkennt, daß sie Gift getrunken hat, sagt dies laut und stirbt.

Jetzt durchschaut Hamlet die Machenschaften des Königs und ruft: „Schurkenstreich!" „Verschließt die Tür!" Er verhindert, daß der König entweicht. Der versammelte Hof bekommt es aus des Laertes Mund zu hören: „Den König trifft die Schuld!" – und dies sagt ausgerechnet Laertes, der auf des Königs Seite steht und für alle erkennbar Bescheid weiß. Damit ist für Hamlet volle Handlungsfreiheit gegeben: Jetzt kann er vor versammeltem Hofe, also vor der Öffentlichkeit, eine Vergeltung üben, die unter den Normen jener Zeit der Wiederherstellung von Recht und Ordnung dient. Noch weiß zwar niemand – außer Horatio – von dem Mord am alten Hamlet. Aber alle sehen es: Wenn Hamlet jetzt den König tötet, dann nimmt er nicht nur subjektiv-eigene Interessen wahr, etwa in der Rivalität um die Krone, sondern vergilt unter Gleichen einen hinterhältigen Rechtsbruch in erlaubter Weise. Hamlet durchbohrt den König mit dem Gift-Rapier und zwingt ihm noch den Gifttrank in die Kehle. Der König stirbt.

Laertes bestätigt aufs deutlichste die Verantwortbarkeit dieser Tötung vor allen Anwesenden: „he is justly served" – „Ihm geschieht recht, es ist ein Gift, von ihm selbst gemischt" ⟨V/2⟩. Das besagt soviel wie: Diese Tötung ist nicht mehr primitive Rache, sondern Ersatz einer (gerechten) „Strafe" unter Königen. Erst jetzt stirbt Laertes.

Wenn Hamlet wirklich die „Zeit" ins Recht setzen wollte, dann mußte ihm die Unterrichtung des Staatsvolkes bis zuletzt wichtig sein. Und in der Tat: Noch im Sterben geht es ihm darum, daß das Volk erfährt, wie alles gekommen ist. Hamlet lebt als Letzter von den Hauptpersonen des Dramas – abgesehen von Horatio, der als Hamlets wahrer Gefährte nun auch zu diesen Personen zu rechnen ist. Ihm gilt Hamlets Abschiedswort, doch Horatio will mit ihm sterben. Da beschwört ihn Hamlet, noch eine Weile auf die „Glückseligkeit" (des Totseins) zu verzichten: „Gib wahrhaften Bericht von mir und meiner Sache denen, die unwissend zweifeln", „O Gott, Horatio, welch versehrter Name wird, solange die Dinge unbekannt sind, mich überleben" ⟨V/2⟩. Hier geht es Hamlet nicht nur um seine persönliche Ehre. Wäre ihm die Übermittlung der Wahrheit an das Volk nicht von vornherein wichtig gewesen, er könnte auch im

Sterben so nicht sprechen. Ohne öffentliche Herstellung der Wahrheit war ein Neuanfang in Dänemark nicht zu leisten.

Diesen Neuanfang aber markiert der sterbende Hamlet noch mit einem symbolischen Akt, nämlich mit einer Abschiedshandlung, die an die Stelle der Übernahme der Königsherrschaft tritt. Im Sinne der Thronfolge-Regelung (die wir vorne kennengelernt haben) schlägt er als berufener Herrscher noch den von ihm gewünschten Thronfolger vor: „Doch sage ich voraus: die Wahl fällt auf Fortinbras, er hat meine sterbende Stimme" ⟨„my dying voice", V/2⟩

### Nicht Mord und Blutrache, sondern Staatsverbrechen und Strafersatz unter Königen

Die Frage nach Verbrechen und Strafe hat uns an manche Stellen des HAMLET geführt, ohne daß das sich abzeichnende Ergebnis schon voll abgesichert wäre.

Es ist noch einiges zur Psyche, vor allem auch im Blick auf die Monologe Hamlets zu sagen. Er wirft sich ja wiederholt seine eigene Feigheit, sein Zögern und Zaudern vor. Dies scheint ganz darauf hinzuweisen, daß er sich doch nur zur Blutrachetat aufgerufen fühlte, die ohne großes Zögern – jedenfalls bei jener Gelegenheit im Privatgemach des Königs – möglich gewesen wäre.

Aber wir sollten zunächst den objektiven Befund aus dem Stück ermitteln, bevor wir Hamlets Selbstvorwürfe zu Rate ziehen. Und da zeigt Hamlet durch das ganze Dramengeschehen in wechselnden Lagen große Entschlossenheit und rasches Handeln: Als er über das Erscheinen des Geistes unterrichtet wird, erklärt er sofort, mit ihm reden zu wollen ⟨I/2⟩. Beim Erscheinen des Geistes reißt er sich von den Gefährten los, die ihn zurückhalten wollen ⟨I/5⟩. Sogleich nach der Begegnung mit des Vaters Geist verpflichtet er die Gefährten zum Stillschweigen und kündigt ihnen sein später tatsächlich geübtes Verhalten an, nämlich die „antic disposition", das grotesk-possenhafte Gebaren ⟨I/5⟩. Beim Erscheinen der Schauspieler ergreift er phantasievoll sofort die Gelegenheit, die sich ihm bietet ⟨II/2⟩. Im Zimmer seiner Mutter glaubt er den Claudius hinter dem Wandteppich verborgen; wer sich so verbirgt, erweckt den Verdacht eines hinterhältigen Angriffs; offenbar geht Hamlet von dieser Gefahr aus, er sticht entschlossen zu und tötet irrend den Polonius ⟨III/4⟩. Auf der nach England gehenden Schiffahrt bringt er es im Nu fertig, den Brief des Claudius durch einen nachgemachten zu ersetzen, der die beiden Rosenkranz und Güldenstern dem Tode in England ausliefern wird ⟨V/2, sein Bericht⟩. Er ist es, der das Schiff der Piraten im Handgemenge entert und hernach deren einziger Gefangener ist ⟨IV/6⟩. Am Grab der Ophelia empört er sich über die geschmacklosen Trauertöne des Laertes, setzt sich spontan über alle Rücksicht auf die Trauergesellschaft hinweg, springt ins offene Grab und ringt mit Laertes ⟨V/1⟩. Ohne Vorbehalt findet er sich zu dem Fecht-Wettkampf mit Laertes bereit und zeigt nach Offenbarwerden der Hinterlist des Claudius sofortiges Entschließen und Handeln, auch darin, wie er dem Claudius den Gifttrank einflößt ⟨V/2⟩.

Der einzige Vorgang, bei dem er wirklich zu zaudern scheint, ist der im Privatgemach des Königs, wo er zunächst zustechen möchte und es dann unterläßt. Aber wenn man nachvollzieht, was oben dazu zu sagen war, dann handelt es sich hier nur um eine verzögerte Einsicht in den in dieser Situation gebotenen Verzicht auf das Töten. So bleiben schließlich nur die Selbstvorwürfe, die sich Hamlet in verschiedenen Monologen macht.

Wie gut gelingt es Shakespeare, uns Zuschauer und Leser hier in die Seele Hamlets hineinzuziehen! Einige der berühmten Formulierungen bleiben haften – hier in der Übersetzung Schlegels u.a.: Bin ich 'ne Memme? ... Ich hege Taubenmut, mir fehlt's an Galle ... So macht Bewußtsein Feige aus uns allen ... der angebornen Farbe der Entschließung wird das Gedankens Blässe angekränkelt ... Ein Viertel Weisheit nur und stets drei Viertel Feigheit. Aber wir bleiben offenbar allzu leicht an der Oberfläche dieser Worte hängen, statt daß wir uns wirklich in die Seele Hamlets einfühlen! Wir verkennen nicht nur das Endziel, das sich Hamlet gesetzt sah und das gegen voreiliges Handeln stand, sondern wir verkennen auch ein psychologisches Phänomen eigener Art: Der wirklich Feige wird selten seine Feigheit als solche reflektieren, sie sich jedenfalls nicht vorwerfen, sondern eher entschuldigen. Er wird sich vielmehr schon dann für einen Helden halten, wenn er nur wenigstens einmal handelt. Der Entschlossene, der Tatbereite dagegen wird sich leicht für feige halten, wenn er nicht handelt, mag er auch gute Gründe haben, zuzuwarten. Es ist ja ganz Hamlets Selbstgespräch, das wir hier miterleben. Auch seinem Freund Horatio gegenüber klagt er nicht über eigenes Zögern. Wir verkennen weiter, wie schwer Hamlet unter der Geduldsprobe leiden muß, die ihm für lange auferlegt ist. Wo er für die bloße Blutrache rasch gehandelt hätte, da leidet er nun unter dem Zwang, nicht handeln zu können, weil ihm aufgegeben ist, „die Zeit" „zurechtzurücken". Und daß er sich gerade darum bemüht hat und nicht als feiger Zauderer zu sehen ist, hat Shakespeare am Schluß der Tragödie selbst deutlich gemacht. Dort läßt er nämlich den Fortinbras, keineswegs ironisch, über Hamlet noch sagen, er hätte sich, wäre er auf den Thron gelangt, „höchst königlich bewährt."

Mit diesem Blick auf Hamlets Seelenlage läßt sich der Rundgang durch Shakespeares HAMLET beenden, soweit es um die Frage ging, was „Verbrechen und Strafe" für das Verständnis dieses Trauerspiels bedeuten. Was sich zuvor schon als Ergebnis abzeichnete, ist jetzt auch im Hinblick auf die zunächst noch ausgesparten Überlegungen zu Hamlets Psyche bestätigt: Es geht in HAMLET nicht um Brudermord und Blutrache, auch nicht um Verbrechen und Strafe im sonstigen Gebrauch, sondern um ein Staatsverbrechen und um den Ersatz von Strafe unter Königen.

# Hybris als Verbrechen und die Strafe der Götter

## Sophokles
### ANTIGONE

*Dichter und Dichtung vor zweieinhalb Jahrtausenden*

Sophokles ist der früheste aus der Reihe der Dichter, mit denen wir uns befassen. Wir wenden uns ihm erst jetzt zu, nachdem uns die Begriffe von Verbrechen und Strafe aus Werken späterer Zeit anschaulich geworden sind.

Sophokles lebte von 496 bis 406 v. Chr. in Athen. Er wird gerühmt, 123 Bühnenwerke geschaffen zu haben. Nur wenige sind erhalten, darunter die Tragödie ANTIGONE. Sie ist 442 v. Chr. in Athen aufgeführt worden und wird bis in unsere Gegenwart in Theatern gezeigt. Mancher bedeutende Kopf der Geistesgeschichte hat sich mit dieser Tragödie befaßt. Mehrere Nachdichtungen auch der neueren Zeit beziehen sich auf sie. Dies wäre kaum möglich, wenn das Werk nicht einen zeitlosen Gehalt hätte.

Doch trotz solcher Zeitlosigkeit verlangt die Dichtung des Sophokles, daß wir uns auf diese längst vergangene Welt der alten Griechen und ihrer Götter und auf die dichterische Form der klassischen griechischen Tragödie einlassen. Der Chor mit Einzugslied, Standliedern und abschließendem Klagelied, die kurzzeilige Prägung von Hin- und Widerrede der Personen in den sog. Stychomythien, die begrenzte Zahl der jeweils auf der Bühne auftretenden Schauspieler – dies und noch manches andere entspricht nicht mehr dem, was wir von heutigen Bühnenstücken erwarten. Gleichwohl weist das dramatische Geschehen eine Linie auf, die noch heute fasziniert. Und die Phänomene Verbrechen und Strafe

begegnen uns schon in jener Zeit mit demselben Grundge-
halt der Begriffe, den sie auch heute haben: die Verletzung
eines Wertes, auf die in einem verstehbaren Bedeutungszusammenhang mit der Zufügung eines Übels reagiert wird.

Sophokles selbst führt uns in diesem Theaterstück in die
Welt des griechischen Mythos, der zu seiner Zeit allen Athe-
nern vertraut war. Er hat freilich diesem von den Vorfahren
überlieferten Mythos noch ein eigenes Geschöpf hinzugefügt, die Titelheldin dieser Tragödie: die Gestalt der Antigone und das auf sie bezogene Geschehen.

### Die Vorgeschichte des Tragödiengeschehens

Ort des Geschehens ist Theben. Das Königsgeschlecht des
Labdakos ist mit dem Fluch der Götter beladen. Des Labdakos Enkel Ödipus erschlägt unwissend seinen Vater und heiratet seine Mutter Iokaste. Er zeugt mit ihr vier Kinder: die
Söhne Eteokles und Polyneikes, die Töchter Antigone und
Ismene. Nachdem Iokaste sich erhängt und Ödipus – aus
Gründen, die im nächsten Kapitel unser Gegenstand sein
werden – das Land verlassen hatte, fiel die Herrschaft an
die beiden Söhne. Sie gerieten in Streit um den Thron. Polyneikes wurde vertrieben. Nun kam er mit großer Heeres-
macht und sechs anderen Fürsten, um sich seine Herrscher-
rechte wieder zu verschaffen. Theben wehrte sich. Im Zweikampf brachten sich die beiden verfeindeten Brüder wech-
selseitig zu Tode.

Kreon, der Bruder ihrer Mutter, nimmt nun die Königsmacht in die Hand. Seine erste Staatshandlung ist es, daß er
ge-bietet, den Eteokles feierlich und mit Ehrengaben zu bestatten, und ver-bietet, den Polyneikes zu begraben und
ihm eine Totenklage zukommen zu lassen. Seine Leiche
soll den Hunden und Vögeln Beute sein, schändlich anzu-
schauen. Kreon droht dem, der das Verbot verletzt, Todesstrafe durch Steinigung an. Eteokles wird bestattet.

Nun nimmt die Tragödie ihren Lauf.

### Das Geschehen der Tragödie

Den Kern der Spannungen bildet das von Kreon erlassene Bestattungsverbot. Polyneikes war für Kreon der Landesfeind; insoweit ist ein Verbot dieser Art nicht von vornherein ungewöhnlich. Für Antigone und Ismene dagegen war Polyneikes der Bruder; die Bestattung des Toten ist für sie göttliches Gebot. Antigone bestattet den Bruder. Kreon macht seine Drohung wahr und bestraft Antigone mit dem Tode. Er läßt sie allerdings auf den Widerstand der Ältesten hin nicht steinigen, sondern lebendig in eine Felsengruft einmauern.

Dies ist der Grundbestand des Tragödien-Geschehens. Weitere Vorgänge durchdringen und ergänzen es. Wesentliche Strukturen lassen sich vor allem in zwei Bereichen erkennen: in der Stellung Kreons im Hinblick auf das von ihm erlassene Verbot, sodann in den wechselseitigen Beziehungen zwischen den Hauptpersonen. Bei Kreon folgt der *wachsenden Verhärtung* unter dem Druck der Umstände der Umschlag in das Gegenteil, so daß er den Polyneikes schließlich sogar selbst bestattet. Soweit sich Antigone, Ismene, Kreon, Haimon (der Sohn des Kreon und Verlobte der Antigone) und der greise Seher Teiresias zum Bestattungsverbot unterschiedlich verhalten, kommt es zu wachsenden *Entzweiungen.* Beide Strukturen überlagern sich in kunstvoller Weise.

– Zunächst erleben wir die *Entzweiung der beiden Schwestern.* Antigone unterrichtet Ismene über das von Kreon erlassene Verbot und fragt, ob sie helfe, den Toten zu bestatten. Ismene erschrickt und weigert sich. Antigone handelt allein ein erstes und ein zweites Mal. Dann wird sie gefaßt und vom Wächter vor Kreon gebracht. Trotzig gesteht sie die Tat. Ismene kommt hinzu. Sie stellt sich an Antigones Seite und behauptet Kreon gegenüber ihre Mittäterschaft. Da wird sie von Antigone schroff zurückgewiesen. In Kreons Anwesenheit beharrt Antigone gegen die Schwester

auf ihrer Alleintäterschaft in Befolgung des göttlichen Gebots. Einige ihrer Worte aus der erregten Hin- und Widerrede ⟨ab Vers 539⟩ zeigen ihre Haltung: „Du wolltest nicht,
allein hab ich's getan." „Ich mag nicht Liebe, die mit Worten liebt." „Du sollst nicht mit mir sterben. Was du mie-
dest, / Das eigne dir nicht zu – mein Tod genügt." „Du
schaust doch stets auf Kreon, frage den!" „Bring dich in Sicherheit! Ich gönn' es dir." „Du wähltest ja das Leben, ich
den Tod." „Du dachtest, hier es recht zu tun, ich dort."

– Die *Entzweiung zwischen Kreon und Antigone,* der Tochter
seiner Schwester, beginnt im Grunde schon mit dem Erlaß
des Verbots. Denn dieses muß ja am stärksten die Schwestern des toten Polyneikes, seine nächsten Blutsverwandten,
treffen. Ohne eine Person zu nennen, befürchtet Kreon von
Anfang an den Verstoß gegen das Verbot. In seiner Thronrede ⟨162⟩ kommt er auf das bereits verkündete Verbot zu sprechen. Der Chor, das sind die Bürger der Stadt, stimmt ihm zu:
„nach jeglichem Gesetz steht dir wohl zu, / Mit uns, ob tot,
ob lebend zu verfahren" ⟨213⟩. Doch als Kreon den Chor auffordert, Hüter des Befehls zu sein, regt sich erster leiser Widerstand: „Auf jüngre Schultern lege diese Last" ⟨216⟩. Da
kommt der Wächter vom Ort des toten Polyneikes und mel-
det, der Tote sei heimlich bestattet worden (d. h. mit trocke-
nem Sand bestreut, also symbolisch begraben). Kreon arg-
wöhnt sofort Bestechung, ein Komplott, das gegen ihn gerichtet ist. An einem der nächsten Tage kommt wieder der
Wächter, jetzt mit Antigone, die bei erneuter Bestattung gefaßt worden ist. Die Entzweiung bricht offen aus. Kreon
fragt ⟨447⟩: „Hast du gewußt, daß es verboten war?" Antigone: „Ich wußt es allerdings, es war doch klar." Kreon: „Und
wagtest, mein Gesetz zu übertreten?" Antigone: „Der das
verkündete, war ja nicht Zeus. / ... So groß / Schien dein Befehl mir nicht, der sterbliche, / Daß er die ungeschriebnen
Gottgebote, / Die wandellosen konnte übertreffen."

– *Kreon entzweit sich auch mit seinem Sohn Haimon,* dem Verlobten der Antigone, der ihm Selbstherrlichkeit vorhält

⟨737⟩: „Das ist kein Staat, der *einem* nur gehört." „Ich sehe, daß du dich am Recht versündigst." „... und trittst der Götter Recht mit Füßen." Darauf verhärtet sich Kreons Haltung noch mehr. Er will Antigone sogleich töten lassen: „Holt mir das Scheusal her! Vor seinen Augen / Vor ihrem Bräutigam muß sie jetzt sterben." Aber Haimon stürzt davon: „Vor meinen Augen wird sie niemals sterben, / Das hoffe nicht! Mich aber wirst du niemehr / Vor deinen Augen sehen."

Auf die Frage des Chors kündigt Kreon an, daß Antigone lebend in ein Felsengrab eingeschlossen werde (er hält also nicht an der ursprünglich angedrohten Steinigung fest, bei der das Volk hätte mitwirken müssen). Er meint sogar, einer Mißbilligung seines Tuns begegnen zu können, indem er Antigone ins Grab „So viel Speise, wie zur Sühne reicht", mitgeben läßt ⟨774⟩. Antigone nimmt Abschied vom Chor und wird abgeführt: „Sie führen mich fort ... schaut mich an, / Die einzige, letzte vom Königsgeschlecht, / Was ich leide, von was für Volk, / Weil ich Heiliges heiliggehalten!" ⟨938⟩

– Schließlich *entzweit sich Kreon mit Teiresias,* dem alten blinden Seher. Dieser beklagt die rätselvollen Zeichen der Opferschau. Kein Gott wolle das Opfer mehr annehmen, denn die Altäre seien voll von dem, was Hund und Vogel „vom armen toten Sohn des Ödipus" – also von dem unbestatteten Polyneikes – gefressen hätten. Kreon solle von dem Toten ablassen. Da kommt es zur letztmöglichen Verhärtung des Kreon: Er bezeichnet den ehrwürdigen Seher als bestochen und falsch.

Nach dem Weggang des Sehers merkt Kreon selbst, daß er den Bogen überspannt hat. Er sucht Rat bei den Ältesten. Der Chor beschwört ihn: „Geh hin, befrei die Jungfrau aus der Gruft / Und gib dem Unbestatteten sein Grab!" ⟨1100⟩ Jetzt bricht seine Macht zusammen. Er handelt nun selbst gegen sein Verbot, sogar vordringlich in Umkehrung der Folge, die ihm der Chor geraten hat: Er bestat-

tet sogleich den Toten und geht dann erst zur Felsengruft
der Antigone 〈Botenbericht 1200〉. Dort hat Antigone sich
inzwischen erhängt. Haimons Schmerzensrufe dringen aus
der Gruft. Im Anblick seines Vaters stößt er sein Schwert gegen ihn und tötet, als er ihn verfehlt, sich selbst. Ein Bote berichtet dies alles Kreons Gattin Eurydike, die sich daraufhin
ersticht. Kreon kommt mit dem toten Haimon auf den Armen zurück, erfährt den Tod seiner Gattin 〈1301〉 und kann
nur noch sein schrecklichstes Geschick beklagen 〈1345〉.
Der Chor aber bekennt am Schluß der Tragödie: „Was der
Götter ist, entweihe keiner! / Überhebung büßt mit großem Falle / Großes Wort, dem Alter zur Besinnung"
〈1350〉.

Dies also ist das Geschehen der Tragödie: Das von Kreon
verhängte Bestattungsverbot, Antigones zweimaliger Verstoß gegen das Verbot, die Verhärtung des Kreon, die Entzweiungen unter den Hauptpersonen, die Selbsttötung Antigones, der Zusammenbruch des Verbots und die Schicksals-
schläge gegen Kreon – so läßt es sich nüchtern auseinander-
legen. Was zur ANTIGONE als großer Dichtung gehört: der
Stil des Ganzen, die Lieder des Chors, die einzigartige
Form des Aufbaus der Tragödie und anderes mehr, – dies alles bleibt für uns außer Betracht. Es geht uns nicht darum,
die Dichtung als solche zu würdigen, sondern nur darum,
den Sinnzusammenhang zu erfassen, in dem der Dichter
hier Verbrechen und Strafe eingesetzt hat.

### Verbrechen und Strafe – unter den Menschen

In ANTIGONE wird – wie immer in den klassischen griechischen Tragödien – der Mensch mit den Göttern konfrontiert. So haben wir zwei Bereiche zu unterscheiden: einen
unmittelbar erfahrenen Bereich der Menschenwelt und einen anschaulich religiös geglaubten Bereich der Götterwelt.
Die Griechen erleben ihre Götter sehr menschenähnlich.
Sie wirken in das Menschendasein in einzelnen, oft klar um-

rissenen Handlungen hinein: gebietend und verbietend, mit
Zuweisung von Erfolg und Schaden, rettend und vernich-
tend. Die Brücke zu ihnen bilden die Weissagungen der
Orakel und die Sprüche der Seher.

Blicken wir nur auf die Menschenwelt, dann scheint die
Frage leicht zu beantworten, wie es sich mit Verbrechen
und Strafe in der Antigone verhalte: Der Chor, das ist das
mündige Volk, hat König Kreon ausdrücklich das Recht bestätigt, zu bestimmen, wie es Freund und Feind der Stadt ergehen soll. Er darf jegliche Regelung treffen. Er hat als ober-
stes Staatsorgan die Bestattung des Polyneikes unter Strafe
verboten. Er hat damit ein bestimmtes Verhalten zum Verbrechen erklärt. Antigone hat das Verbrechen begangen.
Kreon darf sie nun bestrafen.

Aber das Geschehen läuft nicht nur unter Menschen. Das
Gebieten und Handeln der Götter muß mitbedacht werden. Sophokles kommt es auf diese transzendierende Dimension entscheidend an.

### Verbrechen und Strafe in der Dimension des Göttlichen

#### Verhalten und Schicksal des Kreon

Schon am Beginn der Tragödie wird deutlich: Das von Kreon erlassene Verbot widerspricht dem Göttergebot, die Toten zu bestatten. Kreon demonstriert seine Macht, indem
er dieses Gebot verletzt. Das Bedenkliche daran wird nicht
nur von Antigone empfunden. Schon der Chor läßt es erkennen: Er will nicht „Hüter des Befehls", also des Verbo-
tes, sein ⟨216⟩. Auch der gemeine Mann, der nicht zu reden
wagt, kann das Verbot nicht akzeptieren. Haimon sagt es seinem Vater hernach ganz deutlich: „Mir aber kommt es ins-
geheim zu Ohren, / Wie sich die Stadt um dieses Mädchen
härmt; / Sie, die unschuldigste von allen Frauen, / Soll
elend sterben für die schönste Tat" ⟨692⟩. Er beschwört seinen Vater: „Drum beuge dich und wandle deinen Sinn!"
⟨719⟩. Ismene erklärt sich nachträglich solidarisch: „Wenn

sie es denn gesteht, / Bin ich beteiligt, trage mit die Schuld"
⟨536⟩. Teiresias schließlich verwirft Kreons Verhalten: „Weil
du ... einen vorenthältst den Göttern drunten, / Entweiht,
entheiligt, ohne Grab, den Toten!" ⟨1068⟩.

Daß Kreon durch sein Staatsverbot gegen das Göttergebot
verstoßen hat, muß er gegen Ende der Tragödie selbst zuge-
ben. In eigener Person tut er, was er zuvor zum Verbrechen
erklärt hat: Er bestattet den Toten. Aber er hat vorher starr-
sinnig auf seiner Macht beharrt. Darin liegt sein Verbrechen gegen die Götter. Es ist der frevelhafte Übermut, die
Anmaßung gegen die göttlichen Gebote, was ihm zur Last
fällt. Es ist das Verbrechen der „Hybris".

Die Übel, die seine Familie und damit ihn als Überleben-
den treffen, sind die vom Gott verhängte Strafe. Er verliert
seinen Sohn Haimon und seine Gattin Eurydike. Er aber
wird zum Weiterleben verdammt, jämmerlich isoliert, mit
Schuld beladen. „Er ist lebendig tot" ⟨1167⟩. Sein letztes
Wort zeigt den schwer Bestraften: „So bringt mich Narren
hinweg, / Der dich, mein Kind, mordete ungewollt, / Und
auch dich! ⟨gemeint ist Eurydike⟩ ... / Ich sehe keinen
Weg, nichts, was mich hält. / Nur Wankendes greif ich.
Aufs Haupt / Brach mir untragbares Schicksal" ⟨1339⟩.

Verbrechen und Strafe – in der Dimension des Göttlichen
begegnen sie uns im Schicksal des Kreon. Staatliche Macht
wird zum Frevel gegen die Götter mißbraucht. Hybris ist
das Verbrechen, das Kreon begangen hat. Weiterlebenmüs-
sen unter Verlust des öffentlichen Ansehens und in klägli-
cher Vereinzelung, – dies ist nun die Strafe, die ihn getroffen hat.

### Verhalten und Schicksal der Antigone

Antigone wird weithin so gesehen, als sei sie ganz und gar
die Lichtgestalt in der Tragödie, deren Titelheldin sie ist.
Sie sei in jeder Hinsicht die Gegenfigur zum machtbesesse-
nen Kreon. Sie opfere sich für das Ernstnehmen des göttlichen Gebots. Für Juristen unserer Zeit gilt sie verbreitet als

das klassische Muster der Überzeugungstäterin. Die Setzungsmacht über eine positivierte staatliche Rechtsordnung wird von ihr den höheren Werten eines göttlich gebotenen Rechttuns untergeordnet.

In diesem Sinne kennt die Literatur manche anerkennende Stimme über Antigone: Das „sittliche Bewußtsein" sei vollständiger, wenn es das Gesetz und die Macht vorher kenne und sie als Gewalt und Unrecht nehme und wissentlich, wie Antigone, das Verbrechen begehe (Hegel). – Es handle sich um ein Zweifigurendrama, um den Streit zweier starker Menschen. Sophokles gehe in seinen Tragödien immer wieder von der Widersprüchlichkeit des Lebens aus. Sie bestehe darin, daß Lebensformen ins Allzu-Förmliche entarten und erstarren und daß das Leben darin ersticke. Es überkreuzten sich in dem Drama zwei Geschehenslinien in der Weise, daß Antigone untergehe, jedoch im Untergang siege, wogegen Kreon durch Gewalt überlegen sei, aber darin unterliege (Schadewaldt). – „Antigone hat ganz und gar recht, Kreon hat ganz und gar unrecht." Wir müßten „die Position Kreons als Schein und untragische Enge verstehen lernen, diejenige Antigones als Wahrheit, die sich behauptend gegen die Macht des Scheins und Wahns tragisch scheitern muß." Antigone leide als „große Natur" unter „dem konventionellen Denken der mittelmäßigen Naturen" (G. Müller). – Der Fall des Überzeugungsverbrechers erweise sich gerade dadurch, daß es für ihn keine Lösung gebe, als ein wahrhaft tragischer Fall. Sehr schön sei in der Antigone dem Unfehlbarkeitsanspruch Kreons für das positive Recht Antigones Bescheidung bezüglich ihrer überpositiven Gewissensüberzeugung gegenübergestellt (Radbruch). – Antigone werde gedeutet als „das Urbild des Überzeugungsverbrechers, der sich gegen die brutale Gewalt eines in Wahrheit verbrecherischen Regiments auflehnt" (Schadewaldt).

Dies alles klingt plausibel. Aber dann kommen doch Zweifel gegen diese Verstehensvorschlage. Unterstellt man nämlich, daß es Antigone ernstlich nur um die Wahrnehmung des göttlichen Gebots ging, dann mußte diesem Gebot mit einer einmaligen Bestattung Genüge getan sein. Es sollte und konnte der Leichnam ja nicht im Erdreich begraben, sondern nur symbolisch – durch Bestreuen mit trokkenem Sand – bestattet werden. (Die Wächter fegten hernach ohnehin den Staub von der Leiche – 409.)

Antigone tat aber, indem sie ein zweites Mal Sand auf den Toten streute ⟨428⟩, nicht nur das, was das göttliche Gebot von ihr verlangte. Sie wußte ja, daß auch dieser Sand leicht wieder abzukehren war. Ihr Wollen und Handeln muß letztlich auf ein anderes Ziel gerichtet gewesen sein. Das deutet sich schon im ersten Zwiegespräch mit ihrer Schwester an. Ismene fordert die zur Bestattung entschlossene Antigone auf: „So halte wenigstens die Tat geheim / Und sag es niemand, und auch ich will schweigen" ⟨84⟩. Doch Antigone empört sich über diesen Vorschlag: „Nein, laut verkünden sollst du's allen Leuten, / Du bist mir viel verhaßter, wenn du schweigst." Zunächst mußte Antigone allerdings heimlich handeln. Hätte sie sogleich offen ihr Vorhaben durchführen wollen, dann hätten die Wächter sie gehindert. Beim zweiten Mal aber wird sie gefaßt – oder besser: läßt sie sich fassen, wird vor Kreon gebracht und bekennt nun stolz und unumwunden ihre Tat.

Es ist, wenn man dem Wort des Dichters folgt, nicht zu übersehen, daß dieses Verhalten Antigones nicht nur auf Erfüllung des göttlichen Gebots gerichtet war. Mit einer lediglich dramaturgischen Konzeption des Dichters kann man diese Teile der Tragödie nicht erklären: als habe er nur dem Chor ermöglichen wollen, zu dem Verstoß Antigones vor Offenbarwerden ihrer Täterschaft Stellung zu nehmen, oder: als sei nur so der doppelte Botenbericht in seiner spezifischen Dramatik möglich geworden. Das Tun Antigones hat in der Substanz zuviel Gewicht, als daß es durch dichterische Ziele dieser Art hätte mitbestimmt werden dürfen. Ihr ging es offensichtlich um Wirkung nach außen. Sie handelt nicht nur demütig, wie dies gemeinhin gesehen wird.

Die Bedenken gegen die verbreitete Sicht von Antigones Verhalten werden noch verstärkt, wenn man beachtet, auf welche Weise der Dichter sie zu Tode kommen läßt. Es ist gewiß nicht von ungefähr, wie sie sich – nach dem Bericht des Boten – ums Leben bringt: „Erhängt in einer Schlinge, ihren Nacken / Umschnürte ihres Schleiers feines Linnen" ⟨1221⟩. Diese Art der Selbsttötung galt den Griechen nämlich als ein „schändlicher" Tod, der als von Gott bestimmte Strafe verstanden werden muß. Sogar in der ANTIGONE selbst wird an anderer Stelle diese Beurteilung deutlich, nämlich wo Ismene im Blick auf ihre Mutter Jokaste sagt, sie habe „schändlich sich erhängt" ⟨54⟩. Auch sonst wird belegt, daß die Selbsttötung durch Erhängen ein schimpfliches Ende ist, das einer Bestrafung gleichkommt. Bedenkt man dagegen, wie in dieser Tragödie Haimon und Eurydike sich umgebracht haben, dann tritt das Besondere an Antigones Tod nur noch deutlicher hervor: Sie haben sich mit dem Schwert bzw. dem Messer getötet ⟨1235, 1301, 1315⟩. Bei ihnen kann nicht von einer solchen Schändlichkeit des Lebensendes die Rede sein. Sie sind reine Opfer des von außen, ohne ihr eigenes Zutun auf sie einstürmenden Schicksals. Das ist bei Antigone ganz anders. Und wollte man etwa einwenden, sie habe in der Gruft kein Messer bei sich gehabt, so wäre dies wahrlich naiv. Denn die Tragödie ist kein historischer Bericht, sondern Schöpfung des Dichters. Hätte Sophokles Antigones Tod anders gestalten wollen, so hätte er ihr auch im Felsengrab das Metall zur Selbsttötung in die Hand gegeben.

## Mißachtung des göttlichen Gebots im politischen Machtkampf durch Kreon und Antigone

Wir sind jetzt in der Lage, Kreons *und* Antigones Verhalten im Zusammenhang zu sehen. Es hat sich als möglich abgezeichnet, daß es nicht nur bei Kreon, sondern auch bei Antigone um ein Handeln im politischen Machtkampf ging. Das muß freilich aus dem Ganzen der Tragödie selbst begründet

werden. Wir gehen daher auf einige Verse des Stücks ein, die
wir bislang eher nebenbei oder noch gar nicht bedacht haben.

Schon der Erlaß des Verbots durch Kreon war eine ihm
offenbar notwendig erscheinende Demonstration seiner
Macht. Er rechnet mit Gegenkräften. Daher droht er schwere Strafe an – und zwar Todesstrafe durch Steinigung, die allemal nur unter einer (wenn auch begrenzten) Beteiligung
des Volkes zu vollstrecken war. Auch verfügt er sogleich
Wächter an den Ort des Leichnams. Schließlich fordert er
den Chor auf, „Hüter des Befehls" zu sein und keinem
Nachsicht zu schenken, der sich widersetzt ⟨215, 219⟩.

Antigone ihrerseits sieht Kreons Verbot alsbald so, als sei
es gerade gegen sie persönlich gerichtet. Zu Ismene sagt sie,
Kreon habe dies Verbot „verkündet, dir und mir, du hörst:
auch mir" ⟨32⟩. Später bezeichnet sie sich ohne Rücksicht
darauf, daß ihre Schwester lebt, nachdrücklich als „die einzige, letzte vom Königsgeschlecht" ⟨941⟩, – sie sagt, sie gehe
„zu all den Meinen" dahin, „und ich, die letzte, sterb am bit-
tersten" ⟨895⟩. Darin äußert sich ein Wille der Selbsterhöhung, den Kreon, der Inhaber der Macht, deutlich als gegen
sich gerichteten Machtwillen erfährt. Man braucht deshalb
nicht etwa anzunehmen, daß Antigone sich selbst als Königin anerkannt sehen wollte. Wenn ihre Mutter Jokaste vor
der Heirat mit ihrem Sohn Ödipus als Königin herrschte,
dann tat sie dies nicht ursprünglich als Alleinherrscherin,
sondern aufgrund ihrer Witwenrolle nach Laios Tod. Immerhin hätte Antigone ihren Verlobten Haimon heiraten
und dann an seiner Seite Königin sein können.

Doch Einzelnes dieser Art darf durchaus offen bleiben. Es
genügt, zu erkennen, daß Kreon Antigones Macht fürchtete:
„Bin ich kein Mann mehr, dann ist sie der Mann!" sagt er
dem Chor ⟨485⟩. Und Antigone sagt er es ins Gesicht:
„Mich wird im Leben nie ein Weib regieren" ⟨525⟩. Besonders deutlich bekennt er seinem Sohn gegenüber seine Sorge: „Drum gilt's, das Ordnungs-Schaffende zu schützen /
Und ja nicht einem Weibe sich zu beugen! / Wenn's sein

muß, besser, mich verdrängt ein Mann, / Dann heißt es
nicht, ich lasse Weiber herrschen" ⟨676⟩. Die Beziehung Antigones zu ihrem Verlobten Haimon sieht Kreon nur als
Herrschaftsverhältnis; so wirft er ihm vor, er stehe „in Wei-
bes Fron" ⟨746⟩, sei ein „Weibshöriger" ⟨750⟩.

Ziehen wir die Summe all dessen, so ergibt sich: Antigone
ist trotz ihrer gottesfürchtig klingenden Reden nicht die
Überzeugungstäterin, die nur das göttliche Gebot erfüllen
will. Auch ihr geht es um Macht. Die Befolgung des göttlichen Gebots ist ihr in erster Linie ein Mittel, im Widerstand gegen Kreon ihr königliches Blut zu demonstrieren,
in der Erwartung, daß die Stadt ihr schließlich folge; wiederholt betont sie ja, daß das Volk nur aus Furcht nicht sage,
was es denke ⟨505, 509⟩. So ist ihre Schuld nicht etwa tragische Schuld in dem Sinne, daß sie in auswegloser Lage han-
delnd wenigstens eine der höheren Normen verletzen müßte. Sie verletzt vielmehr bewußt aus ihrem familiär-könig-
lich begründeten Machtstreben heraus.

Und wenn wir schon die Summe in dieser Weise ziehen,
so zeigt sich überraschend, daß Kreon und Antigone in gewissem Sinn auf einer Stufe stehen. In der Literatur wird
jede wertende Gleichstellung der beiden vehement be-
kämpft. Man weist vor allem auf Hegel, der die fehlerhafte
Auffassung begründet habe, die noch heute nachwirke. Er
sei davon ausgegangen, daß die Antinomie von zwei gleich-
berechtigten Prinzipien überhaupt das Wesen der Tragödie
ausmache. In der ANTIGONE liege für Hegel diese Antinomie darin, daß Antigone genauso das Recht des Staates ver-
letze wie Kreon das Recht der Familie. So sei Hegel verantwortlich für den Grundfehler, daß Antigone und Kreon als
gleichberechtigte Gestalten angesehen werden, die im gleichen Sinne durch Maßlosigkeit untergehen.

Doch durch solche Kritik wird die Summe, die wir zu
ziehen haben, nicht in Frage gestellt. Antigone verletzt
zwar das Recht des Staates, aber wenn es nur um diese Verletzung ginge, träte sie als Unwert gewiß zurück hinter

dem Wert, der in der Beachtung des göttlichen, überzeitlichen Bestattungsgebots liegt. Hegel ist also nicht zu folgen. Es geht aber in der sich ergebenden Gleichstellung um ganz anderes, nämlich um den Mißbrauch des Bestattungsgebots als Machtmittel durch beide Personen.

Nicht nur Kreons, sondern auch Antigones Handeln ist vermessen: ein Frevel gegen die Gottheit. Auch ihr fällt, wenn auch in anderer Weise als Kreon, das Verbrechen der Hybris zur Last. Auch von ihr wird das göttliche Bestattungsgebot im politischen Kampf mißbraucht. Daher trifft auch sie schwere Strafe, eine Strafe der Götter, die von ihr selbst vollstreckt wird, indem sie sich schändlich durch Erhängen ums Leben bringt. Die Zuschauer müssen dies zu ihrer Zeit unmittelbar so verstanden haben. Sie sahen auch, daß Antigone, hätte sie nicht so rasch gehandelt, durch den eindringenden Haimon gerettet worden wäre; und die unterschiedliche Bewertung von „Selbstmord" durch Erhängen und Selbsttötung mit der Klinge war ihnen geläufig.

Gewiß dichtet Sophokles aus seiner Zeit und für seine Zeit. Gleichwohl hat seine ANTIGONE noch für uns heute eine geheimnisvolle Aktualität. Das beruht nicht nur auf der dichterischen Größe des Stücks, sondern mit darauf, daß die von ihm erfaßten Konflikte auch Konflikte unserer Gegenwart sind: die Konflikte zwischen Mann und Frau, zwischen Alter und Jugend, Individuum und Gesellschaft, Lebenden und Toten und zwischen den Menschen und ihrem Gott. Die konkreten Sorgen des Dichters waren freilich die seiner Zeit. Er stand noch ganz auf dem Boden der alten Religion – in einer Epoche, in der die Sophisten in verderblicher Weise die überkommenen religiösen Werte in Zweifel zogen. So rang er um das Festhalten am alten Götterglauben. „Was der Götter ist, entweihe keiner" singt der Chor zum Schluß. Dieses Ringen geriet ihm in der ANTIGONE zu der großen Dichtung, in der die beiden Hauptpersonen, Kreon und Antigone, für das Verbrechen der Hybris ihre Strafe erleiden.

# Nicht Verbrechen und Strafe, sondern Schandtat und Ausstoßung

## Sophokles
### König Ödipus

*Neuer Stoff aus altem Mythos*

Sophokles (496–406 v. Chr.) ist uns aus dem vorangehenden Kapitel als Dichter der ANTIGONE bekannt. 17 Jahre nach ANTIGONE, im Jahre 425 v. Chr., wurde seine Tragödie KÖNIG ÖDIPUS aufgeführt. Er hat als Vorlage für dieses Stück aus demselben Labdakiden-Mythos (Labdakos war Vater des Laios und Großvater des Ödipus) einen etwas früheren Abschnitt herausgegriffen. Wenn KÖNIG ÖDIPUS hier trotzdem erst nach ANTIGONE behandelt wird, dann folgen wir zwar nicht dem Gang des mythischen Geschehens, wohl aber dem der dichterischen Entwicklung. Dies empfiehlt sich umso mehr, als zu unserem Thema „Verbrechen und Strafe" KÖNIG ÖDIPUS schwieriger zu erfassen ist als ANTIGONE. Hilfreich für unser Bemühen ist dabei Sophokles' letztes Werk, die Tragödie ÖDIPUS AUF KOLONOS. Sie ist erst nach seinem Tode aufgeführt worden (im Jahre 401).

Sophokles hat in KÖNIG ÖDIPUS nicht wie in ANTIGONE dem Mythos eine erst von ihm geschaffene Figur und die auf sie bezogenen Begebenheiten hinzugefügt. Er hat vielmehr – von Randfiguren abgesehen – den überkommenen Mythos vorausgesetzt und einen Abschnitt daraus durch detaillierte Entfaltung einzelner Vorgänge bedeutsam gemacht. Man wird sich das Erstaunen der Athener kaum groß genug vorstellen können: Sie kannten den Mythos, kannten die Vorgeschichte des von Sophokles dramatisierten Geschehens und kannten das Ende, das diesem Geschehensabschnitt gesetzt war. Und doch ist es dem Dichter gelungen, den von ihm gezeigten Ablauf so mit Spannung und Gehalt zu erfüllen, daß der ganze Mythos als erneuert erscheinen mußte.

Wie ANTIGONE, so gehört auch KÖNIG ÖDIPUS zu den größten Werken der Weltliteratur. Auch dieses Stück hat moderne Nachdichtungen erfahren und wird nach wie vor in der antiken Fassung in den Theatern gespielt. Zudem hat die bedeutendste Seelenforschung unseres Jahrhunderts die Anschaulichkeit des Werkes auf eigene Weise fruchtbar gemacht, nämlich durch Sigmund Freuds psychoanalytischen Begriff des Ödipuskomplexes.

Man spricht heute von KÖNIG ÖDIPUS als von einem „Enthüllungsdrama" und benennt damit das einer modernen Detektivgeschichte entsprechende Moment. Da Täter und Tat aber bereits als bekannt vorausgesetzt wurden, ging es dem Dichter allein darum, wie und durch wen die den Personen des Dramas verborgen gebliebene Untat ans Licht kommt – und mit welchen Folgen.

## Die Geschichte vor der Tragödie

Was vor dem von der Tragödie geschilderten Geschehen liegt, findet sich im Mythos: Das delphische Orakel warnt Laios und Iokaste, das Königspaar in Theben, Kinder zu zeugen, denn ein Sohn werde seinen Vater töten ⟨947, 1175⟩. Als dennoch ein Sohn zur Welt kommt, läßt ihm Laios die Füße durchstechen und das Kind in den Bergen aussetzen. Ein Hirte des Königs Polybos von Korinth bekommt das Kind jedoch in seine Obhut und übergibt es seinem Herrn und dessen Frau Merope. Sie nehmen es an Kindes statt an und nennen es im Blick auf seine Verletzung Ödipus, das besagt: Schwellfuß. Der herangewachsene Ödipus wird in Zweifel über seine Herkunft versetzt. Er befragt das delphische Orakel und erfährt lediglich, er werde seinen Vater töten und seine Mutter heiraten. Voller Schrecken

kehrt er nicht mehr zu seinen vermeintlichen Eltern nach
Korinth zurück, sondern wendet sich nach Theben. Auf
dem Weg dorthin begegnet er dem nach Delphi fahrenden,
ihm unbekannten Laios. An einer Wegegabel kommt es
mit dessen Wagenlenker zum Streit. Ödipus erschlägt Laios
und mehrere seiner Begleiter. Kurz vor Theben stößt Ödipus auf die Sphinx, ein Ungeheuer, das jedem Vorbeikom-
menden ein Rätsel aufgibt. Ödipus löst als erster das Rätsel
und wird nicht, wie viele vor ihm, in den Abgrund gestoßen. Vielmehr stürzt sich die Sphinx selbst hinab. Ödipus
hat damit die Stadt Theben von einem dauernden Blutzoll
befreit. Zum Dank dafür wird er in Theben mit der Königs-
würde betraut und mit der Königswitwe vermählt. Unwissend heiraten sich also Mutter und Sohn. Ihnen werden
vier Kinder geboren. Nach der Fassung des Sophokles regiert Ödipus etwa zwei Jahrzehnte unangefochten. Da
bricht die Pest in Theben aus. Dies ist der Zeitpunkt, zu
dem die Tragödie einsetzt.

Soweit frühere Dichter den Mythos dramatisch aufgegriffen haben, ging es offenbar meist um die einzelnen Statio-
nen des Heldenlebens: von der Warnung des Orakels an
Laios bis zur Heirat des Ödipus mit seiner Mutter und zur
alsbald folgenden Entdeckung seiner Herkunft.

## Das Geschehen der Tragödie

Klageruf in Theben: Der Gott der Seuche rafft Mensch und
Tier dahin. Alle Hoffnung ruht auf Ödipus, dem die Stadt
schon die Befreiung von der Sphinx verdankt. Er hat seinen
Schwager Kreon nach Delphi gesandt, zu erkunden, welche
Tat, welches Wort die Stadt erretten kann. Kreon kommt
und berichtet: Blutschuld beflecke das Land, da Laios er-
schlagen ward. Reinigung sei geboten durch Bestrafung der
Täter, wer immer es sei. Die lang erloschene Spur sei im
Lande selbst zu finden. Ödipus zeigt sich sofort entschlos-
sen, nach dem Täter zu suchen. Er sieht sich als König in

die Pflicht genommen, im Dienste Apolls in drei dem Gott zugeschriebenen Funktionen: als Wahrheitssucher, der die Tat ans Licht bringt, – als Richter, der die Schuldigen bestraft, – als Arzt, der die Stadt von der Seuche heilt.

Nun beginnt die einzigartige antike Detektiv-Geschichte, die Ödipus *in vier Wahrheitsschritten* zur schrecklichsten Erkenntnis führt, – in Schritten, die immer zum Ziel streben und doch jeweils auf ihre Weise gehemmt werden.

– Der *erste Schritt* ist die Frage des Ödipus an den Seher Teiresias. Dieser antwortet wahr, doch im Dunkelwort: „Du bist der Greuel, der das Land befleckt", dann deutlicher: „Du selber bist der Mörder, den du suchst", und schließlich gegenüber dem durch solche Reden in Zorn gebrachten Ödipus noch mit Angabe einiger Einzelheiten, die er jedoch über den Mörder wie über eine dritte Person sagt: „Und seinen Kindern offenbart er sich / Als Bruder wie als Vater, seinem Weib / Als Sohn und Gatte, seinem Vater als / Der Erbe seines Betts und Mörder." Im Hin und Her der kurzen Sätze hebt Ödipus hervor, daß er es sei, der das Rätsel der Sphinx gelöst und das Ungeheuer besiegt habe. Teiresias entgegnet nur, daß des Rätselmeisters alte Kunst diesmal versage. So stehen sich der kluge Rätsellöser und der Schicksalsseher gegenüber, dort der Rationalist, dem Verstand alles ist, und hier der alte Weise, der das Vergangene aus dem Künftigen erfährt. Was bleibt Ödipus anderes übrig, als eine üble, gegen ihn gerichtete Verschwörung anzunehmen, an der er seinen Schwager Kreon beteiligt glaubt. An den unbekannten Alten, den er einst am Wege erschlagen hat, denkt er nicht; und die beiden, die er für seine Eltern hält, weiß er unbesorgten Alters in Korinth.

Und doch hat Ödipus den ersten Schritt in die Wahrheit getan. Wovon zuvor kein Begriff in der Welt war, das hat er nun durch sein dringliches Bemühen als Vorstellung in die Welt gelockt: daß er der Mörder des Laios sein könne.

– Den *zweiten Schritt* in die Wahrheit leitet Iokaste ein. Sie will wissen, worum der Streit mit Kreon ging. Ödipus gibt

Bescheid: Kreon habe ihn Mörder des Laios genannt und den falschen Seher vorgeschickt. „O halte dich von Sehersprüchen fern" antwortet sie. Zu Laios sei einmal ein Seherspruch gekommen, daß ihn ein eigener Sohn töten werde. Aber Laios sei von fremdem Räuberpack an einem dreigespaltenen Weg erschlagen worden; und sein Söhnlein sei, kaum drei Tage alt, mit Fesseln um den Fuß in ödes Felsgebirg geworfen worden.

Doch da erschrickt Ödipus. Das Bild des Dreiwegs holt aus seinem Gedächtnis jenes Geschehen in sein Bewußtsein: Er hat vor langem an einem solchen „dreigespaltenen Weg" einen alten Mann erschlagen. Ihm ahnt Schlimmes. Sein Weiterfragen führt dahin, daß er einen Diener aus des Laios Gefolge, der allein am Leben blieb, herbeizurufen befiehlt. Iokaste will wissen, warum er ihn verlange. Da bekennt Ödipus: „Ich fürchte, allzu viel ward schon gesagt, / Warum ich diesen Menschen sehen muß." Dieses Weiterforschen ist aber nicht etwa, wie heutzutage hin und wieder geglaubt wird, ein Wissenwollen aus reinem Erkenntnistrieb; vielmehr geht es Ödipus um das Wohl Thebens und sodann auch darum, über sich selbst Klarheit zu gewinnen. Immerhin ist er verständlicherweise nun beunruhigt. Doch er hofft, daß es so schlimm nicht komme: Er war damals ja allein und nicht zugleich eine Räuberschar. So sagt er sich: Weiß auch der Zeuge von dieser Schar, dann bin ich ohne Schuld.

Iokaste beruhigt Ödipus gar auf ihre Weise: Der Mord durch Sohnes Hand sei längst noch nicht erwiesen, denn der Sohn sei ja lang zuvor gestorben. Und doch ist nun der zweite Schritt des Ödipus in die Wahrheit getan. Er ist nicht mehr nur mit der eher abstrakten Vorstellung konfrontiert, er könne der Mörder des Laios sein, sondern bereits mit der ziemlich konkreten, es könne sich um jene Tötung des alten Mannes am Dreiweg handeln, an die er sich nunmehr erinnert. Dann wäre also doch er selbst es, der die Blutschuld über die Stadt gebracht hat. Daß er auch der

Sohn des Laios sei, war damit freilich noch nicht mit-ge-
dacht.

– Der *dritte Schritt* in die Wahrheit beginnt mit einem Ereignis, das volle Erlösung von allen Sorgen verspricht. Es
kommt ein Bote aus Korinth mit der Nachricht, der alte König Polybos sei an Altersschwäche gestorben, Ödipus solle
nun König in Korinth werden. Also starb der Vater nicht
von Sohnes Hand, so triumphiert jetzt Iokaste: „Wo seid
ihr nun, ihr Sehersprüche, wo?" Und so wertet auch Ödipus das hehre Götterwort rational ab: „O wehe, wer auf
Delphis Seherherd / Vertraut, auf Vogelkrächzen in der
Luft!" Aber Ödipus ist noch nicht ohne Sorge: Nicht nur
die Tötung des Vaters, sondern auch der Mutter Ehebett
war ihm vorhergesagt. Da glaubt der Bote, ihn aufs freund-
lichste zu beruhigen, und erschreckt ihn aufs heftigste: Ödipus sei gar nicht der Sohn des Polybos und der Merope. Er
selbst, der Bote, sei es gewesen, der ihn einst von einem Hir-
ten des Laios übernommen und dem Polybos als Geschenk
gebracht habe.

Iokaste erschrickt tödlich. Jetzt hat sie die Wahrheit erkannt. So beschwört sie den Ödipus, er möge nicht nach
diesen Spuren forschen, wenn ihm sein Leben lieb sei
⟨1060⟩. Aber Ödipus weiß nun erst, daß er aus Hirtenhand
nach Korinth kam. So bietet sich dem Unwissenden noch
ein letzter Ausweg vor der Wahrheit: dann sei er ein Hirten-
kind, also Sklavensohn. Iokaste brauche sich freilich nicht zu
schämen, mit ihm verheiratet zu sein, sie bleibe gleichwohl
die Edelfrau. Doch er wolle nun sein Geschlecht, seine Herkunft erfahren. Iokaste stürzt davon.

– Ödipus hat nur noch den *vierten und letzten Schritt* in die
Wahrheit vor sich. Der einzige Überlebende des Geschehens am Dreiweg, einst Diener, jetzt Hirte, von Ödipus ge-
rufen, tritt auf. Es ist derselbe, der damals den Knaben im
Gebirge aussetzen sollte. Der Bote aus Korinth erkennt ihn
als den, der ihm das Kind übergab. Er aber will sich dazu
nicht äußern. Da droht im Ödipus die Folter an, und nun

jammert er qualvoll die Bruchstücke der Wahrheit heraus, bis Ödipus selbst sie ganz ausspricht: „O wehe, wehe! Alles kam zutag! / O Licht, du letzter Strahl in meinem Aug! / Gezeugt im Schoß, in dem ich nie gedurft, / Schlief ich in Betten, wo ich's nie gedurft, / Erschlug ich Menschen, die ich nie gedurft!" ⟨1182⟩.

Nun ist der hinterste Schlupfwinkel ausgeräumt, in den sich die Wahrheit nicht etwa vor der Lüge, sondern vor dem Irrtum verborgen hatte. Für Ödipus und die Stadt Theben liegt offen zutage, wer den alten König Laios getötet hat. Die Rettung der Stadt erscheint gesichert. Ödipus hat als Wahrheitssucher die Wahrheit gegen sich selbst aufgedeckt. Als Richter muß er jetzt die Verfluchung des Mörders an sich selbst vollziehen und als Arzt muß er die Stadt heilen, indem er sie von der Blutschuld befreit und sich selbst verbannt.

Damit ist die erste Detektiv-Geschichte der Weltliteratur zu Ende, nicht aber schon die Tragödie. Der Hausdiener berichtet das weitere Geschehen: Ödipus stürzt in das Haus, fordert ein Schwert, fragt nach Iokaste, sprengt eine Doppeltür, findet seine Mutter und Gattin erhängt, löst den Strick, reißt zwei goldene Nadeln aus dem Gewand und sticht sich die Augen aus. Mit ungeheurer dichterischer Kraft wird so ins Bild gesetzt, was wir in Paradoxien erfassen: Ödipus hatte seine Augen und erkannte doch nicht, wie es um ihn stand; er sah und war doch blind. Teiresias hatte seine Augen nicht mehr und sah doch die Zusammenhänge; er war blind und doch sehend. Nun aber sah Ödipus auf andere Weise und mußte die täuschenden Augen zerstören; er erkannte die Wahrheit und mußte sich blenden, um sie nicht mehr „sehen" zu müssen.

Als er blutend/geblendet aus dem Haus tritt, fragt der Chorführer: „Furchtbare Tat! O welcher Gott hat dich / Vermocht, zu löschen deiner Augen Licht?" Ödipus antwortet und bestätigt selbst den Seherspruch und das Wort Apolls: „Apollon war's, Apollon tat's! / Gräßliches ließ er

mich leiden. / Doch nicht er schlug zu, / Meine Hand
schlug zu."

Zum Schluß kommt es noch zur Versöhnung mit Kreon,
zur erschütternden Hinwendung des Ödipus zu seinen
Töchtern und zur Bekundung seines letzten Willen: „Führt
mich fort aus diesem Lande."

### Die Frage nach Verbrechen und Strafe

Es liegt zunächst nahe, in Vatermord und blutschänderischem Verkehr mit der Mutter schwere Verbrechen des
Ödipus zu sehen. Es wären dies dann Verbrechen jener Art,
die, gegen die Blutsbande gerichtet, allen früheren Kulturen als besonders verwerflich erschienen. Es liegt ferner
nahe, im weiteren Geschehen der Tragödie die gottgesandten Strafen zu sehen, die als Selbstblendung und als Versto
ßung vom Thron und aus dem Lande vollstreckt werden.
Aber sogleich zeigt sich doch, daß Ödipus völlig unschuldig
diese Untaten beging. So wie die Dinge lagen, hat er weder
wissend noch auch wissen-könnend gehandelt. Er hat aus
seiner Sicht redlich sogar alles getan, um die Verwirklichung der ihm vom Orakel angekündigten Untaten zu vermeiden. Daß er nie einen älteren Mann erschlagen, nie
eine Frau heiraten werde, das hätte niemand von ihm erwartet.

So könnten wir Menschen, die zweieinhalb Jahrtausende
später leben, zu der Annahme verleitet sein, die alten Griechen seien noch weit entfernt gewesen von dem, was uns
heute als Begriff der Schuld wenigstens der Grundsubstanz
nach geläufig ist. Wir müßten dann, wenn wir es strafrechtlich erfassen wollen, von einem reinen Erfolgs-Strafrecht
sprechen oder von einem Schuldbegriff, den die Götter
schicksalhaft handhaben. Aber schon in der Tragödie selbst
werden solche Annahmen mehrmals widerlegt. Nie ist von
„Verbrechen" oder von „Frevel" oder ähnlichem die Rede.
Vielmehr spricht Kreon am Schluß nur von „Leid" ⟨1430⟩,

vom „Schmerz, der seine Grenzen hat" ⟨1512⟩. Ödipus selbst spricht von „Schande" ⟨1495⟩, vom „Fluch", der ihn traf ⟨1415⟩, und sieht sich als „Unglücksmenschen". Der Chorführer redet Ödipus an „In Sinn und Leiden ganz Unseliger" ⟨1347⟩, und im Abzugslied beklagt ihn der Chor: „Seht, wie hat des Unheils Woge / Diesen Mann hinweggespült!" ⟨1527⟩.

Daß den Ödipus keine Schuld trifft, hat Sophokles an anderer Stelle noch besonders deutlich gemacht. Es ist ein Geschenk für uns heute, daß seine erst nach seinem Tod aufgeführte Tragödie ÖDIPUS AUF KOLONOS erhalten geblieben ist. In ihr steckt auch ein Stück Selbstinterpretation zu dem 24 Jahre zuvor aufgeführten KÖNIG ÖDIPUS. In dem späteren Stück spricht Antigone, die den Vater in die Verbannung begleitet hat, von den „unverschuldeten Werken" ihres Vaters ⟨239⟩. Ödipus selbst sagt: „Meine Werke sind / Weit eher ja gelitten als getan," ⟨267⟩ und: „Das Schlimmste ertrug / ... mein Herz; ja, Gott weiß, was ich trug! / Und nichts war selber verschuldet!" ⟨522⟩ und schließlich: „Ach, ich Unglücksmensch / Litt alles schuldlos nach der Götter Rat!" ⟨964⟩. Ödipus wird nach einem feierlichen Tod gar in die Unterwelt entrückt, die ihm Gnade erzeigt hat ⟨1750⟩.

Es wird also überdeutlich, daß Ödipus ohne Schuld gehandelt hat. Aber er hat gleichwohl, wenn auch ohne Schuld, schwerstes Unrecht verwirklicht. Er hat zwei besonders geheiligte Tabus verletzt, wie sie schon in früher Kultur als soziale Symbole das komplexe Gefüge einer Gesellschaft mitbegründen: Er hat den Vater getötet, die Mutter begattet. Und der Dichter hat den Ödipus so geschaffen, daß er sich nicht etwa fatalistisch einem Schicksal ausgeliefert sieht, – eben als einen Menschen, der einen Orakelspruch zu erfüllen hat. Vielmehr erfährt Ödipus sich selbst vor den Göttern und den Menschen in äußerster Unwürdigkeit. Unauslöschbar sind sein Abscheu und sein Entsetzen vor sich selbst.

Aber es bleibt dabei: Ödipus sieht sich nicht schuldig in dem Sinne, daß er die Tabus nicht ernst genommen hätte. Er sieht sich vielmehr mit der ungeheuren Schande behaftet, daß durch sein Tun das Erschreckende geschehen ist. So drängt es ihn auch, dem Volke Thebens die unerträglichen Gefühle zu enthüllen, die ihn nach der Verletzung der geheiligten Tabus erschüttern.

Ob nicht dennoch ein Grund für eine gott-gesandte Strafe gegeben, bleibt freilich zu fragen. Immerhin ist überliefert, daß die Gesichtsverstümmelung als Strafe für Sexualtaten eingesetzt wurde. Aber dies läßt sich bei der völligen Schuldlosigkeit hier nicht zusammenbringen. Allenfalls könnte man auf eine gewisse Vermessenheit hinweisen, die Ödipus in dem Bemühen gezeigt hat, das Verbrechen an Laios auf seine Weise aufzudecken. Wollte er da klüger sein als der Seher Teiresias? Wollte er den rationalen Verstand bis zum Schluß über die göttliche Weisung stellen? Doch das ginge als Vorwurf zu weit. Auch nur dem Ansatze nach läßt der Text keine Hybris des Ödipus erkennen. Sollte er nicht empört gewesen sein, sich in all seiner Arglosigkeit plötzlich als den genannt zu hören, den er als den Mörder des Laios suchte?

Wir Menschen von heute werden uns kaum so ganz in die Geisteswelt der alten Griechen einfühlen können, daß wir Werke wie den König Ödipus wirklich adäquat erfassen. Immerhin sollten wir eine Annäherung versuchen. Dann werden wir auch in dieser Tragödie – wie in Antigone – die Mahnung des Dichters sehen, am überkommenen Glauben an die Götter festzuhalten. Auch in König Ödipus bewährt sich letztlich der Glaube an diese Götter und an die ihnen zugeordneten Gesetze. Einige Verse, aus dem Text herausgezogen, bestätigen dieses Verständnis. Im Standlied des Chores hören wir die Klage: „Man rüttelt am göttlichen Wort, / Und nirgends strahlt / Die Würde Apolls, Das Göttliche schwindet" ⟨906⟩. Des Ödipus Bekenntnis nach der Blendung hat schon oben dieses Ver-

ständnis nahegelegt. Später, in der Schluß-Szene, sagt Ödipus: „Apollon tat schon seinen ganzen Spruch; / Der Vatermörder ist dem Tod geweiht." Und Kreon antwortet ihm:
„Auch du vertraust nun wohl dem Gott."

So ist also auch diese Tragödie, wie ANTIGONE, eine Mahnung, die alten Götter heilig zu halten und die Gebote der
überkommenen Volksreligion zu achten. Aber diesen Gehalt packt der Dichter hier in einen ganz anderen und auf
andere Weise fesselnden Stoff. Für die Frage nach Verbrechen und Strafe, die zunächst naheliegt, hat sich allerdings
ein gewichtiger Unterschied zu ANTIGONE ergeben. Auf
das Geschehen in KÖNIG ÖDIPUS passen diese Kategorien
nicht. Hier geht es nicht um schuldhaften Frevel und die
von den Göttern verhängte Strafe, sondern um religiöse Kategorien. Die Unantastbarkeit der geheiligten Tabus wird er-
schütternd ins Bild gesetzt. Sie offenbart sich im Schicksal
des Ödipus. Obwohl er sich mit allen ihm verfügbaren Mit-
teln bemüht, der Verwirklichung des Götterspruchs zu entgehen, setzt sich der Ratschluß der Götter durch. Men-
schenmacht kann gegen die Macht der Götter nicht aufkommen. Und sie demonstrieren ihre Macht an einem
schrecklichen Geschehen, an der Verletzung gerade solcher
Verbote, die aller Infragestellung enthoben sind. So trifft
den Ödipus in seiner Person das göttergesandte Verhängnis
von unerträglicher Schande, und er erleidet die reinigende
Verstoßung aus dem königlichen Stand und aus seinem eigenen Land.

# Verbrechen und Strafe – Schritte in die Unsterblichkeit

## Heinrich von Kleist
### PRINZ FRIEDRICH VON HOMBURG

*Der Dichter dieses Schauspiels*

Kleist ist uns als Autor der Erzählung MICHAEL KOHLHAAS begegnet. Jetzt ist er der Dichter eines Schauspiels, das, im deutschen Blankvers geschrieben, auch wieder an einen historischen Stoff in eigenwillig freier Verwandlung anknüpft. Das Stück lebt so sehr aus dem Militärischen, daß eine Rückfrage beim Lebenslauf des Dichters diesmal geboten ist.

Kleist kannte die Welt des Militärs. Er ist als Sohn eines preußischen Offiziers von altem Adel 1777 in Frankfurt an der Oder geboren. Noch nicht ganz 15 Jahre alt, wurde er in Potsdam Soldat. Im Alter von 16 bis 18 Jahren nahm er am sog. Rheinfeldzug gegen die französischen Revolutionsheere teil. Mit $19^{1}/_{2}$ Jahren wurde er zum Leutnant befördert. Zwei Jahre später (1799) nahm er seinen Abschied vom Militär. Sein weiterer Lebensweg ist ein ruheloses Hin und Her: einige Semester Studium, vielfältige Reisen, kurze Zeit in preußischem Staatsdienst, 1807 als angeblicher Spion sogar einige Monate in einem französischen Kriegsgefangenenlager, durch Jahre ohne sichere Bleibe und berufliche Bindung, der Schwerpunkt seiner Existenz schließlich in Berlin, wo er ein halbes Jahr (1810/11) die „Berliner Abendblätter" herausgibt, sich mit einer verheirateten Frau befreundet und im November 1811, also kurz nach seinem 34. Geburtstag, mit ihr gemeinsam in den Tod geht.

In den Jahren seit etwa 1802 zeigt sich eine immer reiche-
re dichterische Produktivität. Den PRINZ FRIEDRICH VON
HOMBURG hat er 1810 und 1811 geschrieben. Erst 1821 wird
das Stück veröffentlicht und in Wien erstmals aufgeführt.

## Der historische Stoff

Friedrich II. („der Große"), 1740–1786 preußischer König,
veröffentlichte im Jahre 1751 in französischer Sprache „Erinnerungen zur Geschichte des Hauses Brandenburg". Darin findet sich eine Legende von der Schlacht bei Fehrbellin
vom Jahre 1675. Zu dieser Zeit regierte Friedrich Wilhelm,
der Große Kurfürst, der Urgroßvater Friedrichs des Großen. Die Schweden waren in die Mark Brandenburg einge-
drungen. Der Kurfürst marschierte gegen sie. Dem Landgrafen von Homburg hatte er eine größere Einheit Reiter
anvertraut mit dem Befehl, sich auf keinen Kampf einzulas-
sen. Doch Homburg ließ sich in übermächtiger Kühnheit
befehlswidrig in einen Kampf verwickeln, der beinahe
schlimm ausgegangen wäre. Der Kurfürst kam zu Hilfe.
Die Schweden wurden vertrieben, konnten aber nicht verfolgt werden. Gleichwohl verzieh der Kurfürst dem Landgrafen von Homburg, u.a. mit den Worten: „Wenn ich
Euch nach der Strenge der Kriegsgesetze richtete, hättet Ihr
das Leben verwirkt."

## Das Schauspiel im Überblick

Kleist hat das historische Geschehen und die Legende vom
Landgrafen von Homburg auf seine Weise aufgegriffen und
umgestaltet. Vieles hat er völlig frei erfunden: einzelne Personen, die Verhaltensweisen der auftretenden Personen, die
Schauplätze.

Das Stück spielt am und im Schloß zu Fehrbellin, auf dem
Schlachtfeld bei Fehrbellin und in Berlin.

Die *Hauptfiguren des Stücks* sind in der Bezeichnung des
Dramentextes:

– der Prinz von Homburg: General der Reiterei (öfters auch: „Oberst"). Ein junger Träumer ⟨V/5 = 1708⟩. Schlaf-wandler – bei Mondschein ⟨I/1⟩; das ist den Offizieren be-kannt. Sensibel. Verläßt leicht den Boden der Realität. Ein begeisternder Truppenführer, „jedwedes Heer liebt seinen Helden" ⟨V/3⟩. Er versteht sein Kriegshandwerk, hat aber durch kampfbegeisterte Voreiligkeit dem Kurfürsten schon zwei Siege verscherzt ⟨I/5 = 350; V/9⟩.

– der Kurfürst (als historische Figur gesehen, wäre er z.Z. dieser Schlacht 55 Jahre alt): Eine außerordentliche Persön-lichkeit. Sehr kontaktbereit, mitschwingend mit fremden In-tentionen, die er nachvollzieht, erfreulich belehrbar. Gegen-über dem Offizierskorps fast wie ein primus inter pares (ein Erster unter Gleichen), gelegentlich aber doch auch mit der Anmaßlichkeit des Herrschenden. Er wird meist mit „du" angeredet.

– Natalie (von Kleist völlig frei erfundene Person): Als Nichte des Kurfürsten eine Waise, die am Hofe an Kindes Statt aufgenommen ist. Ihr militärisches Ehrenamt: „Chef" des von Obrist Kottwitz geführten Dragonerregiments. Sie hat gewisse Befehlsbefugnisse außerhalb des kriegerischen Einsatzes.

– Hohenzollern: Als Graf jugendlicher Freund des Prin-zen. Gehört zum Gefolge des Kurfürsten. Er ist nicht Trup-penführer und doch auch auf dem Schlachtfeld. Denkt sehr pragmatisch.

– Obrist Kottwitz: Führer eines Dragoner-Regiments (Dragoner: mit Feuerwaffen ausgerüstete Reiter, im Kampf auch zu Fuß eingesetzt). Ein älterer Kämpfer, nüchtern, ge-reift.

Das *Dramengeschehen im ganzen* wird bestimmt durch Zeit und Ort. Der Kurfürst ist die Staatsspitze, die Verkörperung der Staatsgewalt (absolute Monarchie). Das Offizierskorps zeigt sich ganz auf ihn ausgerichtet. Brandenburg ist das ver-ehrte und allezeit zu verteidigende Vaterland.

Zur Frage nach Verbrechen und Strafe folgen sich – vom

Militärischen her gesehen – vier markante *Abschnitte des Ge-*
*schehens:* die Befehlsausgabe, in der Schlacht der befehlswid-
rige Kampfeinsatz des Prinzen, die Verurteilung des Prinzen zur Todesstrafe durch das Kriegsgericht, die Begnadigung durch den Kurfüsten.

Es werden vor allem *zwei Bereiche miteinander konfrontiert:*
das Objektiv-Allgemeine (Staatswesen, Heerführung – verkörpert im Kurfürsten) mit dem Individuell-Besonderen
(hier gegeben in der egozentrischen Seelenlage des Prinzen). Die Brücke zwischen beiden schlägt wiederholt Natalie, die in sich selbst Verstand und Gefühl vereinigt.

### Das Dramengeschehen in Ausschnitten

#### Am Anfang und am Ende: Die Bewußtlosigkeit des Prinzen

Es ist ein schöner Kunstgriff des Dichters, den Prinzen zweimal in Bewußtlosigkeit zu versetzen.

Am Ende ⟨V/11⟩ wird er von der Augenbinde befreit, die
ihn an die bevorstehende Erschießung hatte glauben lassen.
Statt dessen wird er von Natalie mit Kranz und Kette geehrt. Das erschüttert ihn – man meint, es nachvollziehen
zu können – bis zur Ohnmacht.

Am Anfang aber ⟨I/1–4⟩ hat er schlafwandelnd vor dem
Kurfürsten und der ganzen Hofgesellschaft sein Innerstes
offengelegt. Kleist hat gewußt, was moderne Forschung bestätigt: Bei erwachsenen Schlafwandlern liegt gewöhnlich
ein ernstes emotionales Problem vor. Das Problem des Prinzen sind die in seiner starken Emotionalität lokalisierten existentiellen Ziele: der Sieg in der Schlacht, die Begründung
dauernden Nachruhms, die liebende Annäherung an Natalie. Der Kunstgriff des Dichters erspart es dem Schauspiel,
daß das Charakterbild des Prinzen etwa von anderen gezeichnet werden muß. Und zugleich verhindert dieser
Kunstgriff, daß der Prinz – würde er bei vollem Bewußtsein agieren – das Bild von sich selbst verfälscht. Der Hofgesellschaft – und dem Zuschauer des Schauspiels! – wird so

die Tiefenperson des Helden zugänglich und der weitere
Verlauf des Geschehens in der Wurzel angezeigt.

*Geschehensanstöße in der Eingangsszene*

Schon in der ersten Szene setzt das wesentliche Geschehen
ein. Der schlafwandelnde Prinz wird, als er sich selbst einen
Lorbeerkranz windet, für den Kurfürsten zum Objekt eines
herrscherlichen Spieltriebs. „Ich muß doch sehn, wie weit
ers treibt!" sagt der Kurfürst, umwindet den Kranz mit seiner Halskette und provoziert den bewußtlosen Prinzen,
nach dem nun in Nataliens Hand hochgehaltenen Kranz zu
greifen, sozusagen die Ehrung eines Siegers schon zu bean-
spruchen. Damit wird bereits hier ein verdeckter persönli-
cher Machtkampf spürbar, der den Kurfürsten dem Schlaf-
wandler gegenüber unangemessen scharf reagieren läßt:
„Ins Nichts mit dir zurück, Herr Prinz von Homburg" „In
dem Gefild der Schlacht sehn wir ... uns wieder. Im Traum
erringt man solche Dinge nicht!" ⟨I/1⟩.

Das mütterliche Gefühl der Kurfürstin stellt sich sofort
schützend, wenn auch ohne Erfolg, vor den Prinzen: „Der
junge Mann ist krank ... Man sollt ihm helfen, Nicht den
Moment verbringen, sein zu spotten" ⟨I/1⟩.

Beim vergeblichen Griff nach dem Kranz erhascht der
Prinz einen Handschuh Nataliens. Er bleibt in seiner Hand
zurück und eignet sich hernach in besonderer Weise, den
Traum des Prinzen mit seinem späteren wachen Bewußtsein zu verbinden. Alsbald wird denn auch, und zwar im
Gespräch mit Hohenzollern, der Handschuh dem Prinzen
zum Problem ⟨I/4⟩.

*Die Befehlsausgabe*

In einem Saal des Schlosses zu Fehrbellin ⟨I/5⟩ sind die
Truppenführer versammelt, um – die „Schreibtafeln" in der
Hand – den „Schlachtentwurf" des Kurfürsten für die bevorstehende Schlacht aus dem Munde des Feldmarschalls ent-
gegenzunehmen. Zunächst sind auch die Damen zugegen.

Da Natalie einen Handschuh vermißt, wird dem Prinzen bestürzend bewußt, daß es ihr Handschuh sein muß, den er von dem Traumerlebnis der vergangenen Nacht noch bei sich trägt. Er läßt ihn heimlich auf den Boden fallen. Der Kurfürst sieht ihn liegen, tut seine Entdeckung kund und veranlaßt den Prinzen, den Handschuh aufzuheben und Natalie zu überreichen. Über alldem verliert der verwirrte Prinz ganz den Sinn für die Befehlsausgabe. Er hört nur noch „Fanfare blasen lassen", nicht aber, daß ihm außer diesem Zeichen noch ausdrücklich ein Befehl überbracht werden wird, der ihm erst das Eingreifen in den Kampf erlaubt.

*Der Prinz in der Schlacht*

Der Prinz ist hochgestimmt. Im vorausgegangenen „Glücksmonolog" ⟨I/6⟩ hat er sich begeistert gezeigt, daß ihm das Glück ein Pfand schon zugeworfen hat (nämlich den Handschuh). Nun will er „im Feld der Schlacht" den ganzen Glückssegen erhaschen.

Doch in der Schlacht ⟨II/2⟩ zeigt sich der Prinz desorientiert über den ihm geltenden besonderen Befehl. Er wird von Hohenzollern gründlich unterrichtet, später auch von Kottwitz. Aber er verwirft alle Geduld und begeht die militärische Straftat der „Insubordination" (der mangelnden Unterordnung, der Befehlsverweigerung). Zweimal läßt er sich hinreißen, den Befehl zu mißachten:

Als Kottwitz mahnt, der Prinz müsse auf die Order (den besonderen Befehl) warten, verweist der Prinz auf die Order „vom Herzen" ⟨II/2⟩. Dem auf Einhaltung des Befehls bestehenden Ersten Offizier nimmt er den Degen ab. Er bringt die Offiziere auf seine Linie, sagt ausdrücklich, er nehme es auf seine Kappe, rückt (wie der spätere Bericht ergibt, II/5) mit der Reiterei vor, kommt in einen „mörderischen Eisenregen" und muß Halt machen.

Sodann täuschen sich die am Kampf Beteiligten, der Kurfürst sei gefallen ⟨II/5, 7⟩. Voreilig stürmt der Prinz mit seiner Reiterei. Er hat zwar einigen Erfolg, aber die Schweden

halten ihren Brückenkopf am Flüßchen Rhyn und werden
nicht vernichtet.

*Nach der Schlacht*

Diese Szenen legt Kleist in ein „Zimmer in einem Dorf"
⟨vor II/3⟩. Der Prinz kommt zur Kurfürstin und zu Natalie
in deren Unterkunft ⟨II/6⟩. Spontan-elementar scheint der
Zusammenklang von Prinz und Natalie. Sie verloben sich
am Rande des Schlachtfeldes.

Im Hochgefühl des erwarteten Ruhmes verläßt der Prinz
den Ort gewesenen Kampfes und vollzogener Verlobung,
indem er den göttlichen Cäsar, den klassischen Ruhmhel-
den, bedeutungsvoll beschwört: „O Cäsar Divus! Die Leiter
setz ich an, an deinen Stern!" ⟨II/8, am Ende⟩.

*Der Prinz in der Bedrängnis der Kriegsrechtsfolge*

Nach dem Sieg, in Berlin: Der Kurfürst erklärt, wer die Reiterei voreilig in den Kampf geführt, werde vor ein Kriegsgericht gestellt. Er wolle, „daß dem Gesetz Gehorsam sei";
wer's immer war, der habe seinen Kopf verwirkt ⟨II/9⟩.

Der Kurfürst erfährt, daß es – entgegen ersten anderen
Meldungen – doch der Prinz war, der die Reiterei geführt
hat. Er erklärt ihn für gefangen, läßt ihm den Degen abnehmen und ihn nach Fehrbellin ins Gefängnis bringen ⟨II/10⟩.

Dort besucht ihn Hohenzollern und berichtet ihm, daß er
beim Dankgottesdienst als Sieger erwähnt worden sei ⟨III/
1⟩. Der Prinz spielt sein militärisches Verbrechen herunter.
Er hat erfahren, daß das Kriegsgericht ihn zum Tode verurteilt hat, reagiert aber betont gelassen: „Das Kriegsrecht
mußte auf den Tod erkennen." Er vertraut darauf, daß der
Kurfürst ihn begnadigen wird. Er sei ihm seit Kindheit
„wert wie ein Sohn". Aber Hohenzollern macht ihm den
Ernst seiner Lage deutlich.

Nun sucht der Prinz – sich auf Ehrenwort frei bewegend
– die Kurfürstin und Natalie auf. Im Innersten erschüttert,
trifft er bei ihnen ein: Auf dem Wege sah er bei Fackel-

schein, wie das Grab geöffnet wurde, das anderntags sein „Gebein empfangen soll" ⟨III/5⟩. Würdelos fleht er nur noch um sein Leben. Er verzichtet sofort auf Natalie und bekennt: „Seit ich mein Grab sah, will ich nichts, als leben, Und frage nichts mehr, ob es rühmlich sei."

Natalie geht nun zum Fürsten, berichtet und bittet um Gnade ⟨IV/1⟩. Der Kurfürst sagt ihr die Begnadigung zu: Er trage die höchste Achtung für das „Gefühl" des Prinzen. Er schreibt an den Prinzen: „Meint Ihr, ein Unrecht sei Euch widerfahren, So bitt ich, sagts mir mit zwei Worten – Und gleich den Degen schick ich Euch zurück" ⟨IV/1; der Brieftext IV/4⟩.

Natalie kommt mit dem Brief zum Prinzen ⟨IV/4⟩. Er liest, soll schreiben, will dann auch schreiben, verwirft einen ersten Anfang. Da erkennt er plötzlich: „Mich selber ruft er zur Entscheidung auf!" Und nun schreibt er, ihm sei kein Unrecht widerfahren, versiegelt den Brief und bekennt gegenüber Natalie und deren Begleitung, er wolle dem Kurfürsten, der so würdig vor ihm stehe, nicht als Unwürdiger gegenüberstehen; ihm ruhe bedeutende Schuld auf der Brust.

### Der Kurfürst in der Bedrängnis seines Gnadenrechts

Der Kurfürst erhält und liest den Brief ⟨V/4⟩. Zahlreiche Offiziere bitten um Begnadigung für den Prinzen ⟨V/5⟩. Im Gespräch des Kurfürsten mit Kottwitz und mit Hohenzollern werden die Argumente für und gegen die Begnadigung ausgetauscht. Der Kurfürst beharrt vorerst auf Vollstreckung und läßt aus dem Gefängnis den Prinzen als seinen „Sachwalter" gegen die Haltung der Offiziere herführen.

Der Prinz kommt. Er hat auf dem Wege nochmals das Grabgewölbe aufgesucht ⟨V/6⟩. Nun zeigt ihm der Kurfürst die Bittschrift der Offiziere ⟨V/7⟩: Das Heer billige den Spruch des Kriegsrechts nicht. Doch der Prinz erklärt, vor dem Kurfürsten an den Kreis der Offiziere gewendet: „Ich will den Tod, der mir erkannt, erdulden!", und weiter:

„Ich will das heilige Gesetz des Kriegs, / Das ich verletzt',
im Angesicht des Heers, / Durch einen freien Tod verherrlichen!" „Der Tod wäscht jetzt von jeder Schuld mich rein."
Dann wird er ins Gefängnis zurückgeführt.

Der Kurfürst spricht wieder mit den Offizieren und zer-
reißt das Todesurteil ⟨V/9⟩.

### Zwiespältige Schlußszenen ⟨V/10 und 11⟩

Dem Prinzen wird die Vernichtung des Todesurteils, also die
Begnadigung, nicht mitgeteilt. Mit verbundenen Augen
wird er auf den Platz vor der Rampe geführt, also auf denselben Platz, auf dem das Stück begonnen hat. Man hört
die Trommeln des Totenmarsches. Der Prinz sieht sein Lebensende unmittelbar nahe und schwärmt vor sich hin:
„Nun, o Unsterblichkeit, bist du ganz mein! / Du strahlst
mir durch die Binde meiner Augen."

Dann wird dem Prinzen vor versammeltem Hofstaat die
Binde abgenommen. Natalie setzt ihm den ihr vom Kurfürsten überreichten Kranz auf, hängt ihm die Kette um und
drückt seine Hand an ihr Herz. Der Prinz fällt in Ohnmacht. Salutschüsse bringen ihn wieder zu Bewußtsein,
und er hört die Heilrufe, die ihm gelten als dem „Sieger in
der Schlacht bei Fehrbellin". Er fragt verwirrt: „Ist es ein
Traum?", und Kottwitz antwortet: „Ein Traum, was sonst?"

Aber das Stück endet nicht mit den Subjektivismen des
Prinzen. Es schließt vielmehr mit Tönen des nationalen Pathos als Kontrapunkt, nämlich mit dem Ruf der Offiziere:
„Zum Sieg! Zum Sieg! In Staub mit allen Feinden Branden-
burgs!" –

Wir kennen nun den dramatischen Verlauf. Was unser
Thema betrifft, so hat dieser Verlauf mit dem Verbrechen
der Befehlsmißachtung vor dem Feind eingesetzt und sodann das kriegsgerichtliche Todesurteil, die Begnadigung
und die Inszenierung des scheinbaren Beginns der Urteilsvollstreckung erbracht. Was bedeuten nun Verbrechen und
Strafe in diesem Stück?

## Verschiedene Aspekte des Ganzen

Dem Gehalt des Stückes ist leichter beizukommen, wenn man sogleich die verschiedenen Aspekte unterscheidet, unter denen der Stoff des Stückes zu sehen ist. Zuerst ist es der Aspekt des Militärstrafrechts, dann der des Staatsrechts. Schließlich ist es der des subjektiv-persönlichen Erlebens der beteiligten Personen. Inwieweit die innersten Intentionen des Dichters in das Werk eingeflossen sind, ist wohl abschließend eine Überlegung wert.

## Der Aspekt des Militärstrafrechts

Das Militärstrafrecht (Kleist spricht öfters von „Kriegsrecht" und meint damit das Kriegsgericht) ist der Bereich, in dem sich Verbrechen und Strafe des Stückes finden. Wir brauchen nicht etwa Gesetze und Satzungen jener Zeit heranzuziehen, sie gar mit heutigen Regelungen zu vergleichen. Wir können auch ganz absehen von Bedingtheiten damaligen und heutigen Verständnisses und Sprachgebrauchs. Denn zu jedem Militär gehört notwendig der Befehl des Vorgesetzten und der Gehorsam des Untergebenen in der Ausführung des (als rechtmäßig vorausgesetzten) Befehls. Innerhalb des Militärischen ist daher die Verweigerung der Ausführung des (rechtmäßigen) Befehls kriminell – im Sinne unseres Gegenstandes ein „Verbrechen". Befehlsverweigerung, Befehlsmißachtung, Insubordination – das sind die Termini, mit denen das Verhalten des Prinzen zu benennen ist. Und weiter ist zu sehen, daß die Befehlsverweigerung „vor dem Feinde" besonders schwer wiegt, da eine Truppe am dringlichsten im Kampf darauf angewiesen ist, daß gegebene Befehle befolgt werden.

„Der Satzung soll Gehorsam sein", sagt Hohenzollern ⟨II/ 10⟩. Der Kurfürst „will, daß dem Gesetz Gehorsam sei" ⟨II/ 9⟩. „Das heilige Gesetz des Kriegs, Das ich verletzt'", sagt später der Prinz ⟨V/7⟩. An der gesetzlichen bzw. satzungsbezogenen Voraussetzung, daß hier ein militärisches Verbrechen vorliegt, ist also nicht zu zweifeln. Doch das Geschehen verlangt – wenigstens in aller Kürze – die weitere strafrechtliche Analyse. Wenn wir als Momente des Verbrechens Unrecht und Schuld voraussetzen, dann ist das Unrecht sogleich zu bejahen: Der Befehl des Kurfürsten, nicht vor dem ausdrücklich durch Boten überbrachten Befehl in den Kampf einzugreifen, wurde nicht befolgt. Daß der Reitereinsatz des Prinzen gleichwohl einen gewissen positiven Erfolg hatte, spielt für die Frage der Befehlsmißachtung keine Rolle – ganz abgesehen davon, daß ohne das verfrühte Eingreifen das strategische Konzept des Fürsten wohl zu einem größeren Gefechtserfolg geführt hätte. Was die Schuld des Prinzen betrifft, so hat er zwar bei der Befehlsausgabe nicht mitbekommen, was ihm gesagt worden ist. Aber im Gefecht selbst ist er von drei Seiten (Hohenzollern, Kottwitz, Erster Offizier) deutlich und nachdrücklich auf seine Pflicht hingewiesen worden und hat trotzdem nach seinem eigenen Kopf – und der angemaßten Order seines Herzens! – gehandelt. Er hat also vorsätzlich den Befehl mißachtet, noch dazu erklärt, er nehme es auf seine „Kappe" ⟨II/2⟩. Damit ist das Verbrechen als militärische Straftat eindeutig gegeben.

Die Reaktion auf dieses Verbrechen ist die Strafe, auch schon das Verfahren, das zur Strafe führt. Dabei findet sich einiges, was uns heute verwundert. Der Kurfürst erscheint ja geradezu als Ankläger und damit für andere Funktionen „befangen", wenn er sogleich erklärt: Wer die Reiterei geführt, eh der Obrist Hennings des Feindes Brücken hat zerstören können, der sei des Todes schuldig. Vors Kriegsgericht bringe er ihn. Er „will, daß dem Gesetz Gehorsam sei" ⟨II/9⟩. Das gibt sich wie eine unhaltbare Vor-Verurteilung. Oder sollte der Kurfürst nur eine Rechtsansicht geäußert haben? Fragen, die man heutzutage stellen würde, sind der Epoche, in der das Stück spielt, jedoch unangemessen. An der „Absolutheit" des damaligen Herrschers scheitern solche Fragen. Das Kriegsgericht wäre gleichwohl zu selbständiger Urteilsfindung in der Lage gewesen, wenn es freisprechen wollte. Im Hintergrund stand im übrigen zu jener Zeit immer noch die Einrichtung der sog. Kabinetts-Justiz, in der der Souverän das letzte Wort hatte.

Was die Strafe selbst betrifft – das Kriegsgericht verhängte die Todesstrafe –, so ist nach allem davon auszugehen, daß diese Rechtsfolge damals der Art der Verfehlung angemessen und also gerecht war. „Damals" meint freilich nicht einmal so sehr die historische Epoche in ihren Details, als vielmehr die aus dem Stück sprechende Epoche. Der Prinz selbst sagt, schon bevor er später das Urteil als rechtmäßig anerkennt: „Das Kriegsrecht mußte auf den Tod erkennen" ⟨III/1⟩.

## Der Aspekt des Staatsrechts

Der Kurfürst ist Monarch in der Epoche des Absolutismus. Ideen leisten mehr als Waffen und Gefängnisse: Alle Staatsgewalt ist in der Person des Monarchen vereinigt.

Das bedeutet: Als Souverän ist er Oberster Kriegsherr. Auch die Heerführung liegt in seiner Hand. Aber dies interessiert uns weniger als ein anderes: Auch das Gnadenrecht steht ihm zu. Und das Zusammentreffen dieser Befugnisse in einer Person muß dem Kurfürsten im Blick auf den Prinzen besondere Schwierigkeiten bereiten.

Es war keine „Willkür", wenn der Kurfürst den eigenmächtigen Truppenführer vors Kriegsgericht brachte, dessen Rechtsspruch er – jedenfalls in der Welt der Kleist'schen Dichtung – anzuerkennen bereit war. Aber für den Fall der Verurteilung blieb das Gnadenrecht. Von diesem Recht konnte ihn niemand dispensieren, auch er selbst nicht. Die Entscheidung war ihm auferlegt, ob er nun begnadigte oder nicht begnadigte. Doch auch hier durfte nicht Willkür herrschen. Gnade kann sowohl willkürlich als auch gerecht sein. Darin scheint ein innerer Widerspruch zu liegen. Denn Gnade setzt sich ja über den Rechtsspruch der Gerichte hinweg und scheint also überhaupt nicht an das Recht gebunden. Und wenn schon „Absolutismus", dann – so könnte man sagen: – muß sich doch gerade hier das Ungebundensein dieser Herrschaftsform zeigen. Das mochte denn auch für einen kleinen Alltagsfall einer Jedermanns-Bestrafung so gelten. Aber im Falle des Prinzen ließ sich das Gebundensein an höhere Prinzipien nicht leugnen. Der Blick war nicht nur in die Vergangenheit zu richten und auf die liebenswerte Person des Verurteilten, sondern in die Zukunft, besonders auf die Erhaltung des Gehorsams im Heere.

So löst sich der Widerspruch, soweit es um den konkreten Fall des Prinzen geht. Im Interesse eines recht verstandenen Gemeinwohls war hier offenbar nur eine „gerechte Gnade" zugelassen – etwa in dem Sinne: wenn Gnade, dann nur, wenn der Kurfürst jeden anderen Offizier unter gleichen Umständen ebenfalls begnadigt hätte, ja sogar: wenn er sich damit zu binden bereit war, auch in Zukunft einen anderen unter entsprechenden Umständen zu begnadigen. Oder war es dann doch die „Einmaligkeit" des Falls, eben auch mit der Reaktion des Heeres, die den Ausschlag geben mußte?

Der Kurfürst hält zunächst eine Begnadigung für ausgeschlossen. Aber das Beharren auf seinem Entschluß wird für ihn zu einer schwierigen Gratwanderung. Die Stimmung der Truppe ist ganz gegen die Vollstreckung des Todesurteils. Immerhin hat man die Schweden vertrieben, und der Sieg erschien so, als sei er ganz das Werk des Prinzen. Aber kann man als Staatsspitze solchen Stimmungen nachgeben? – und gar als oberster Kriegsherr? Wie soll in einem nächsten Fall verfahren werden?

Kein brauchbarer Ausweg schien gegeben. Die Gewährung wie auch die Versagung der Gnade mußte seiner Stellung und dem Gemeinwesen als solchem schädlich sein. Da eröffneten zwei Momente schließlich doch den Ausweg:

Das Offizierskorps wandte sich in einem ungewöhnlichen gemeinsamen, nahezu an Meuterei grenzenden Schritt gegen die Urteilsvollstreckung. Man durfte ohne Zweifel von der staatserhaltenden Gesinnung all dieser Offiziere und ihrer Ergebenheit gegenüber dem Landesherrn ausgehen und mußte so ihrer Bitte doppelte Bedeutung zumessen. Mit dieser Haltung übereinzustimmen – das mußte für geraume Zeit eine gesicherte Basis für die Heerführung abgeben. Soweit in dem Gnadenakt eben auch Recht verwirklicht wird, ließe sich dann von einem Recht sprechen, das auf einer Verständigung unter Gleichen beruhe. Im Vergleich zu einem diktierten, macht-orientierten Recht mußten auf die Dauer die Vorteile eines konsensorientierten Rechts offenbar werden.

Aber auch mit diesem Konsens würde die Begnadigung zwitterhaft bleiben, solange der Prinz seine Befehlsmißachtung im Gefecht als unerhebliche Fehlhandlung erscheinen lassen konnte. Die Begnadigung hätte unter diesen Vorzeichen letztlich in der Person des Prinzen die Befehlsmißachtung triumphieren lassen. Daher ist das hinzukommende zweite Moment von größter Bedeutung: Die Anerkennung des kriegsgerichtlichen Spruchs durch den Prinzen, und zwar eine Anerkennung, die nicht nur gegenüber dem Kurfürsten unter vier Augen oder im Briefe erfolgte, sondern gegenüber dem Kurfürsten und zugleich vor dem Offizierskorps. Sie erst rückte in diesem Stadium den Befehlsmißachter von Fehrbellin vor den Sieger von Fehrbellin und verschaffte dem Kurfürsten die Freiheit, zu begnadigen.

### Der Aspekt der subjektiv-individuellen Erlebnisse

Wir haben Kleists PRINZ FRIEDRICH VON HOMBURG unter den Aspekten des Kriegsstrafrechts und des Staatsrechts betrachtet. Es bleibt uns noch, die für die Frage nach Verbrechen und Strafe wesentlichen Ereignisse aus dem Erleben der einzelnen Personen zu sehen.

– *Die Offiziere* ⟨V/3, 5⟩ identifizieren sich in hohem Maße mit dem Prinzen: Der militärische Schwung, die mitreißende Begeisterung sind für sie die Gaben des Prinzen, die

dem ganzen Heer zugute kommen. Sein militärisches Verbrechen wird von den Offizieren verkleinert. Die Verantwortung gegenüber dem Ganzen des Gemeinwesens wird
offenbar nur in Grenzen erlebt. Die Frage nach künftigen
Fällen wird kaum gestellt, zumal da alle das Verhalten des
Prinzen als einen an diese Person gebundenen Ausnahme-
fall zu betrachten scheinen und für sich selbst gar nicht in
Betracht ziehen.

   – *Der Kurfürst* ist zwar im Ganzen des Dramas die Gegenfigur zum Prinzen – grob gesagt: er rational-nüchtern, der
Prinz emotional-begeistert. Aber er ist differenzierter zu sehen. Er stellt dar, was das Gemeinwesen seiner Zeit zum Ge-
deihen brauchte: den durch Verdienst ausgewiesenen, ruhig
abwägenden und ordnenden ersten Mann im Staate. Er hat
Grund, den Kampfeifer des Prinzen auch als rivalisierenden
Angriff auf seine Stellung, als Versuch der Relativierung seiner Verdienste zu sehen. Doch diese Dinge dringen nicht
nach außen. Es ist eine Art Zweikampf, den der Kurfürst
möglichst staatserhaltend beilegt.

   Seine persönliche Nähe zum Prinzen erfahren wir zunächst aus dessen Sicht: „Kann er mir *vergeben* nur, wenn
ich mit ihm drum streite, so mag ich nichts von seiner *Gnade* wissen" ⟨IV/4⟩. „Vergeben" – das meint nicht das Verhältnis von Staatsgewalt zu Einzelnem, sondern immer die individuelle Beziehung zwischen zwei Personen. Die Art dieses
Näheverhältnisses ist freilich stark autoritär bestimmt – wie
die eines in dieser Weise sich gebenden Vaters gegenüber
seinem Sohn, eines Erziehers gegenüber dem Zögling, –
auch eines erfahrenen Alten gegenüber einem noch lernen-
den Jüngeren. So kann man wahrlich fragen, ob der Kurfürst am Schluß etwa aus erzieherischen Gründen an dem
Anschein des Bevorstehens der Hinrichtung festhält oder
weil der Prinz wenigstens etwas von dem Strafübel erleiden
sollte. Zu weit geht es jedenfalls für unser Empfinden,
wenn der Kurfürst die Todeserwartung des Prinzen zum
Schaustück für alle macht. Hat er schon am Anfang ⟨I/1⟩

mit dem Schlafwandler gespielt: „Ich muß doch sehn, wie weit ers treibt", so spielt er nun zum Schluß noch mit dem nur scheinbar dem Tod Geweihten. – Es ist das Besondere an diesen Vorgängen, das uns bewußt macht, daß Kleist der Erfinder dieser Szenen ist.

– *Natalie* zeigt sich als große Persönlichkeit, indem sie nicht nur zwischen den Personen – dem Kurfürsten und dem Prinzen –, sondern auch zwischen den Werten, um die es geht, „vermittelt". So kann sie im Blick auf diese Art von Verbrechen und auf die verhängte Strafe Gedanken denken und Worte sagen wie: „Das Kriegsgesetz, das weiß ich wohl, soll herrschen, Jedoch die lieblichen Gefühle auch" ⟨IV/1⟩.

Im Gespräch mit dem Kurfürsten zeigt sie ihre Größe. Sie fleht nur für den Prinzen, nicht für sich als Verlobte. Sie sieht den Prinzen in all seiner Erbärmlichkeit: wie „ganz unwürdig", „so ganz zermalmt, so fassungslos, so ganz unheldenmütig" – sprich: feige – er „geschlichen" kam ⟨IV/1⟩. Und sie sagt dann doch ein Wort, wonach man ihn nehmen muß wie andere Menschen: „Ach, was ist Menschengröße, Menschenruhm!"

Sie ist auch dort souverän, wo sie dem Prinzen begegnet: Da er so kümmerlich vor ihr winselt ⟨III/5⟩, ist sie mutig: Er solle sich das Grab, das ihm geöffnet wird, ruhig noch einmal anschauen, – es sei ein Grab, wie es ihm so oft die Schlacht gezeigt habe. Tapfer werde er sich des Gesetzes Spruch unterwerfen. Später, als sie den Prinzen im Gefängnis aufsucht, um seine schriftliche Antwort an den Kurfürsten zu erhalten ⟨IV/4⟩, ist sie, die er als seine Verlobte ja geradezu verstoßen hat, ganz für sein Leben, solange er sich daran klammert, dann aber, und noch mehr, für seine Würde, als er sie gefunden hat.

– *Der Prinz* glaubte, sein Verbrechen und seine Strafe ganz innerhalb der persönlichen Beziehung zum Kurfürsten sehen zu können. Dies so sehr Subjektive scheint er schließlich aufgegeben zu haben. Die Literatur befaßt sich jedenfalls mit dem Todesangst-Erleben und der nachfolgen-

den Wandlung des Prinzen in dem Sinne: Zuerst habe sich
der Prinz aufgelehnt. Er habe zwar den Spruch des Kriegsgerichts begriffen, aber nicht die Haltung des Kurfürsten.
Dann habe er sich freiwillig unter das Gesetz gestellt, um
es durch den freien Tod im Angesicht des Heeres zu verherrlichen. – Im Prinzen von Homburg sei „durch die bloßen Schauer des Todes erreicht worden, was in allen übrigen Tragödien nur durch den Tod selbst erreicht wird: die
sittliche Läuterung und Verklärung des Helden" (Hebbel).
– Es sei „als Lösung gefunden: Freiheit im Du, durch die
völlige Bejahung des Anderen, die so weit geht, daß sie den
eigenen Tod einschließt" (von Reusner), wobei unter „des
Anderen" hier wohl die im Gemeinwesen ihm gegenüber-
stehenden Menschen gemeint sind. – Das Entscheidende
sei die Wandlung des Prinzen. Sie geschehe durch den Appell des Kurfürsten an das Gefühl des Prinzen, und dieses
Gefühl spreche, sobald er selbst zur Entscheidung aufgerufen sei. Indem er frei den Tod wähle, werde er neu geboren. Das Wunder der Wiedergeburt führe zur absoluten Bereitschaft zum Tode, der damit zum Opfertode werde (von
Wiese). – Die meisten Interpreten gäben sich damit zufrieden, daß der Prinz zur Pflicht zurückgefunden habe. Es
gehe aber in dem Wandel um eine Versöhnung von Gefühl
und Wirklichkeit (Blöcker). – Das Neue von Kleists Drama
liege darin, daß der Prinz sich nicht einem Individuellen,
sondern einem Allgemeinen unterwerfe, keiner Person sondern einer Idee, nicht dem Kurfürsten sondern dem Staat.
Der Prinz sei die erste Figur Kleists, die eine Entwicklung
durchmache (Blume).

Mag nun so oder anders formuliert werden: Ganz allgemein wird diese Dichtung Kleists verstanden als Ausdruck
staatserhaltender Tendenzen – in der bewußten Unterordnung des Einzelnen unter das Gesetz zum Wohle des Gemeinwesens.

Halten wir uns zunächst an diese Sicht, dann hat der Prinz
gewiß „der Pflicht gemäß" gehandelt. Aber im Sinne der

Unterscheidung Kants bleibt, wenn wir dem Helden dieses Schauspiels wirklich näher kommen wollen, noch zu fragen, ob er denn auch „aus Pflicht" gehandelt habe. Mag sein Verhalten noch so pflichtgemäß sein und damit etwa im Heere, auch im Erleben der Offiziere und des Kurfürsten als Vorbild genommen werden, so bleibt doch offen, ob dem Dichter gerade nur dies vor Augen stand. Schon Lichtenberg hat gemeint, er „möchte was darum geben, genau zu wissen, für wen eigentlich die Taten getan worden sind, von denen man öffentlich sagt, sie wären für das Vaterland getan worden." In diesem Sinne sollten wir auch in Prinz Friedrich von Homburg weiter fragen. Wir werden sehen, daß Kleist uns deutlich genug wissen läßt, „für wen eigentlich" der Prinz das vollzogen hat, was in der geschilderten Weise als Wandel verstanden wird. Die entscheidende Stelle findet sich da, wo er im Gefängnis den ihm von Natalie überbrachten Brief des Fürsten erst richtig zu verstehen beginnt: „Mich selber ruft er zur Entscheidung auf!" ⟨IV/4⟩.

Der Prinz hat plötzlich erkannt, daß sich die Situation für ihn völlig gewandelt hat. Jetzt kann er selbst wieder handeln. So braucht sein neues Verhalten nicht auf einem Wandel der Person und ihrer Strebungen zu beruhen. Es kann auch sein, daß er gewisse subjektive Ziele, die er bisher verfolgt hat, plötzlich wieder verfolgen kann, wenn auch auf anderem Wege.

Damit ist eine Frage gestellt, auf die wir die Antwort nur in der Persönlichkeit des Prinzen suchen können. Kleist stellt sie uns vor Augen: jugendlich bewegt, bedeutend angelegt, ruhmsüchtig, und zwar von der höchsten Subjektivität, soweit es um die Erreichung der mit dieser Sucht verbundenen Zwischenziele geht. Der Prinz sucht vor allem andern sein Glück in der Schlacht – um Ruhmes willen. Im Schlafwandel erlebt er – und berichtet dies hernach dem Hohenzollern ⟨I/4⟩ –, daß eine Dame des Hofes, „gleich einem Genius des Ruhms", einen Kranz vor ihm erhoben, „als ob sie einen Helden krönen wollte." Deutlicher könnte es uns die Tiefenperson des Prinzen nicht wissen lassen, worum es ihm geht – ohne jede rationale Selbstkontrolle der Verdekkung. Damit stimmt es ganz überein, daß er in der Schlacht sofort die Geduld verliert, als er befürchtet, die Chance zur Erlangung von Ruhm gehe ungenutzt vorbei! Alle andern Befehle treten da zurück, es gilt nur noch „die Order des Herzens", eben seines eigenen ⟨II/2⟩. Und bei erster Gelegenheit der irrtümlichen Annahme, der Kurfürst sei gefallen, sieht er sich sogleich in die Position des Heerführers einrücken ⟨II/5, 6⟩.

Doch dann folgt das Todesurteil des Kriegsgerichts. Als der Prinz den Ernst seiner Lage erfährt, verliert er schlechthin alle Haltung. Da es ihm letztlich nur um den subjektiven Wert des Ruhmes geht, bleibt ihm auch jetzt nur noch ein subjektiver Wert: die nackte Existenz. Um sie winselt er würdelos. Seine Verlobte gibt er, ohne einen Hauch von Liebe, sofort ganz pragmatisch auf. Selbst wenn er als Sieger von Fehrbellin gelten sollte: Ein Sieg, für den man wegen Befehlsmißachtung hingerichtet wird, schafft keinen Nachruhm mehr. So geht die primäre Sinn-Erfüllung seines Lebens ganz dahin.

Er sieht sich nur noch als Objekt fremden Handelns. Er wird erschossen werden. Wenn Natalie das Grab, das ihn nun erwartet, mit dem Grab in der Schlacht gleichsetzt ⟨III/5⟩, so kann gerade ihn dies nicht ermutigen. Es geht ihm nicht um das Grab, sondern um den Schritt, der ins Grab führt. Der Held in der Schlacht fällt kämpfend, der Verurteilte auf dem Richtplatz ist nur das Zielobjekt der Schützen.

Aus dem völligen Verlust des subjektiven Lebenssinns folgt beim Prinzen die völlige Verzweiflung. Das geht bis zur erschreckendsten Kümmerlichkeit des Verhaltens. Galt zuvor: Ruhm ist wichtiger als Leben und alles andere, so gilt nun, wo kein Ruhm mehr zu erringen ist: Leben ist wichtiger als alles andere. „Seit ich mein Grab sah, will ich

nichts, als leben, Und frage nichts mehr, ob es rühmlich sei!"
⟨III/5⟩

Dann aber kommt der große Wandel: – nicht in der Person, sondern in des Prinzen Stellung im Geschehen, – nicht als freie Hinwendung zu den objektiven Werten des Heeresdienstes und des staatlichen Gemeinwesens, sondern als Ergreifen einer verspielt geglaubten Möglichkeit, Ruhm und Unsterblichkeit zu erlangen. Durch den Brief des Kurfürsten ist die Herabsetzung zum ausgelieferten Objekt fremden Handelns beendet. Der Prinz ist nun zum handelnden Subjekt berufen: Er selbst soll entscheiden, ob – ob nicht! Der Tod wird ihm als Mittel zum Ziele des Ruhms in die Hand gegeben; und so wird der Tod auf neue Weise plötzlich wieder wichtiger als das Leben!

Jetzt tritt ein anderer Prinz vor das Offiziers-Korps (das Gnade für ihn wünscht): „Ich will das heilige Gesetz des Krieges ⟨das sind die Kriegsgesetze⟩ durch einen freien Tod verherrlichen!" – und er weiß: Zahllose Soldaten werden Zeuge dieses großen Todes sein und ihn als seinen Ruhm in die Zukunft tragen! Und so sieht der Prinz angesichts des Todes (mit verbundenen Augen) sein Ziel auf neue Weise schon erreicht: „Nun, o Unsterblichkeit, bist du ganz mein!" ⟨V/10⟩.

Erst, als ihm das Leben wiedergegeben ist (die Binde abgenommen), fällt er in Ohnmacht und fragt hernach: „Ist es ein Traum?" Er erwartet vielleicht eine Antwort, die bedeutet: Nein, als Sieger von Fehrbellin gehst du in eine ruhmreiche Zukunft. Aber Kottwitz, der alte Nüchtern-Mann, weiß es besser: „Ein Traum, was sonst?" Das könnte heißen: Du machst dir auch jetzt noch etwas vor. Wie nur soll dein Weiterleben aussehen? – Vielleicht bedeutet es auch: Nein, du bist nicht mehr der, der du nach der Schlacht und vor dem Todesurteil warst. Der „Held" in dir ist gebrochen durch deine Todeserschütterung!

## Ein Blick auf den Dichter

Es ging um die Aspekte des Ganzen dieses Schauspiels. Dazu gehört – wiewohl dies mit Verbrechen und Strafe nichts mehr zu tun hat – bei dieser Dichtung noch ein biographischer Blick auf den Dichter Heinrich von Kleist. Wir wissen, in welchem Maße er sich für den größten deutschen Dichter hielt und wie sehr er sich im Wettstreit mit Goethe sah (der ihm keine Anerkennung zukommen ließ). Von daher ist – so wird es weithin gesehen – wohl viel eigenes Ruhmstreben in den PRINZ FRIEDRICH VON HOMBURG eingegangen. „O Caesar Divus! Die Leiter setz ich an, an deinen Stern!" ⟨II/8⟩ und „Nun, o Unsterblichkeit, bist du ganz mein!" ⟨V/10⟩ – wie könnte ein Dichter die Sehnsucht nach Ruhm gleichermaßen glaubhaft glutvoll lebendig werden lassen, wenn nicht auch er selbst diese Sehnsucht in sich trüge? Ob sich der Prinz des Schauspiels Unsterblichkeit verschafft hat, bleibt offen, – daß sich der Dichter Kleist mit seinem PRINZ FRIEDRICH VON HOMBURG unsterblich gemacht hat, ist sicher.

## Das Fazit zu Verbrechen und Strafe

Wir sahen: Dieses Schauspiel hat uns einen jugendlichen Menschen gezeigt, der, von unendlichem Drang nach Ruhm erfüllt, Unsterblichkeit zu gewinnen sucht. Um dieses Zieles willen begeht er das militärische Verbrechen der Befehlsmißachtung vor dem Feind: Er will der ruhmreiche Sieger sein. Und um desselben Zieles willen begehrt er hernach die Vollstreckung der Todesstrafe, zu der er kriegsgerichtlich verurteilt worden ist: Er will ruhmreich das heilige Gesetz des Kriegs durch einen freien Tod verherrlichen. Was kann da ein Sieg in der Schlacht noch bedeuten, verglichen mit dem Triumph über den verderblichsten Feind in uns, den der Prinz selbst benennt ⟨V/7⟩, nämlich über Trotz und Übermut. Nachdem er erkannt hat, daß er auf diesem Wege sein Ziel der Unsterblichkeit erlangen kann, unterwirft er sich „versöhnt und heiter" dem Rechtsspruch.

Die Vollstreckung des Spruchs wird ihm jedoch nicht gewährt. Gleichwohl sind für ihn in seiner Subjektivität beide – Verbrechen *und* Strafe – Schritte in das Ziel der Unsterblichkeit: Er begeht das Verbrechen der Befehlsmißachtung im Kriege, sodann begehrt er die Vollstreckung der Todesstrafe.

# Schuld und Strafe – oder: Unschuld und Opfer?

## Herman Melville
### BILLY BUDD

*Die Erzählung und ihr Autor*

Wir wissen aus Melvilles Vorrede und aus Kap. 3: Es geht um das Geschehen auf einem englischen Kriegsschiff im Jahre 1797, als sich England kriegerisch mit der französischen Flotte auseinandersetzte und nachdem es in englischen Kriegshäfen zu der „Großen Meuterei" gekommen war. Melville nennt seine Erzählung „an inside narrative". Er sagt dazu in Kap. 3, sie befasse sich „lediglich mit dem inneren Leben eines einzelnen Schiffes und mit dem Schicksal eines einzelnen Matrosen."

Wer ist es, der sich zutraut, aus der abgeschlossenen Welt eines Kriegsschiffs zu erzählen? Herman Melville wird 1819 in New York geboren. Als er 13 Jahre alt ist, stirbt sein Vater. Herman ist ohne Mittel und schlägt sich auf verschiedene Weise durch, u.a. als Schreiber bei einer Bank. Mit 18 Jahren geht er auf ein Handelsschiff, mit 21 auf ein Walfangschiff. Nach anderthalb Jahren verläßt er das Schiff und bleibt auf einer Südseeinsel. Von dort geht er, nun knapp 24 Jahre alt, auf eine amerikanische Fregatte; 14 Monate fährt er auf diesem Kriegsschiff. Mit 25 Jahren geht er in Boston an Land, veröffentlicht einen Reisebericht und lebt als Farmer. Zwei Jahre später entschließt er sich, die Schriftstellerei zu seinem Beruf zu machen. Er heiratet und veröffentlicht einige Bücher. 1850, in seinem 32. Lebensjahr, erscheint der Bericht „Weiß-Jacke", in dem er seine Erfahrungen vom Kriegsschiff wiedergibt. Er trägt durch dieses Buch

entscheidend dazu bei, daß einige Monate später die Prügel-
strafe in der amerikanischen Marine abgeschafft wird. 1851
veröffentlicht er seinen – heute! – berühmten Walfang-Ro-
man „Moby Dick", hernach noch einige Erzählungen, Ge-
dichtbände und Romane, die keine Resonanz mehr finden.
Mit 44 Jahren gibt er die Farm auf und zieht nach New
York. Mit 47 ergreift er den Brotberuf des Zollinspektors
und sichert dadurch den Unterhalt für sich und seine Familie. Seine Werke finden keine Leser mehr.

Mit 70 Jahren beginnt er die Erzählung „Billy Budd" zu
schreiben. Er beendet sie nach rund eineinhalb Jahren und
setzt unter ein umfangreiches Manuskript das Datum 19. 4.
1891. Ein halbes Jahr danach, 72 Jahre alt, stirbt er in New
York. Die Erzählung wird erst im Jahre 1924 aus dem Nach-
laß in einer Werkgesamtausgabe veröffentlicht.

## Der Stoff der Erzählung

Es ist nicht bekannt und auch nicht zu vermuten, daß Melville – wie es etwa Schiller im VERBRECHER AUS VERLORE-
NER EHRE und Kleist im MICHAEL KOHLHAAS taten – kon-
kret an einen entsprechenden historischen Vorgang an-
knüpfte. Er schöpft offensichtlich aus dem geheimen
Grund seines Dichtertums, wenn er vor uns einen liebenswerten Handelsmatrosen erstehen läßt, dem die undurch-
sichtige Welt eines Kriegsschiffs alsbald zum Schicksal
wird. Gewiß verwertet Melville dabei Erfahrungen, die er
auf seinen Fahrten zur See gemacht hat. Es lassen sich wohl
auch Anstöße finden, die ihm ein Bericht über einen Vorgang aus der amerikanischen Kriegsmarine gegeben hat
(daß nämlich der Kapitän einer amerikanischen Fregatte im
Jahre 1842 drei Seeleute in Friedenszeit auf dem Schiff hin-
richten ließ; Kap. 18). Gleichwohl haben wir bei dem Stoff
des BILLY BUDD von reiner Dichtung auszugehen.

Melville sagt zwar (am Ende des 2. und im 24. Kap.), die
Geschichte sei keine Erfindung des Dichters, beruhe fast

ganz auf Tatsachen. Aber dies wird allgemein nicht i.S. der
Wahrheit eines Berichts verstanden. Wir nehmen es als ein
Zeugnis dafür, wie lebendig ihm seine Geschöpfe und deren Geschicke geworden sind. Es ist denn auch für unser
Verstehen unerheblich, zu wissen, wie das Recht der englischen Kriegsmarine zur gedachten Zeit (also um 1797) aus-
sah, und überhaupt, ob etwa historische Fehler in der Erzählung stecken. Uns geht es um den Konflikt und die tragische
Entwicklung, die sich in dem abgesonderten Hoheitsbereich
eines Kriegsschiffes abspielen.

## Der Bericht im Marine-Wochenblatt

Melville fügt im zweitletzten Kapitel einen fiktiven Bericht
ein, den ein Marinewochenblatt über die den Gegenstand
der Erzählung bildenden Vorgänge veröffentlicht habe. Dieser Bericht bildet einen markanten Kontrast zur eigentlichen
Erzählung und bedeutet einen Kunstgriff Melvilles, indem
er durch den opportunen Papierbericht die Einzigartigkeit
des zuvor erzählten Geschehens deutlich herausstellt.

Nach diesem Bericht entdeckte der Waffenmeister Claggart auf Seiner Majestät Schiff Indomitable die Anzeichen
einer beginnenden Verschwörung und stellte als Rädelsfüh-
rer einen gewissen William Budd fest. Er brachte den
Mann vor den Kapitän. Vor ihm zog Budd plötzlich sein
Messer und stieß es Claggart aus Rache ins Herz. Der Mörder – so der Bericht – ist kein Engländer, der Ermordete
ein Mann von leidenschaftlichem Patriotismus. Der Verbrecher hat die Strafe für sein Verbrechen bezahlt. Die Prompt-
heit der Bestrafung ist begrüßt worden. Es ist keine Unruhe
an Bord des Schiffes mehr zu befürchten.

Durch Weglassen, Hinzufügen und Verfälschen wird hier
besonders hervorgehoben, daß die Disziplin der Mannschaf-
ten durch nichts und zu keinem Zeitpunkt ernstlich gefährdet gewesen sei. Zugleich zeigt sich ganz allgemein, was
von einem besonderen Menschenschicksal im amtlich be-

stimmten öffentlichen Gedächtnis bestenfalls übrig bleibt. Was da weitergegeben wird, ist eben auch über Billy Budd nur noch eine Art Aktenfall. Die als wirklich vorgestellte Begebenheit, die der Leser zuvor erfahren hat, ist nun allen Zaubers und Geheimnisses beraubt. So kann sie denn auch schließlich der Vergessenheit anheimfallen.

### Das zunächst wesentliche Geschehen

Die Erzählung schildert ausführlich, was sich um die Person des Billy Budd auf dem Schiff ereignet hat. Der Erzähler kommentiert überdies mannigfach das Geschehen und die allgemeine Lage zu Land und zur See. Er erläutert manche Details der Gegebenheiten auf einem Kriegsschiff. Zu einigen Vorgängen begnügt er sich mit Andeutungen und Vermutungen, während andere als bis ins Innerste der geschilderten Person miterlebt erscheinen. Der Erzähler ist je nach Bedarf wissend oder unwissend. Dadurch gelingt es Melville, sowohl den weiteren Hintergrund des Geschehens aufzuzeigen, wie auch, an entscheidenden Stellen das Geheimnis zu wahren.

### Die drei Hauptpersonen

*Billy Budd* ist 21 Jahre alt, ein in der Welt unerfahrener, argloser, fröhlicher Naturbursche, ein „Barbar". Er verkörpert die Figur des „handsome sailor", des „hübschen Matrosen" und ist eine seltene Erscheinung in der zivilisierten Welt – nicht von des Gedankens Blässe angekränkelt. Billy ist Findling. Im englischen Text wird er mit Kaspar Hauser verglichen, dem Findling, der 1828 in Nürnberg im Alter von ungefähr 16 Jahren auftauchte und dessen rätselhafte Herkunft damals großes Aufsehen erregte. Es ist zu vermuten, daß Billy von edler Herkunft ist. Sein Sprachvermögen ist auf besondere Weise gefährdet: Bei plötzlicher Erregung vermag er allenfalls noch zu stottern.

*John Claggart* ist der Waffenmeister auf dem Schiff, eine
Art Polizeichef, der für die Ordnung in den dicht belegten
Mannschaftsdecks zu sorgen hat, etwa 35 Jahre alt. Wie bei
Billy ist auch über sein früheres Leben nichts bekannt. Er
ist jedoch nicht etwa Findling wie Billy, sondern hält lediglich verborgen, woher er stammt und was er zuvor getrieben hat. Erst in reiferen Jahren kam er zur Marine. Er
von überlegener Intelligenz, von einschmeichelnder Höflichkeit gegenüber Vorgesetzten, mit dem Talent zum Spionieren, streng „patriotisch" gesinnt. In seiner Stellung hat
er die verschiedensten unsichtbaren Fäden in der Hand:
Ihm dienen einige von ihm abhängige Kreaturen unter der
Mannschaft, die zugleich gelehrige Untergebene sind. Der
Erzähler spricht von seiner natürlichen Verderbtheit: daß er
allen Verstand einsetze, um im gegebenen Fall das Ziel seiner ausschweifenden Bosheit zu erreichen. Er sei rätselhaft
von dem Wahnsinn einer bösen Natur besessen.

*Kapitän Vere,* die dritte Hauptperson, ist der Kapitän des
Kriegsschiffes, der von manchen als der Held der Erzählung angesehen wird. Er wird „starry Vere" genannt, d. h.
der glänzende Vere (in der Übersetzung der „Sternen-
Vere"), – „in den Vierzigern" (zum Vergleich: Admiral Nelson, mit dem sich zwei Kapitel des Romans befassen, fiel
1805 in der Seeschlacht von Trafalgar im Alter von gerade
47 Jahren). Vere ist Junggeselle. Er wird vom Erzähler in einer Reihe von Sätzen gezeigt, die mit einer positiven
„aber"-Einwendung verbunden sind: Vere ist von höherem
Adel, aber seine Karriere war davon nicht abhängig; er ist
um das Wohlbefinden der Mannschaft besorgt, aber er duldet keinen Bruch der Disziplin; er ist furchtlos bis zur Tollkühnheit, aber nie ohne Überlegung. Alles in allem ist er
ein bedeutender Seemann, ein hervorragender Kapitän. Er
paßt jedoch nicht in das übliche Bild von Schiffsoffizieren:
Er mischt nie die Fachsprache des Seemanns in sein Gespräch; er hat keinen Geschmack an Witzeleien; er tritt bescheiden auf, wo keine Entscheidung von ihm gefordert ist;

er ist vornehm, träumerisch und hat eine Vorliebe für geistige Dinge (er geht auch nie ohne neu aufgefüllte Bücherkiste
auf See). Er denkt konservativ, seine festen Ansichten be-
wahren ihn vor neuen sozialen und politischen und sonst
vor modernen Anfechtungen (was etwas bedeutet, soweit
die französische Revolution im achten Jahr, sozusagen noch
immer, im Gange ist).

In eigentümlicher Weise sind *die Schicksale der drei Männer*
in den Tod hinein miteinander verflochten: Claggart
kommt durch Billy zu Tode. Billy wird auf Betreiben des
Vere hingerichtet und hat dessen Namen als letztes Wort
auf den Lippen. Des sterbenden Vere letztes Wort ist der
Name des Billy Budd.

### Die Vorgänge um diese drei Personen

Billy ist als Matrose auf dem englischen Frachtschiff „Rights-
of-Man", als es sich im Mittelmeer auf Heimfahrt befindet.
Das ohne vollzählige Besatzung aussegelnde englische
Kriegsschiff „Indomitable" trifft auf den Frachter und
schickt einen Leutnant an Bord. Dieser nimmt von dort im
ersten Zugriff als einzigen Matrosen Billy mit, d.h. er
„preßt" ihn auf das Kriegsschiff in der damals üblichen Weise dieser ungesetzlichen Anwerbung. Billy nimmt dies er-
staunlich leicht und fügt sich in die Welt des Kriegsschiffs
alsbald gut ein. Als er die Auspeitschung eines Matrosen
miterlebt, entschließt er sich entsetzt, alles zu tun, um nicht
in dieser Weise selbst bestraft zu werden.

Doch da beunruhigen ihn seltsame Ereignisse, die ihm sogar die undeutliche Drohung eines Schiffskorporals zuziehen: Einmal ist sein Gepäcksack nicht richtig verstaut, dann
seine Hängematte nicht in Ordnung. Wenig später wird Billy nachts von einem Matrosen angegangen, als „Gepreßter"
bei einer Bande „mitzuhelfen, wenn's mal nötig wäre". Gemeint ist offenbar eine Art Meuterei, doch Billy erfaßt nicht
eigentlich, worum es geht. Immerhin weist er den Kerl
schroff ab und gerät in der Erregung ins Stottern. Mit der Sa-

che kommt er nicht zurecht. Er macht daher keine Meldung, wendet sich aber in einer gewissen Ratlosigkeit an den alten Dänen, den „Narbigen", eine Art von Bord-Weisen unter der Mannschaft. Doch der sagt ihm nur gerade dies: Claggart habe es auf ihn abgesehen.

Wenige Zeit danach bringt es Claggart dahin, daß Kapitän Vere ihn fragt, was es gebe. Er berichtet ihm sodann in zwitterhafter, zwischen Behauptungen und Anspielungen hin und her laufender Rede von Heimlichkeiten an Bord und nennt, als der Kapitän das klare Wort fordert, Billy Budd. Vere entschließt sich spontan, die ihm kaum glaublichen Anschuldigungen zu prüfen und zugleich doch ein Aufsehen unter der Mannschaft zu vermeiden: Er wird beide, Claggart und Billy, in der Kapitänskajüte einander gegenüberstellen.

Was nun geschieht, prägt sich jedem teilnehmenden Leser für immer ein: Die drei Männer sind allein in der Kapitänskajüte. Claggart wiederholt auf Befehl, was er über Billy gesagt hat. Billy, aufgefordert, sich zu verteidigen, bringt in größter Erregung kein Wort heraus. Vere sucht ihn zu beruhigen. Doch Billy erregt sich nur noch mehr und spricht, da ihm die Zunge den Dienst versagt, plötzlich mit der Faust. Er trifft Claggarts Stirn; der fällt um, röchelt ein- oder zweimal und rührt sich nicht mehr.

„Fated boy" („Unglücksjunge"), flüstert Vere, „was hast du getan? Komm jetzt und hilf mir!" Beide heben den Oberkörper des Gestürzten auf, legen ihn wieder hin. Vere bedeckt sein Gesicht mit der Hand, verharrt einige Zeit, dann wird die väterliche Stimme militärisch streng. Er befiehlt den Vortoppmann Billy in die rückwärts gelegene Schlafkabine und läßt den Arzt kommen. Dieser stellt den Tod Claggarts fest. Vere ist aufgeregt. Heftig ruft er aus: „Geschlagen durch einen Engel Gottes! Und doch muß der Engel gehängt werden!" Der Arzt fragt sich, ob Vere geistig gestört ist. In die Kapitänskabine wird ein Standgericht einberufen ⟨– nicht ein „Kriegsgericht", wie die deutsche Übersetzung meint). Gebildet ist es aus dem Ersten Offizier, dem Hauptmann der Seesoldaten und dem Ersten Steuermann. Der Kapitän berichtet, wie es zum Tode Claggarts gekommen ist. Billy bestätigt die Wahrheit dieser Aussage. Der Sachverhalt ist klar, die Vorgeschichte bleibt „mysteriös". Vere spricht vom „Mysterium der Sünde" und meint damit, wie der Leser erkennt, das Verhalten Claggarts. Er beharrt aber darauf: es gehe um die Tat des Billy und um nichts sonst.

Die Männer des Standgerichts haben größte Hemmungen, Billy zum Tode zu verurteilen. Aber Vere beredet und überredet sie, aus militärischem Recht und aus Notwendigkeit die Todesstrafe zu verhängen. Vere selbst gibt Billy unter vier Augen das Urteil bekannt. „Was außer dieser Mitteilung noch in jener Unterhaltung gesprochen wurde, hat nie jemand erfahren", sagt die gerade an dieser Stelle so eindrucksvoll verschwiegene Erzählung. Es folgen nur Vermutungen, was entsprechend dem Geist der beiden etwa gesprochen worden sein könnte. Billy zeigt sich jedenfalls gefaßt, wahrscheinlich sogar in einer gewissen Freude darüber, „daß sein Kapitän eine so wackere Meinung von ihm hatte und ihn so ehrenvoll in sein Vertrauen zog."

Billy liegt dann zwischen zwei Kanonen auf dem Oberdeck. In Fesseln erwartet er seine Hinrichtung. Der Geistliche sucht ihn auf, kommt aber in keinen wirklichen Kontakt mit ihm. Früh am Morgen, im ersten Licht der aufgehenden Sonne, findet vor versammelter Mannschaft die Hinrichtung statt. Billy steigt am Großmast hinan, ruft plötzlich: „God bless Captain Vere!" (Gott segne Kapitän Vere!), und die Mannschaft, wie elektrisiert, gibt mit einer einzigen Stimme widerhallend das Echo. Und schon fällt Billy in den Strick und ist ohne jede nachzuckende Bewegung tot.

Ein seltsames Murmeln kommt in der Mannschaft auf; es verrät, daß die Leute ihr spontanes Echo von Billys letzten Worten zu widerrufen bereit sind. Da tönt ein militärisches

Kommando. Der Unteroffizier pfeift, die Mannschaft funktioniert befehlsgewohnt.

Auf der Rückfahrt zur Flotte kommt es zu einem Seegefecht mit dem französischen Schiff „Atheist". Kapitän Vere wird verwundet und an Land gebracht. Er stirbt nach wenigen Tagen. Kurz vor seinem Tod flüstert er noch die dem Krankenwärter ganz unverständlichen Worte: „Billy Budd, Billy Budd." –

Die Rahe, an der Billy Budd erhängt worden ist, wird von den Matrosen noch einige Jahre aufbewahrt. Eine Zeitlang laufen unter den Schiffsmannschaften auch noch einige Strophen um, die ein Vortoppmann unter dem Titel „Billy in Ketten" gedichtet hat.

### *Nachträge aus dem Erzählgeschehen und erweitertes Verstehen*

#### *Die verschüttete Suppe, und: zu Claggart*

Nachdem Billy von dem Dänen gewarnt worden ist, Claggart habe es auf ihn abgesehen, wird er in einem beiläufigen Vorgang mit Claggart so konfrontiert, daß er in all seiner Unschuld die Warnung des Dänen widerlegt sieht. Dem Leser dagegen wird im Gefolge dieses Vorgangs die hinterhältige, gegen Billy gerichtete Bosheit des Waffenmeisters sichtbar.

Billy sitzt mit einigen Kameraden auf Deck beim Essen. Das Schiff schlingert in guter Fahrt vor dem Winde. Billy verschüttet versehentlich Suppe auf das frisch geschrubbte Deck. Claggart kommt vorbei, will ohne Kommentar weitergehen. Da sieht er, wer die Suppe verschüttet hat. Seine Miene ändert sich, und er wendet sich an Billy mit leise tönender Stimme: „Handsomely done, my lad! And handsome is as handsome did it, too!" – in der benutzten Übertragung: „Hübsche Bescherung, mein Junge! ‘Hübsche Geschicht‘, hübsches Gesicht!'", oder auch etwas wörtlicher: „Elegant gemacht, mein Junge! Und so schön, wie schön er's gemacht hat, ist er auch!" Billy sieht in Claggarts an der

Oberfläche freundlichem Getue die Warnung des Dänen
widerlegt; er erfaßt gar nicht den Doppelsinn und die Gri-
masse, die Claggart dazu macht, der sich mit entstelltem,
verräterischem Ausdruck entfernt.

An diesen kurzen Vorgang knüpft der Erzähler ausgiebige
Betrachtungen über die Psyche Claggarts als einer Person,
die offensichtlich das Böse um des Bösen willen liebt. So ist
es denn auch zu erklären, daß er Billy haßt und mit dem
Ziel der Vernichtung verfolgt. Billy verkörpert das reinste
Gegenstück zu ihm. Dabei ist Billy nicht etwa darauf angelegt, große Leistungen zum Heile der Menschheit zu voll-
bringen. Aber es ist deutlich genug, daß er in seinem Kreise
Gutes stiftet, und dies in all seiner natürlichen und wehrlo-
sen Unschuld, die ihm zunächst jeden Menschen als Mitmenschen wert sein läßt. Das zeigte sich schon auf dem
Frachtschiff, wo er der „Friedensengel" unter der Besatzung
war; und es zeigt sich auch auf dem Kriegsschiff, wo er in
seiner Art allgemein beliebt ist und seine Matrosenpflichten
mit selbstverständlicher Hingabe, ja Freude erfüllt.

So gesehen ist Billys Wesen ein ständiger Widerspruch
gegen Claggarts Persönlichkeit, allein schon durch diese stille, frohe und jeder Hinterhältigkeit restlos abgewandte Natur. Der Boshafte erträgt einen solchen Widerspruch auf
Dauer nicht neben sich. Billy müßte sich in irgendeinem
Punkt mit Claggart gemein machen, wollte er dessen Bosheit entgehen. Aber Billy kann auf einen solchen Gedanken
schon gar nicht kommen, und so ist er der Hinterhältigkeit
des Claggart schutzlos ausgeliefert. Das hat der erfahrene
Dane, der „Narbige" sogleich erkannt.

Melville nennt selbst die Triebfeder zu Claggarts Verhalten: den Neid, – den Neid auf Billys gutes Aussehen und
vor allem auf die so andere Lebensform, die dem naturhaft
Glücklichen geschenkt ist. Claggart hat sie in ihrer ganzen
Bedeutung begriffen, und so stellt sie ihn vor sich selbst
bloß. Der Neider aber kann nicht Ruhe geben, bis er den be-
neideten Zustand selbst erreicht oder aus der Welt geschafft

hat. Da Claggart seine Persönlichkeit nicht ändern kann, setzt er seine ganze Infamie ein, Billy zu Fall zu bringen.

### Billys Sprachsperre, und: zum Verständnis seiner Tat

In der Kapitänskajüte muß Billy, der sich – ungeachtet seines „Gepreßtseins" – auf dem Kriegsschiff völlig loyal verhält, schlimmste unwahre Anschuldigungen anhören. Er erstarrt geradezu unter dem hypnotischen Blick („mesmerically looking him in the eye") Claggarts, soll reden und bringt nur ein hilfloses Gurgeln zustande, wird von Kapitän Vere mit beruhigendem Wort bedacht, gerät in völliger Unfähigkeit, sich zu artikulieren, nun in Panik und schlägt zu.

Man kann in einer literaturwissenschaftlichen Arbeit zu BILLY BUDD lesen, Billy habe nicht die Absicht gehabt, Claggart zu töten; er sei „deshalb nur formaljuristisch schuldig zu sprechen". Aber was soll hier mit „formaljuristisch" gemeint sein? Einen vernünftigen Begriff gibt es zu diesem Wort sowenig, wie es ihn zu „materialjuristisch" gäbe. Allenfalls geht es um gute oder schlechte, um gekonnte oder ungekonnte Rechtsanwendung. Für Billys Tat würde heute nach allem, was der Text erzählt, die volle Schuldlosigkeit angenommen werden. Sie beruht auf einem hochgradigen unverschuldeten Affekt, der den auf eine solche Situation völlig unvorbereiteten Billy unfähig gemacht hat, sein Handeln auf Recht und Unrecht hin zu steuern, so daß es zu dieser kurzgeschlossenen Reaktion gekommen ist.

Doch es ist hier nicht nach einer aktuellen Rechtsanwendung zu fragen. Vielmehr ist auch in der rechtlichen Bewertung der Tat schlicht von der Dichtung selbst auszugehen, und sie zeigt, daß die maßgeblichen Personen auf dem Schiff Billy für völlig schuldlos halten. Kapitän Vere sagt nur „Unglücksjunge" und spricht dem Arzt gegenüber vom „Engel Gottes". Vor den Mitgliedern des Standgerichts fragt er, ob „wir einen Mitmenschen, der, wie wir wissen, unschuldig ist vor Gott, einfach zu einem schändlichen Tode verurteilen" können. Wer aber so spricht, macht sich die behauptete Sicht Gottes als menschlich erfahrbare zu eigen und meint demnach: Wenn hier unter Menschen anders gesprochen wird, dann wird der Unschuldige aus bestimmten Zwecken lediglich für schuldig erklärt und als schuldig behandelt. Der Erzähler selbst sagt, „formell geurteilt" tauschten Unschuld und Schuld, verkörpert in Budd und Claggart, ihre Plätze. Und über den Pfarrer, der später ungerufen Billy aufsucht, wird gesagt, daß dieser „würdige Mann" „um Billys völlige Unschuld wußte".

So ist zu fragen, wie es trotzdem zu dem Todesurteil kommen konnte.

## Das standgerichtliche Verfahren, und: zu Kapitän Vere

Vere tritt in zwiespältiger Funktion auf: Einerseits gehört er nicht zum Standgericht. Er dient ihm sogar als der einzige in Betracht kommende Zeuge und ist insoweit nicht in die Entscheidung selbst mit berufen. Andererseits agiert er, als wäre er denn doch der Vorsitzende dieses Gerichts, sagt den drei Mitgliedern des Gerichts, welchen Weg er, durch Pflicht und Gesetz bewogen, zu gehen entschlossen sei – gerade so, als komme es nur auf ihn allein an und hätten die drei Männer lediglich eine beratende Funktion. Die Kabinettsjustiz zu Zeiten des Absolutismus muß sich in dieser Weise abgespielt haben.

Sei es nun so oder anders – der Leser gewinnt den Eindruck: Das Todesurteil über Billy war keineswegs unausweichlich. Die drei Männer zaudern angesichts des Weges, den Vere zu gehen entschlossen ist. Sie fragen nach der Möglichkeit einer milderen Bestrafung, halten wohl auch für denkbar, daß man die Sache nach Rückkehr des Schiffes zur Flotte an das Kriegsgericht gibt. Aber Vere tritt vor ihnen nicht nur wie der Vorsitzende, sondern zugleich wie der Ankläger auf. Angesichts des von ihm geteilten Mitleids der Männer, die sehen, daß Billy Claggarts Tod nicht gewollt hat und daß nicht einmal von einem Anflug von Meuterei die Rede sein kann, argumentiert er mit einer seltsamen Entgegensetzung von Pflicht und Gewissen: Sie hätten die Pflicht, ihr eigenes Gewissen dem Gewissen der Nation unterzuordnen. Es bleibe nach dem Meutereigesetz nur Verurteilung (gemeint: zum Tode) oder Freispruch. Und wie würde sich ein Freispruch auf die Disziplin auswirken? Für die Mannschaft sei die Tat des Vortoppmanns, wie auch immer benannt, immer nur glatter Totschlag, begangen in einem Akt flagranter Meuterei.

So wird Billy schließlich für schuldig erklärt und verurteilt. Aber offensichtlich bedurfte es der ganzen Autorität des Kapitäns, daß die drei Männer ihre Bedenken zurückstellten. So fragt sich der Leser, ob in Kapitän Vere nicht vielleicht noch andere Momente mitschwingen als die, die er in seinem Appell zur Verurteilung geltend macht. Es läßt sich nicht übersehen, daß manches für eine spezifische homoerotische Neigung des Kapitäns und hier eine spezielle Zuneigung zu Billy spricht. Der hübsche Matrose hat schon von Anfang an die Aufmerksamkeit Veres auf sich gezogen. Der Kapitän, der sonst seinen Offizieren gegenüber so zurückhaltend ist, hat dem Leutnant gratuliert, der Billy von dem Frachter gebracht hat: daß er auf ein solch ausgezeichnetes Exemplar der Gattung Mensch gestoßen sei, das – wie der englische Text sagt: – nackt Modell gestanden haben könnte für eine Statue des jungen Adam vor dem Sündenfall. Ferner hat Vere bereits daran gedacht, dem Ersten Offizier die Versetzung Billys zum Besammast vorzuschlagen, und das bedeutete: an einen Ort, wo er ihn öfters vor Augen haben konnte. Und dies hat sich („not very long ago") erst in jüngster Zeit abgespielt.

Sieht man dies alles, so spricht manches für eine besondere Nähe Veres zu Billy. Sie könnte dann eine eigentümliche Befangenheit bei dem Junggesellen Vere ausgelöst haben, ist er doch neben Claggart nach der ausdrücklichen Bemerkung des Erzählers der einzige an Bord, der die Erscheinung Billys in ihrer ganzen Bedeutung begriffen hat. So mag er gar befürchten, daß er nur unter dem Eindruck dieser besonderen Nähe einer nicht zu rechtfertigenden Verschonung Billys zustimme.

Nur unter diesen Prämissen wird verständlich, daß Vere in seinem Drängen auf die Todesstrafe nicht allein rationale, sondern auch sehr emotional bedingte Argumente bringt: so wenn er verlangt, das Herz als den weiblichen Teil im Manne zurückzuweisen, und dies mit dem Beispiel begründet, daß eine gefühlvolle Verwandte eines Angeklagten den Richter eines Gerichts beim Verlassen des Sitzungssaals mit tränenreichen Bitten rühren wolle (– das Für und Wider im eigenen Kopf ist wahrlich etwas anderes als ein solches von außen kommendes Einwirken auf einen Menschen). Ferner wenn er darauf abstellt, daß das private Gewissen dem Gewissen der Nation unterzuordnen sei oder daß der Feind die gepreßten Matrosen genauso niedermetzle wie die freiwilligen.

So finden sich in Veres Verhalten gegenüber den Männern des Standgerichts Kunstgriffe des Überredens und nicht nur stichhaltige Argumente. Und diese Männer lehnen dann zwar mit dem Herzen (dem Rechtsgefühl) die Bestrafung Billys ab, erliegen aber der Überredung durch Vere. Sie glauben, alle Argumente verstehen zu sollen, weil sie ihnen im Augenblick rational nichts entgegenzusetzen vermögen. Sie befürchten ja in keiner Weise eine Meuterei an Bord. Auch der Kapitän glaubt dem von Claggart Vorgetragenen kein Wort. Und die spätere Hinrichtung wirkt geradezu gegenteilig. Nun erst kommt Unruhe auf, und zwar über die nicht deutlich begründete Verurteilung Billys. Denn wie es zur Tötung Claggarts gekommen ist, bleibt der Mannschaft gegenüber offen; und alle sind sich wohl einig, daß Billy eine schlimme Tat nicht zuzutrauen sei.

Gleichwohl: Der Mannschaft gegenüber wird der Vorgang, der zu Claggarts Tod geführt hat, als ein besonders schweres Verbrechen vorausgesetzt, dem nunmehr unausweichlich die Todesstrafe folgt. Das liegt in der Linie aller standgerichtlichen Verfahren: Sie sollen wie alles staatliche

Strafen generalpräventiv wirken. Sie sollen auf einem
Kriegsschiff innerhalb dieses Mikrokosmos die Disziplin
der Mannschaft „vor dem Feind", d.h. im kriegerischen Einsatz sichern. Diesem Ziel dienen die Schnelligkeit und die
Kürze des Verfahrens und, wenn nicht freigesprochen wird,
die exemplarische Schwere der dann allein in Betracht kommenden Todesstrafe.

Das standgerichtliche Verfahren gegen Billy Budd weist
freilich noch besondere, subtile Momente auf, die in den
Zusammenhang des Verstehens hineinspielen. Der Leser
braucht dabei gar nicht zu letzter Klarheit zu kommen.
Aber er sollte diese Momente mitbedenken; er wird dazu
nicht zuletzt durch die Bemerkung des Erzählers aufgefordert, daß das Leben an Deck „secret mines and dubious
side" aufweise, geheime Gänge und eine bedenkliche Seite.

*Die Vollstreckung des Todesurteils, und: zu Billy*

Wieder ein einzigartiges Bild: Billy, in Sweater und Drillich-
hose weiß gekleidet, liegt auf dem oberen Kanonendeck
zwischen den schwarz gestrichenen Kanonen und Gestel-
len und schläft in Ketten seiner Hinrichtung entgegen. Offenbar ist er ganz im Einklang mit der Welt, der er nur
noch für kurze Zeit angehört. Man kann nicht sagen: mit
Gott und der Welt, denn er läßt keine transzendenten Gefühle erkennen. So zieht sich auch der Geistliche beim ersten Versuch, dem so friedlich Daliegenden beizustehen,
wieder zurück: Er kann keinen tieferen Frieden spenden als
den, dessen Zeuge er ist. Und als er am frühen Morgen den
inzwischen wach gewordenen Billy erneut aufsucht, sieht
er ihn ganz ohne Todesangst. Er erlebt, daß Billy seinen
Worten von Heiland und Erlösung nur aus natürlicher Höflichkeit zuhört.

Als Billy dann am Großmast hinaufsteigt, bricht die Sonne
durch und übergießt ihn mit dem vollen Licht der Morgen-
röte. Den Hals in der Schlinge steht er aufrecht, ruft im letzten Augenblick ohne jede Hemmung „Gott segne Kapitän

Vere!" und fällt in den Strick, ohne daß sich die hängende Gestalt noch im geringsten bewegt.

Was uns Melville hier zeigt, ist die einzigartige Verklärung einer Hinrichtung. Und wir Leser erleben sie überrascht, aber ohne uns gegen diese Verklärung auflehnen zu können. Dieser Tod ist der Verklärung würdig. Dazu tragen Momente einer Analogie zum Kreuzestod des Jesus von Nazareth bei. Inwieweit auch bei Billy von einer Opferbereitschaft zu reden ist, wird sich noch zeigen.

Man weiß, daß der Körper eines soeben Gehängten regelmäßig im Muskelspasmus zuckt, und man hat offenbar schon festgestellt, daß bei jungen Männern die Erhängung sogar noch zur Ejakulation führt. Zur Verwunderung aller, so sagt der Erzähler, zeigte nun aber die hängende Gestalt Billys keinerlei Bewegung mehr. Diese knappe Feststellung wird zusätzlich dadurch besonders betont, daß Tage später der Zahlmeister beim Essen den Arzt wegen dieses Phänomens nachdrücklich befragt. Die Antwort bleibt letztlich offen. Aber der Leser kann gar nicht anders als annehmen, daß der Tod bei Billy schon vor der mechanischen Einwirkung des Strickes eingetreten ist. Offensichtlich hat Billy sein Leben im Einklang mit sich selbst, mit Kapitän Vere und mit der Welt, so aufgegeben, daß der Tod des Strickes nicht mehr bedurfte.

### Die Erzählung BILLY BUDD unter dem Aspekt von Verbrechen und Strafe

Fragen wir nach Verbrechen und Strafe, so fragen wir im Bereiche unserer Rechtskultur nach Schuld und Strafe. Denn das Verbrechen setzt nicht nur das Unrecht der Tat, sondern auch die Schuld des Täters voraus, wenn es um die Strafe als Rechtsfolge geht.

Nun hat sich gezeigt, daß in Billys Untat keine Schuld ist. Dies wird von den im Erzählgeschehen für die Beurteilung von Billys Tat wesentlichen Personen ebenso gesehen. Soll-

ten wir dann besser von „Unschuld" und Strafe sprechen?
Gewiß nicht, denn diese beiden passen auch bei Billy nicht
zusammen. Zwar wird der Schiffsmannschaft gegenüber im
standgerichtlichen Urteil und in der Hinrichtung der Zu-
sammenhang von Verbrechen und Strafe durchaus behaup-
tet. Aber wir Leser der Erzählung wissen mehr als die
Mannschaft des Schiffes. So müssen wir hier nicht nur den
Begriff der Schuld, sondern auch den der Strafe verneinen.
In Betracht kommt vielmehr, daß wir von Unschuld und
Opfer sprechen.

Inwiefern „Opfer"? Was unterscheidet Billys Schicksal
von dem bestrafter Meuterer und anderer Verbrecher?
Muß nicht jeder Bestrafte bei der Freiheitsstrafe für einige
Zeit seine Fortbewegungsfreiheit „opfern", und muß er
nicht bei der Geldstrafe einen gewissen Geldbetrag und damit ein Stück materieller Gestaltungsfreiheit „opfern"? Daß
wir das Phänomen der staatlichen Strafe so sehen müssen,
ist schon an anderer Stelle dargetan, in diesem Buch besonders etwa in den Kapiteln über Schillers VERBRECHER AUS
VERLORENER EHRE und über Shakespeares HAMLET, – auch,
daß dieses dem Bestraften abverlangte Opfer, das in der
Übelszufügung der Strafe liegt, der allgemeinen (nicht notwendig lückenlosen) Abschreckung dient, weil nur so –
nach aller Erfahrung der Jahrhunderte – ein einigermaßen
gedeihliches Zusammenleben der staatlich geordneten Gesellschaft zu erreichen ist.

Das „Opfer" hat bei Billy Budd aber einen anderen Charakter. Es liegt außerhalb des Begriffs der Strafe. Gewiß hat
das Standgericht die Todesstrafe verhängt. Aber wenn man
damit die Freiheitsstrafe vergleicht, dann zeigt sich ein großer Unterschied in der Art des zugefügten Übels. Bei der
Freiheitsstrafe ist das Übel das Eingesperrtsein, bei der Todesstrafe aber nicht etwa das Totsein, denn der Tote erlebt
kein Übel mehr. Als Übel kommt ernstlich nur die zugefügte Todesangst in Betracht. Es ist die Qual des Bewußtseins
der genau bevorstehenden Hinrichtung, bei entsprechender

Lebensplanung auch das Übel im Bewußtsein, auf ein weiteres Wirken in dieser Welt verzichten zu müssen. Doch sei dem wie ihm wolle: Da kaum jemand gerne tot sein, jedenfalls niemand hingerichtet werden möchte, wirkt die Androhung der Todesstrafe doch wie die Androhung des Übels des Totseins.

Nun hat Billy offensichtlich keinerlei Todesangst gehabt (und er wird sich auch von einem Entwurf seines weiteren Lebens nicht besonders haben trennen müssen). Er mußte also in seinem subjektiven Erleben insoweit kein Übel erdulden. Und was den Akt der Hinrichtung betrifft, so hat er ihn offenbar gar nicht hinnehmen müssen, da er schon zuvor mit seinem Leben abgeschlossen hatte. Sehen wir dies, so zeigt sich, daß Billy nicht das Leben genommen wird, sondern daß er selbst es darbringt und in diesem Sinne opfert. Und das hinzukommend Einzigartige bei Billy Budd ist, daß dieses Opfer im Einklang, ja in Gemeinsamkeit mit dem Menschen gebracht wird, der die eigentliche Verantwortung für das Todesurteil trägt und sich Billy gegenüber wohl auch dazu bekannt hat, mit Kapitän Vere. –

Was den Gesamtsinn der Erzählung anlangt, so gibt es in der Literaturtheorie die verschiedensten Meinungen in einer Vielzahl von Publikationen gerade zu BILLY BUDD als Melvilles letztem Werk. Man spricht von einer Tragödie, in der drei Menschen einander schicksalhaft unausweichlich begegnen, – von einer historisch-sozialen Allegorie, – von einem Mysterienspiel, – von einem inner-psychischen Drama, – und man spricht heute vor allem von dieser Dichtung als einem literarischen Testament Melvilles: entweder im Sinne eines Testaments der acceptance, der Forderung nach der Hinnahme des dem Menschen bestimmten Geschicks, oder im Sinne einer resistance, einer gebotenen Auflehnung gegen das Geschick. Auch wird das Geschehen mit dem der christlichen Heilsgeschichte verglichen: mit dem von Gott-Vater zugelassenen Opfertod Christi und all den Momenten seiner Verklärung. – Neuerdings wird Melvilles

BILLY BUDD auch unter dem Gesichtspunkt des Zwanghaften und der Willensfreiheit erörtert (veranlaßt besonders durch das Phänomen des Stotterns bei Billy): Das Schicksal des Billy Budd als der Durchgang eines außerordentlichen Menschen aus der paradiesischen Unschuld durch die Zumutung der sündhaften Welt hin zur sühnenden Erlösung. Mancher Hinweis aus Mythologie und Philosophie wird hierzu herangezogen.

Wir dürfen für unser Thema von diesen Interpretationen absehen. Manche dieser Deutungen haben ihr Richtiges. Für uns ragt die Art hervor, wie Melville die nur scheinbar verbrecherische Tat mit einer nur noch scheinbar als Strafe vollstreckten Hinrichtung verbindet, und wie er es uns überläßt, in dem Geschehen die einzigartige Verbindung zweier je auf ihre Weise herausragenden Menschen zu erkennen. Es bleibt dieses einmalige Erlebnis in der abendländischen Literatur: einer Opfergemeinschaft zweier Menschen im Anschein von Strafendem und Bestraftem, – einer Gemeinschaft zwischen dem, der das Opfer eines jungen Lebens in Liebe fordert, und dem, der es in absolutem Vertrauen gewährt.

So ist es in einem tieferen Sinne richtig, wenn wir sagen, in BILLY BUDD gehe es nicht um Verbrechen und Strafe und also um Schuld und Strafe, sondern um Unschuld und Opfer.

# Das Todesurteil und der Sturz vom Ich ins Wir

## Albert Camus
### DER FREMDE

### Der Dichterphilosoph

1942 erschien in Paris der Kurzroman „L'ETRANGER" („DER FREMDE") des zu dieser Zeit 29jährigen, später berühmt gewordenen Albert Camus. Der Autor war in der damaligen französischen Provinz Algerien aufgewachsen und lebte nach Studium und erstem Berufsleben als Journalist die meiste Zeit in Frankreich. 1960 kam er, 46 Jahre alt, durch einen Autounfall als Fahrgast zu Tode.

Camus hat einige Romane, Erzählungen und Dramen und in größerer Zahl philosophische und politische Schriften und Essays veröffentlicht. Er wird nicht von ungefähr gelegentlich als „Dichterphilosoph" bezeichnet, da seine Romane wiederholt philosophische Gedanken ins Bild umsetzen. So schrieb er denn schon sechs Jahre vor Erscheinen des Romans DER FREMDE in sein Tagebuch: „Man denkt nur in Bildern. Wenn du Philosoph sein willst, schreib Romane." Und schon nach einem ersten Kennenlernen seiner Werke wird man sie dort, wo sie als Dichtung gelten können, durchaus als Programm-Dichtung bezeichnen.

### DER FREMDE im Überblick

*Der Roman* spielt in und bei Algier, wohl in den dreißiger Jahren unseres Jahrhunderts. Hauptfigur ist der französische Büroangestellte Meursault.

Der Roman hat zwei deutlich getrennte Teile:

*Der erste Teil* spielt an einigen Tagen im Zeitraum von
zweieinhalb Wochen: Meursault hat die Nachricht erhalten, daß seine verwitwete Mutter im Altersheim verstorben
ist; er fährt zur Beerdigung dorthin, an einen Ort in der weiteren Umgebung Algiers. Wir erfahren von einigen seiner
Erlebnisse an den folgenden Werktagen und Sonntagen.
Am Ende dieses ersten Teils trifft der allein am Strand ge-
hende Meursault unerwartet auf einen bei einer Quelle lie-
genden Araber; es ist der Mann, mit dem ein Bekannter
Meursaults in seiner Gegenwart zwei Stunden zuvor ebenda eine schläger- und messerstecherische Auseinandersetzung hatte. Meursault erschießt ihn.

*Der zweite Teil* umfaßt einen Zeitraum von rund elf Monaten. Meursault befindet sich in Untersuchungshaft. Das
Strafverfahren ist in Gang. Wir erfahren einiges über die
Voruntersuchung, über den Verteidiger und den Untersuchungsrichter, sodann über die Hauptverhandlung vor dem
Schwurgericht. Am Ende dieses zweiten Teils erwartet der
zum Tode verurteilte Meursault in seiner Zelle die Hinrichtung. –

Es ist allein der Romanheld *Meursault selbst,* der hier *erzählt.*
Wir erfahren nur das, was er erlebt, und zwar ohne daß er
dies kommentiert oder wertet. Er berichtet ganz teilnahms-
los – als ginge es gar nicht um ihn, geradezu als stünde er
neben sich. Der Text liest sich wie die Wiedergabe eines
Selbstgesprächs, in dem Meursault Vergangenes und Gegen-
wärtiges reflektiert. Es umfaßt kürzere oder längere Episo-
den, und jede erscheint für sich wie abgeschlossen.

Nichts liegt näher, als sogleich in Meursault den „Fremden" zu sehen. Aber in welcher Weise ist er dann ein
„Fremder"? Er ist ja dort zu Hause, von wo er berichtet. Er
hat am Ort eine Geliebte, hat Freunde und Bekannte und
seinen Arbeitsplatz. Es ist eben nicht ein Fremdsein „von außen", das ihn absondert: daß man an diesem Ort fremd ist,
weil man von anderswoher kommt, gar in einer anderen
Kultur aufgewachsen ist, die Sprache nicht ohne weiteres

versteht usw. Es ist offenbar ein Fremdsein „von innen heraus", das auf einer seelisch-geistigen Haltung besonderer Art beruht. Meursault nimmt am Leben der Gesellschaft, in der er sich befindet, mit einer kaum glaublichen Interesselosigkeit nur jenen geringsten seelischen Anteil, der sich gewissermaßen zwangsläufig allein daraus ergibt, daß ihn diese Gesellschaft von Kind an umgibt. Aber er versagt sich vielen Spielregeln des täglichen Umgangs, die in seiner sozialen Umwelt ganz ohne Probleme beachtet werden. Er redet gleichgültig daher, wie keiner sonst, und denkt wohl auch so, wie er redet.

Sieht man den Romanhelden Meursault in dieser Weise als „von innen heraus" fremd, so sucht man eine Erklärung für das Phänomen. Doch diese Erklärung vermag uns erst der Roman als Ganzes zu geben.

## Gedankliche Wurzeln des Romans

Es ist einigermaßen fragwürdig, ein Werk der Dichtung nicht in erster Linie „immanent", aus sich heraus, zu interpretieren, sondern das Bemühen um Verständnis damit einzuleiten, daß man „gedankliche Wurzeln" behauptet. Aber wenn das vorliegende Kapitel über den FREMDEN aus der Kenntnis des Werkes geschrieben wird, dann muß es zur Erleichterung des Zugangs erlaubt sein, Erfahrungen, die sich erst aus dem Schluß des Werkes ergeben, schon zuvor – sozusagen versuchsweise – einzuführen und ihre Bestätigung abzuwarten.

Zunächst ist eine Erinnerung des Autors anzuführen, die er in seinen 1957 veröffentlichten BETRACHTUNGEN ZUR TODESSTRAFE wiedergibt. Von seiner Mutter erfuhr er einst, daß sein im Ersten Weltkrieg gefallener Vater kurz vor diesem Krieg der öffentlichen Hinrichtung eines Mörders in Algier als Zuschauer beiwohnte. „Was er an diesem Morgen sah, erzählte er keinem Menschen. Meine Mutter berichtet nur, daß er mit verstörtem Gesicht überstürzt nach

Hause kam, sich ohne ein Wort der Erklärung einen Augenblick auf sein Bett legte und sich plötzlich erbrach."

Camus knüpft daran seine eigenen Gedanken über den Vater: „Er hatte eben die Wirklichkeit entdeckt, die sich hinter den hochtrabenden, bemäntelnden Redensarten verbarg. Anstatt an die ⟨von dem Mörder⟩ hingemetzelten Kinder zu denken, hatte er nur noch den an allen Gliedern zitternden Körper vor Augen, den man auf ein Brett geworfen hatte, um ihm den Hals durchzuschneiden." Im Fortgang von Camus' Betrachtungen finden sich Sätze wie die folgenden: „Die Hinrichtung ist nicht einfach gleichbedeutend mit dem Tod." „Sie verbindet den Tod mit einem zusätzlichen Reglement, mit einer unverhohlenen, dem zukünftigen Opfer bekannten Vorsätzlichkeit, kurzum mit einer Organisation, die für sich allein eine Quelle seelischen, den Tod an Schrecken weit übertreffenden Leidens darstellt." Er vergleicht die Untat des Mörders mit dessen Hinrichtung: „Eine Gleichwertigkeit bestünde erst, wenn der mit dem Tode zu bestrafende Verbrecher sein Opfer vorher davon in Kenntnis gesetzt hätte, an welchem Ort er es in einen gräßlichen Tod schicken werde, und es von diesem Augenblick an monatelang gnadenlos eingesperrt hätte."

Camus hat sich also mit schmerzvoller Phantasie intensiv um das Phänomen der Todesstrafe bemüht. So werden wir uns nicht wundern, wenn er sich auch in seinem Kurzroman Der Fremde in differenzierter Einfühlung mit einem zum Tode Verurteilten befaßt.

Als eine weitere „gedankliche Wurzel" soll uns fürs erste gelten, was Camus offenbar selbst in seinem Leben als „absurd" erfahren hat. In erster Linie halten wir uns dabei an seinen 1943 erschienenen Essay Der Mythos von Sisyphos mit dem Untertitel „Ein Versuch über das Absurde". Zwar ist dieses Werk erst ein Jahr nach Der Fremde erschienen, aber die Gedanken, die er darin veröffentlicht, werden nicht ohne geistige Vorarbeit zu Papier gekommen sein. So erscheint die Annahme berechtigt, daß die in dem

Essay zu lesende Bemerkung, „der Thesenroman" sei „das
beweisende Werk", auch dem vorangegangenen Fremden
gilt: „Man beweist darin die Wahrheit, die man zu besitzen
glaubt."

Die im Mythos von Sisyphos veröffentlichten Gedanken
„über das Absurde" sind vielleicht nicht nur insoweit interessant, als sie schon zuvor in den Roman eingegangen sind,
sondern deshalb, weil darin ersichtlich manches Selbsterleb-
te steckt. Doch dies sei hier dahingestellt. Sehen wir zunächst, wie Camus dieses „absurd" überhaupt versteht.

Ganz allgemein ist uns „absurd" zunächst soviel wie: widersinnig, unsinnig, widerspruchsvoll, ungereimt. Das alles
paßt, wenn wir etwa von einer „absurden" Behauptung sprechen. Aber für das „absurde Leben", von dem Camus seinen
Helden sprechen läßt, sind wir auf eine umfassendere Vorstellung angewiesen. Im Mythos von Sisyphos können wir
sie finden. Dort meint Camus, der Mensch stehe vor dem
Irrationalen, fühle in sich sein Verlangen nach Glück und
Vernunft. Das Absurde entstehe „aus dieser Gegenüberstel-
lung des Menschen, der fragt, und der Welt, die vernunft-
widrig schweigt". An anderer Stelle sagt er, in einem Univer-
sum, das plötzlich der Illusionen und des Lichts beraubt sei,
fühle der Mensch sich fremd. Dieser Zwiespalt zwischen
dem Menschen und seinem Leben sei eigentlich das Gefühl
der Absurdität (le sentiment de l'absurdité).

Schon diese ersten Fundstellen zeigen, daß das „Absurde"
bei Camus als Begriff variiert. Dies wird noch deutlicher,
wenn man weitere Belege hinzufügt. So ist die Rede vom
„Glauben an die Absurdität des Daseins" oder von der Absurdität, die, erst einmal erkannt, zur Leidenschaft werde,
oder davon, daß das Absurde ebensosehr vom Menschen ab-
hänge wie von der Welt. Schließlich lesen wir noch, „der"
absurde Mensch sei das Gegenteil von einem versöhnten
Menschen.

Es bedarf keiner weiteren Zitate, Wendungen wie „der
Glaube an die Absurdität des Daseins" und „der absurde

Mensch" zeigen, daß dieses „absurd" bei Camus sowohl das
Objekt eines Erlebens wie den Erlebenden selbst kennzeich-
nen kann. Als „absurder Mensch" wird von Camus schließlich nicht etwa der bezeichnet, der in den Augen der anderen als absurd erscheint, sondern der das Leben existentiell
als absurd erfährt. Dies aber muß nicht für alle, nicht für viele gelten; vielleicht gilt es nur für einen. Mag er diese Absurdität dann auch so erleben, als ob alle sie in dieser Weise er-
lebten oder erleben müßten, – es ist doch nur sein subjekti-
ves Erleben, seine Erfahrung, seine Erkenntnis. Daß dieses
spezifische Absurditätserleben seinen Grund haben muß, ist
sicher. Welcher dies sein kann oder gar bei Meursault als fik-
tiver Person (d.h. in der Sicht des Autors) ist, werden wir
noch sehen. Dabei dürfen wir freilich Camus nicht dahin
festlegen, als sei in Der Fremde sein ganzer Horizont des
„Absurden" eingefangen.

Vielmehr müssen wir das Absurde in diesem Roman so
nehmen, wie es sich hier darstellt.

Mit diesen Einblicken in seinen Mythos von Sisyphos ist
Camus' Gedankenwelt zum „Absurden" soweit angedeutet,
daß wir darauf vorbereitet sind, seinen Helden Meursault
von seinem „absurden Leben" sprechen zu hören.

### „Das absurde Leben"

Meursault spricht kurz vor seinem Lebensende in der Auseinandersetzung mit dem Geistlichen von „diesem ganzen
absurden Leben", das er geführt habe. („Pendant toute cette
vie absurde, que j'avais menée.") Diesem Wort ist nachzuge-
hen: Welcher Mensch ist das, der solch ein Leben führt?
Was hat er erlebt, was ist ihm widerfahren?

### Der absurde Mensch

Inwiefern Meursaults Leben „absurd" war, können wir nur
erkennen, wenn wir sein von außen sichtbares, von ihm
selbst geschildertes Verhalten mit dem inneren, seelisch-gei-

stigen Ursprung dieses Verhaltens verbinden. Das wiederum
setzt voraus, daß wir auf das im Roman geschilderte spätere
Geschehen interpretierend vorgreifen. Dann ist – fürs erste
– davon auszugehen, daß Meursault unter der jede Stunde
bestimmenden existentiellen Erfahrung der Unsicherheit
des Lebensendes litt. Mag diese Erfahrung noch so sehr indi-
viduell-subjektiv sein, so können wir uns doch in sie versetzen. Es ist dann freilich nicht dieses allgemeine Wissen, das
jeder einigermaßen Verständige hat und das uns als Text öffentlich begegnet: „ultima latet" (meint „ultima hora latet",
d.h. die letzte Stunde ist verborgen, wie dies Ulrich von
Hutten in C.F.Meyers Dichtung für eine Sonnenuhr vor-
schlägt), oder: „eine von diesen" (wie es unter dem Ziffer-
blatt am Krematorium in Hamburg-Ohlsdorf steht), oder:
„Ihr wisset weder Tag noch Stunde" (Sonnenuhr an der Kirche Hamburg-Neuenfelde). Solches Hintergrundswissen ist
Allgemeingut.

Beim absurden Menschen dagegen bezeichnet es ein ele-
mentares Lebens-un-gefühl, das jeden Augenblick des Bewußtseins bestimmt. Alles Hoffen, Wünschen und Wollen
wird – als in die Zukunft gerichtete Seite unseres Seins –
für einen Menschen sinnlos, der unter dem Bewußtsein leidet, daß sein Leben im nächsten Augenblick sowohl enden
wie auch mit einem neuen Abschnitt beginnen kann. Es ist,
als ob man jemanden in einem Stadion auf einen Zehntausend-Meter-Lauf schicken wolle und ihm dabei eröffne,
daß eine tückische Falle auf der Strecke eingebaut ist, die
ihn in die Tiefe reißen werde, und daß nicht zu sagen sei,
in welcher Runde dies geschehe. Man wird kaum einen
Sportler finden, der da noch zu laufen beginnt.

Aber uns Menschen hat vor unserem Leben – wenn man
weiterhin mit dem Zehntausend-Meter-Lauf vergleicht –
niemand gefragt, ob wir „laufen" wollen. Uns hat man
längst auf die Bahn geschickt, auch wenn wir zu denen gehören, die schließlich – um nun wieder mit Camus' DER
MYTHOS VON SISYPHOS zu sprechen: – „das Lächerliche die-

ser Gewohnheit" des Lebens erkennen, „das Fehlen jedes tieferen Grundes zum Leben, die Sinnlosigkeit dieser täglichen Betätigung, die Nutzlosigkeit des Leidens". Auch wenn wir solche Sinnlosigkeit empfinden, leben wir eben weiter.

Legen wir die Sicht von Camus zugrunde, dann zeigt sich, daß es ein eigenes Lebens-un-gefühl des Autors sein muß, aus dem heraus der Held dieses Romans erstand. Jedenfalls ist Meursault ganz auf die Figur eines absurden Menschen hin geschaffen. In Gleichgültigkeit bringt er seine Tage herum. Ohne seelische Regungen lebt er von Stunde zu Stunde und registriert lediglich, was um ihn herum und mit ihm geschieht. Nach dem Tod seiner Mutter erbringt er kaum jenes Minimum der Trauerbezeigung, ohne das die Beerdigung eines Angehörigen fast schon aus öffentlichen Gründen kaum stattfinden kann. Das gleichgültige, gelegentlich geradezu instinkthaft primitiv scheinende Entgegennehmen alles dessen, was ihm begegnet, folgt offensichtlich aus seinem Absurditätserleben. Gleichgültigkeit gegenüber allem: seien es nun die beruflichen Aufgaben des Tages im Büro oder die Erwartungen, die seine Bekannten an ihn herantragen, seien es die Annehmlichkeiten der Stunde: Marias Körper, das Essen bei Raymond, das Baden im Meere. Er drängt auf nichts, entzieht sich nicht, entwirft nichts in die Zukunft. Er hat keine eigentliche Mitwelt, nur sich und die andern als eine Art von Umwelt. Dem entspricht u.a. die Weise, wie er das Treiben auf der Straße oder eine automatengleich sich bewegende Frau in einem Speiselokal registriert. Unglaublich gleichgültig ist auch seine Reaktion auf Marias Frage nach Liebe und Heirat und ebenso auf Raymonds Freundschaftserklärungen, ebenso gleichgültig die Art, in der er sich für ein gemeines Manöver Raymonds gegen dessen frühere arabische Freundin einspannen läßt.

Sehen wir in all diesen Momenten seines Absurditätserlebens im Blick auf das Zusammensein unter Menschen etwas Negatives, so findet sich doch auch eine andere Seite, die wir – für sich betrachtet – eher positiv bewerten. Es ist dies Meursaults Wahrhaftigkeit: daß er keine Gefühlsäußerungen vorspiegelt, daß er auch dort, wo es ihm nachteilig wird – so später im Strafverfahren – voll bei der Wahrheit bleibt und nirgends etwas beschönigt. Nur da, wo es um das Hinnehmen der Bitte eines anderen geht, ist er unbedenklich zur Unwahrheit bereit – so auf Raymonds Bitte um ein Zeugnis in der Sache mit dem Araber-Mädchen. Jedenfalls weiß man im Umgang mit Meursault, woran man mit ihm ist.

In alledem ist – der dichterischen Qualität nach – Meursault eine Kunstfigur eigener Art. Er verhält sich so, wie Camus es braucht, um den Zustand des Fremd-Seins anschaulich werden zu lassen. Kein Mensch wird so reagieren, wie Meursault etwa auf die Fragen der Maria reagiert: „Ich antwortete ihr, das wäre mir einerlei, aber wir könnten heiraten, wenn sie es wolle," ... „daß das nicht so wichtig sei, daß ich sie aber zweifellos nicht liebe", ich erklärte ihr, das sei ganz unwichtig; wenn sie wolle, könnten wir heiraten. Sie meinte, die Ehe sei etwas Ernstes; ich antwortete: „Nein".

So redet nur ein Mensch, der dem Kopfe eines Romane schreibenden Philosophen entsprungen ist. Ein geborener Dichter hätte uns auf die gleichgültige Haltung seines Helden nicht in dessen eigenen Worten ausdrücklich hingewiesen, sondern hätte sie uns hinter den Worten sichtbar gemacht. Doch wie auch immer: Camus stellt uns hier einen Menschen vor, dessen Verhalten durchgängig von einer besonderen Teilnahmslosigkeit geprägt ist, – in Camus' Redeweise: einen „absurden Menschen".

## Das absurde Verbrechen

Wird das „absurde Leben" von einem absurden Menschen geführt, so ist wohl auch das Verbrechen, das Meursault begeht, „absurd". Und es ist tatsächlich so völlig frei von allen

Interessen, wie es überhaupt nur sein kann, und so zufällig,
wie Camus es haben will. Meursault macht den Spazier-
gang am Strand nur, weil er nicht bei den andern im Hause
bleiben will. Er hat den Revolver nur deshalb bei sich, weil
er sich ihn bei der Rangelei mit den Arabern zwei Stunden
zuvor – zur Vermeidung voreiligen Schießens – hat geben
lassen und weil er ihn hernach zurückzugeben versäumt
hat. Er trifft auf den einsamen Araber nur, weil dieser zufällig an der Quelle liegt, die Meursault der Kühle wegen aufsucht. Er schießt auf den Araber nur, weil die Sonne vom
Himmel brennt und in dessen Messer aufblitzt.

Ohne irgendeines der Ziele im Sinne zu haben, die uns
unsere menschliche Bosheit so reichlich zur Verfügung
stellt, tötet er einen Menschen. Er will kein Geld, keine Rache, keine Lust, will überhaupt nichts. So meint er auch hernach, die Sonne sei schuld – was soviel besagt wie: sein ganzes Tun sei von außen bestimmt gewesen. Und daran dürfte
in der fiktiven Wirklichkeit des Romans wahr sein, daß er
an seiner Tat schon bei deren Begehung kaum Anteil
nahm. Auch nachträglich nimmt er keinen Anteil: Er empfindet keine Reue, sondern ausdrücklich nur „eine gewisse
Langeweile".

Gehen wir gleichwohl davon aus, daß Meursault geistig
gesund ist (Camus' Heldenkonstruktion verträgt keinen
Kranken), dann müssen wir auch davon ausgehen, daß
Meursault nicht gleichermaßen etwa auf einen beliebigen
Fischer am Strand geschossen hätte, und dies auch dann
nicht, wenn dieser bei der Arbeit an einem Netz ein Messer benutzt hätte und wenn aus dessen Klinge die Sonne
Meursault ebenso ins Auge geblitzt hätte, wie sie es aus der
Klinge des Arabers tat. Gleichwohl ist das, was hier geschah, innerhalb des absurden Lebens eines absurden Menschen offensichtlich ein ganz motiv- und zweckloses, eben
ein absurdes Verbrechen.

## Meursault im Strafverfahren

Der Roman erzählt nicht, wie es zur Verhaftung Meursaults gekommen ist. Er hätte seine Täterschaft – in der fiktiven Wirklichkeit des Romans – spielend verbergen, den Toten einfach liegen lassen, den Revolver weit hinaus ins Meer werfen können, – und wenn nicht, hätte er vorbringen können, er habe in Notwehr geschossen. Niemand war am Tatort zugegen. Wer sollte ihm nachweisen, daß es anders gewesen? Der Grundatz „in dubio pro reo" (im Zweifel für den Angeklagten) hätte dann auch vor einem französischen Schwurgericht in Algier gegolten, noch dazu in einem gegen einen Franzosen gerichteten Verfahren. So wird es jedenfalls zur Hauptverhandlung nur aufgrund des freimütigen Bekennens Meursaults gekommen sein.

Aber mußte es damit auch schon zum Todesurteil kommen? Vom Tatgeschehen her gesehen: gewiß nicht. Alles spricht dafür, daß zunächst eine milde Beurteilung möglich und auch zu erwarten war. So äußerte Maria beim Besuch in der Untersuchungshaft, er solle weiter hoffen, „du kommst bald raus, und dann heiraten wir", er werde freigesprochen. Der Gastwirt Celeste, als Zeuge befragt, wie er über das Verbrechen denke, sagte, für ihn sei es ein Unglück, dagegen sei man machtlos. Raymond erklärte, Meursault sei unschuldig. Nun sind das gewiß keine kompetenten Äußerungen; aber sie machen doch im Romangeschehen wahrscheinlich, daß ein milder Ausgang nahe lag, wenn die Tat nur wenigstens so betrachtet worden wäre, wie es üblicherweise und nach dem Grundsatz der Unschuldsvermutung und unter den in Algier damals gegebenen Bedingungen zu erwarten war. Unschwer ließ sich hier statt eines Mordes ein bloßer Totschlag annehmen (nämlich die Tötung „ohne Vorbedacht": sans préméditation), und unschwer ließ sich eine Todesstrafe vermeiden zugunsten einer nicht sehr langen Freiheitsstrafe.

Aber der Autor will anderes ins Bild setzen. Es geht ihm nicht um eine in den Akten objektiviert festgehaltene Tat und nicht um einen Paragraphen, der auf diese Tat paßt, sondern in ganz besonderer Weise um das Verhältnis von Straf-Täter und Straf-Verfolgern. Camus benutzt das Verfahren gegen Meursault, um die geistige Haltung des Helden mit der der Verfahrensorgane zu konfrontieren, die hier die Gesellschaft als solche verkörpern.

Nur so läßt sich das Bild des „absurden Lebens" vervollständigen. Im ganzen Verfahren erweist sich Meursault als einer, der die Dinge laufen läßt: sich nicht widersetzt, ungefragt nichts korrigiert, der nichts beschönigt und der schlicht erklärt, sein Fall liege doch sehr einfach. Er hat schon in der Zeit vor dem Verbrechen und dem Strafverfahren für seine Existenz in der Gesellschaft keinerlei ideologischen Deckmantel oder metaphysischen Überbau zu Hilfe genommen. So kann er denn auch nicht verstehen, was sein trauerloses Verhalten nach dem Tod seiner Mutter – bei der Totenwache, dann am Grab und schließlich anderntags mit Maria – mit der Tötung des Arabers zu tun haben soll.

Auch die anderen haben dafür keine benannte Begründung. Aber dies ändert nichts daran, daß sich Meursault an diesem Punkt als der eigentlich „Fremde" erweist. Er ist der isolierte Außenseiter der Gesellschaft, der zwar sein bisheriges Leben unauffällig und kriminalitätsfern geführt haben mag, der aber in seiner außergewöhnlichen Art von Gleichgültigkeit im Prozeß einen eigenartigen Wert des gesellschaftlichen Zusammenlebens verletzt. Es ist dies nicht etwa einer jener Werte, die als Rechtsgüter wie Leib, Leben, Vermögen dem gesellschaftlichen Leben zugrunde liegen, sondern der Wert, der offenbar in der Bekundung des Dazugehörens liegt und der auf das Gebot einer Gesinnungsdemonstration hinauskommt.

Meursaults ungewöhnliches und eben in seiner Autonomie auch souveränes Prozeßverhalten paßt – aus der Sicht der Strafverfolger – ganz zu dem Verhalten, das er nach dem Tod seiner Mutter gezeigt hat. Damals ließ er die gemeinhin erwarteten Äußerungen der Pietät und der Kindesliebe vermissen. Jetzt, wo dieses Verhalten durch die prozessualen Spielregeln in eine weitere Öffentlichkeit gedrungen ist, droht Meursault mit dem Unterlassen jeder Beschönigung das Selbstverständnis der Gesellschaft zu erschüttern. Denn sie ist wenigstens auf den Schein einer Anerkennung dieser Werte angewiesen, und zwar vielleicht deshalb, weil nur so zu erreichen ist, daß ein gewisses Mindestmaß dieser Werte verwirklicht wird und die Menschen einigermaßen miteinander auskommen.

Man vergleiche, was Tolstoj in seiner Erzählung vom „Tod des Iwan Iljitsch" über den Trauerbesuch eines Kollegen des Verstorbenen bei der Witwe berichtet: „Pjotr Iwanowitsch wußte, daß man, genauso wie es im anderen Zimmer notwendig gewesen war, sich bekreuzigen, hier die Hand drücken, ebenfalls seufzen und sagen mußte: 'Seien Sie überzeugt!' Das tat er denn auch. Und fühlte, nachdem er es getan, daß er zum erwünschten Ergebnis gekommen sei: daß er gerührt wäre und daß auch die Witwe sich hatte rühren lassen."

Da Meursault solche Rituale des Glaubens, der Trauer und Rührung nicht mitmacht und sich auch im Strafverfahren zu seiner distanzierten Haltung bekennt, müssen die Menschen, die es nun mit ihm zu tun haben, sich in ihrem unreflektierten Bewußtsein von Transzendenz ständig in Frage gestellt fühlen. Sie erleben Meursaults Verhalten als Vorwurf im Hinblick auf die versteckte Unwahrhaftigkeit ihres Sinn-Erlebens. Indem er sich weigert, die Anerkennung ihrer Werte und die Bekundung von Reue zur Schau zu tragen, wird er zur Gefahr für die Grundlagen ihrer sittlichen Ordnung. Das führt zu den kuriosen Konfrontationen, die uns der Roman erzählt, wo die gleichgültig-sichere Haltung Meursaults auf die aufgeregte Verunsicherung jener Menschen trifft, die als Prozeßorgane tätig sind.

Als Meursault bekennt, nicht an Gott zu glauben, reagiert der Untersuchungsrichter empört: „Wollen Sie, daß mein Leben keinen Sinn hat?" Und der Staatsanwalt befürchtet in

der Hauptverhandlung, daß „die Leere des Herzens, wie sie
bei diesem Menschen anzutreffen ist, ein Abgrund wird, in
den die Gesellschaft stürzen kann". Er meint, ein Mann, der
seine Mutter moralisch tötete (gemeint ist: durch sein pietät-
loses Verhalten nach deren Tod!), stelle sich genauso außerhalb der menschlichen Gesellschaft wie der Vatermörder,
dessen Tat am folgenden Tag vor Gericht kommen sollte.

Deutlicher könnte Camus gar nicht erkennen lassen, worum es ihm an dieser Stelle geht. Er greift gar zu Formulierungen, die fernab jeder wirklich dichterischen Äußerung
die Quintessenz wörtlich ausdrücken: „Wollen Sie, daß
mein Leben keinen Sinn hat?" – solch ein Satz (hier wörtlich aus dem Französischen) grenzt ans Satirische.

Doch sei dem, wie ihm wolle: Meursault wird, da er die
situationsüblichen Gefühlsäußerungen unterläßt, geradezu
als gemeingefährlich angesehen. Die Konvention verlangt
eben besonders dort das Mitmachen jedes einzelnen, wo es
um die Vorspiegelung eines Gefühls geht, dessen Bezei-
gung der Mensch potentiell auch sich selbst gegenüber be-
anspruchen zu können glaubt. Man sorgt sich um den eigenen Tod und möchte sicher sein, hernach betrauert zu werden. Bei fast allen Völkern hat die Totenklage ihre Form in
Formeln und Gebärden gefunden. Und im Römerbrief des
Apostels Paulus (12, 15) heißt es nicht von ungefähr: „Freu-
et euch mit den Fröhlichen und weinet mit den Weinenden!"

Sieht man das allgemein-menschliche Bedürfnis nach solchen Dokumentationen des Dazugehörens, so läßt sich er-
messen, wie sehr die Strafverfolger in Meursault den Außenseiter der Gesellschaft, den „Fremden" sahen, den, der
nicht dazu gehört. Sie haben – so zeigt es der Autor – im
Todesurteil nicht so sehr die Tötung des Arabers bestraft als
vielmehr die Haltung Meursaults als eines Glieds der Gesellschaft verworfen, um nicht selbst in Frage gestellt zu werden. Camus kommentiert an anderer Stelle selbst, Meursault werde verurteilt, weil er nicht mitspiele.

## Die Bedeutung des Todesurteils für Meursault

Mit dem Todesurteil begegnet Meursault etwas Neues, das gerade für ihn eine besondere Qualität hat. Es ist nicht die Angst vor der Hinrichtung, die jeden zum Tode Verurteilten befällt. Vielmehr wird seinem Bewußtsein mit einem Schlag die Unsicherheit über die ihm noch verfügbare Lebensspanne entzogen.

„Herr Meursault, Ihr Gnadengesuch ist abgelehnt. Morgen früh um 6 Uhr ist die Hinrichtung." So etwa muß man sich, auf den wesentlichen Inhalt gekürzt, das Wort des Beamten vorstellen, das er nun erwartet (und die Frage nach den Wünschen zum letzten Mahl, dem Henkersmahl, wird sich noch anschließen).

Meursault spielte für sich zwar weiterhin das Denkspiel der Alternative „Begnadigung ja / Begnadigung nein" und verschaffte sich dadurch noch für einige Zeit eine künstlich erzeugte subjektive Unsicherheit über seine Lebensdauer. Aber im Grunde war es doch die Ablehnung der Begnadigung, von der er ausgehen mußte und ausging. Dabei suchte seine Phantasie geradezu krampfhaft, ob er nicht an der gewohnten Unsicherheit festhalten könne. Es muß jeden Leser beeindrucken, wie Camus die Gedanken Meursaults ausmalt. Auf anderthalb Seiten und noch darüber hinaus werden sie dramatisch geschildert: „In diesem Augenblick interessiert mich nur eins: wie entgehe ich dem Fallbeil, gibt es einen Ausweg aus dem Unabänderlichen?" „Ich weiß nicht, wie oft ich mich gefragt habe, ob es schon zum Tode Verurteilte gegeben hat, die der unversöhnlichen Maschine entkamen, vor der Hinrichtung verschwanden und die Polizeikette durchbrachen." „Es gab doch sicher Spezialwerke, auf die ich niemals neugierig gewesen war. In ihnen hätte ich vielleicht etwas über Ausbrüche aus Gefängnissen gefunden. Vielleicht hätte ich erfahren, daß wenigstens in einem Fall das Rad zum Stehen gebracht worden war, daß bei dieser unwiderstehlichen Überstürzung Zufall und Glück

ein einziges Mal etwas geändert hatten." „Une fois!" – mit
Ausrufezeichen: „Wenigstens ein Mal!" – so wird an dieser
Stelle im französischen Original wiederholt (nicht in der
deutschen Übersetzung, die das Gewicht dieser Wiederholung zu verkennen scheint). So sehr kommt es Camus darauf an, diese für das Bewußtsein des „absurden Menschen"
existentiell notwendige, einzige Ausnahme zu betonen.

Dann gehen Meursaults Gedanken weiter um dieses
„einzige Mal": „Irgendwie hätte mir das wohl genügt." Und
ferner: „Wichtig war nur eine Möglichkeit des Entkommens, ein Sprung aus dem unversöhnlichen Ritus hinaus,
ein rasendes Davonlaufen, das alle Chancen böte. Natürlich
auch die Chance, an einer Straßenecke mitten im Lauf von
einer Kugel niedergestreckt zu werden. Aber wenn ich alles
genau überlegte, erlaubte nichts mir diesen Luxus, alles versagte ihn mir, und das Fallbeil hatte mich wieder. Trotz meines guten Willens konnte ich mich mit dieser unverschämten Gewißheit nicht abfinden." Meursaults Gedanken kreisen dann weiter sogar um eine Reform der Strafvollstrekkung: „Ich hatte erkannt, daß es vor allem darauf ankam,
dem Verurteilten eine Chance zu geben." Meursault denkt
an ein chemisches Präparat, das den Verurteilten nur in
neun von zehn Fällen tötet, was der Verurteilte wissen müsse (er solle also seine Chance kennen). „Das Mangelhafte am
Fallbeil war, daß es dem Verurteilten keine, aber auch gar
keine Chance ließ."

Die Reihe dieser Zitate aus dem Roman läßt erkennen: Camus konnte auf keine andere Weise gleichermaßen deutlich
machen, wodurch das „Absurde" für seinen Helden Meursault und wohl auch für ihn, den Autor selbst und für sein Leben, begründet wurde: nämlich durch das Bewußtsein, daß
das Leben bis zum Ende ein Zufallsspiel sei. Er konnte auch
für uns, die wir seinen Roman recht verstehen wollen, durch
nichts das hier Wichtige so hervorheben wie durch diese
Wiederholung „une fois!" – d. h.: wenn nur ein einziges Mal
einer der festgesetzten Hinrichtung entkommen wäre!

Wir sehen auch, daß wir nicht fehlgingen, wenn wir das
Wort vom „absurden Leben, das ich geführt habe", als
Schlüsselwort aufgegriffen und wenn wir den Grund dieses
Lebens-un-gefühls aufgedeckt haben. Es zeigt uns den Zu-
gang zum Gehalt gerade dieses Romans.

Zugleich erfahren wir nun uneingeschränkt, was dieses
Grundgefühl der Absurdität für den von ihm Betroffenen
bedeutet: nämlich nicht nur etwas Belastendes, sondern
auch etwas Befriedigendes, gar Befreiendes. Wie anders sollte zu verstehen sein, daß es für Meursault offensichtlich das
Schwerste war, auf dieses Gefühl zu verzichten.

Wo aber lag für Meursault und liegt für Camus das Plus
an diesem Gefühl des absurden Lebens? Mißt man an
dem, was die Menschen sonst als positiv bewerten, dann
ist gewiß negativ die grenzenlose Gleichgültigkeit gegenüber eigenen und fremden Dingen, – daraus resultierend
die Isolation, die mit dieser Teilnahmslosigkeit verbunden
ist, jene Vereinzelung, die schon darin begründet ist, daß
man sich nicht mit den Fröhlichen freut und nicht mit
den Weinenden weint, – und schließlich, daß man unter
der Sinnlosigkeit der Welt und eben des eigenen Lebens leidet.

Aber es ist da auch Positives. Positiv zu bewerten ist eine
gewisse Art gelassener intellektueller Überlegenheit gegenüber dem Weltgetriebe: daß man es in seiner Absurdität
durchschaut, sich nicht aus der Haltung bringen läßt, – ferner, daß einem der Verzicht auf das Mitmachen manche
Wahrhaftigkeit ermöglicht. Man sieht sich frei von dem
Zwang, Gefühle zu heucheln, die die Sitte befiehlt. Man erlebt überhaupt Unabhängigkeit und eigene Würde und damit verbunden einen unprätentiösen Stolz.

Diese positiven Momente erfuhr auch Meursault. Dies ergibt sich allein schon aus seiner Suche nach einer Chance,
die frühere Ungewißheit des Todeszeitpunkts wieder zu erlangen. Er suchte auf seine Weise nach einer *Gewißheit des
Ungewissen!*

Aber schließlich muß er sich doch damit abfinden, daß seinem Leben ein fester Endpunkt gesetzt sein wird: von anderen bestimmt und ihm bekannt gemacht. Er muß die Gewißheit des Ungewissen, die Grundlage seines Lebens-ungefühls, aufgeben.

### Der explosive Bruch mit dem absurden Leben

Meursault selbst hat nunmehr in seinen Denkspielen sein Gnadengesuch endgültig abgelehnt und sich bewußt gemacht, daß – noch heute oder auch irgendwann in den nächsten Tagen – der Augenblick komme, zu dem man ihm den genauen Zeitpunkt seines Todes bekanntgeben werde. Schon mit dieser Vorstellung war die ursprüngliche Basis seines Absurditätserlebens beseitigt. Nun mußte seine Gleichgültigkeit verschwinden. Die „unverschämte Gewißheit" ⟨II/5⟩ bewirkte, daß jetzt für ihn aus der bedeutungslosen Umwelt eine Mitwelt wurde, die ihn anging.

Diese Wendung hat sich schon während des Prozesses angebahnt. Die Staatsorgane und der Verteidiger haben sich – wenn auch nur innerhalb ihres Horizontes – sehr intensiv mit Meursault befaßt, ohne daß er sich ihrem Bemühen hätte entziehen können. Indem man ihn so wichtig nahm, machte man ihm die restlos distanzierende Gleichgültigkeit quasi unmöglich.

Er hatte denn auch eine Reihe von „Erstmals"-Erlebnissen, in denen er neue Erfahrungen mit sich machte. So in der Hauptverhandlung, als die Rede darauf kam, er habe seine tote Mutter nicht mehr sehen wollen, und als Empörung durch den Saal ging: „Ich begriff zum erstenmal, daß ich schuldig war" ⟨II/3⟩. Zu dem rührenden Auftritt des Zeugen Celeste meint er in seinem Rückblick: „Zum erstenmal in meinem Leben hatte ich das Verlangen, einen Mann zu umarmen" ⟨II/3⟩. Nach dem triumphierenden Geschrei des Staatsanwalts sah Meursault sich erniedrigt und meint hernach dazu: „daß ich zum erstenmal seit vielen Jahren ganz blöd hätte weinen mögen, weil ich fühlte, wie sehr diese

Menschen mich verabscheuten." ⟨II/3⟩ Aber nach der Verkündung des Todesurteils nahm er andere auf ihn bezogene
Gefühle der Menschen wahr; er glaubte „das Gefühl zu erkennen, das ich auf allen Gesichtern las. Es war wohl Hoch-
achtung" ⟨II/4⟩. Auch später noch erlebt er „zum erstenmal
seit langer Zeit", daß er an Maria dachte und daß er an seine
Mutter dachte.

So war Meursault beim Besuch des Geistlichen, den er
zuvor dreimal abgelehnt hatte, reif für eine Reaktion, die anders war als sein bisherigen Reagieren, anders als dieses Unbeteiligte: „dann habe ich gesagt, das sei mir einerlei", „meiner Meinung nach ging mich das nichts an, und das sagte
ich ihm auch", „ich habe ihm gesagt, daß ich nicht an Gott
glaube, aber das sei nicht so wichtig" . . . usw.

Als der Geistliche mild klingende Worte an ihn richtet, ist
Meursault in seinem Reagieren zwar zunächst noch der, der
er zuvor war, aber die Begegnung ist voller Sprengstoff: dort
die Seelen-besetzende Anmaßung des Geistlichen, hier die
Ablehnung jeder Hilfe Gottes, – dort die Annäherung
„mein Freund" und das Pupillenspiel, mit dem der Todes-
kandidat zum Rückzug seiner Persönlichkeit genötigt werden soll, und hier zunächst die standhaft nüchterne Langeweile, – dort die Bitte, den Todgeweihten umarmen zu dürfen, hier das einsilbige „Nein".

Doch dann die Explosion bei Meursault! Der plötzliche
Aufstand gewaltiger Gefühle, ein Ausbruch aus dem Voll-
besitz subjektiver Wahrheit gegen das, was er als abgenutz-
te Heuchelei des Geistlichen empfindet. Er packt den Geistlichen beim Kragen seiner Soutane, schüttelt ihn durch und
schreit alles hinaus, was sich im Laufe des Prozesses als
Empörung in ihm vorbereitet hat: keine der Gewißheiten
des Geistlichen sei ein Frauenhaar wert! usw. Dieser große
reinigende Zorn zeigt, daß Meursault nunmehr das Absurde – wenigstens für diesen allerletzten Lebensabschnitt –
hinter sich gelassen und den Schritt vom Ich ins Wir getan
hat.

Es ist der zweitletzte Absatz im Text des kurzen Romans:
Die Wärter kamen und rissen ihm den Geistlichen aus den
Händen. Im letzten Absatz sagt Meursault dann nur noch,
ihm sei, als hätte ihn dieser große Zorn von allem Übel ge-
reinigt.

Seinem letzten Satz aber muß man den Anfang des Romans gegenüberstellen, damit sich zeige, wie entschieden
Meursault nun die Gleichgültigkeit gegenüber aller Welt
verloren hat, wie sehr er sich – wenn dies auch nach allem
Vorangegangenen nur noch mit negativen Vorzeichen geschehen kann – zum Wir der Mitmenschen gezogen fühlt
und von ihnen aus seinem Alleinsein befreit sein möchte.

Am Beginn offenbarte Meursault in der naturhaft engsten
Beziehung, die wir kennen, nämlich der des Kindes zur
Mutter, extreme Teilnahmslosigkeit: „Heute ist Mama gestorben. Vielleicht auch gestern, ich weiß es nicht. ... Das
besagt nichts. Vielleicht war es gestern." – Und am Ende
sucht er vor der Vollstreckung der Todesstrafe in der weite-
sten Beziehung, nämlich gegenüber einer anonymen Men-
schenmasse, dringlichst das Dazugehören: „Damit sich alles
erfüllt, damit ich mich weniger allein fühle, brauche ich
nur noch eines zu wünschen: am Tag meiner Hinrichtung
viele Zuschauer, die mich mit Schreien des Hasses empfangen."

### Meursault vor seinem Tode auf neuer Bahn

Unser Bemühen um den Roman hat andere Begriffe zu
Tage gefördert, als wir zunächst erwartet haben. Da ist kein
Verbrechen, das man verstehend nachvollziehen kann, denn
aus der Sicht dieses Täters hatte „die Schuld an allem" nur
die Sonne ⟨II/4⟩. Und es findet sich eine so besondere Bedeutung der Strafe, wie sie kaum für einen anderen gegeben sein könnte. Dieser Täter Meursault ist als Person eine
so vereinzelte Erscheinung aufgrund seines existentiellen
Absurditätserlebens, daß man seine Erfahrung mit der To-

desstrafe nicht verallgemeinern kann. Viel zu sehr ist er – ohne jeden ernstlichen Bezug zur Gesellschaft – der Exponent eines totalen Sinnverlusts. So müssen wir das Einzigartige gelten lassen, wie es der Dichter hier anschaulich gemacht hat.

Nur ein „absurder Mensch" konnte diese Erfahrung machen, und nur die im Urteil ausgesprochene Todesstrafe konnte nach Wegfall aller Auswege in dieser Weise auf ihn wirken. Uns Lesern des Romans aber hat die so berichtete Erfahrung Meursaults erst eigentlich voll gezeigt und zugleich bestätigt, worauf das Absurde in der Person und in der Erlebensweise des „Fremden" beruht. So erscheint im Rückblick auf den Roman das geschilderte Verbrechen in der Konzeption des Autors nur als notwendige Voraussetzung für dieses letzte Stadium im Leben des zum Tode Verurteilten. Denn in diesem Stadium zeigt sich – und darin ist nun doch Allgemeingültiges ins Bild gesetzt –, daß im bloßen Diesseits unseres Menschendaseins Sinn nur zu finden ist in der Hinwendung zum Wir, im Ernstnehmen des Mitmenschlichen. DER FREMDE ist insofern eine Mahnung, daß wir sehen, was das Miteinander bedeutet. Den „Fremden" hat freilich erst die Todesstrafe am Schluß seines Lebens aus der Isolation des Ich in die Gemeinsamkeit des Wir gestürzt.

# Ein modernes Lehrstück über Strafe und Verbrechen

Carl Zuckmayer
## DER HAUPTMANN VON KÖPENICK

*Verbrechen und Strafe zwischen Ernst und Spaß*

Die Kapitel dieses Buches lassen sich je einzeln in beliebiger Auswahl lesen. Dem Leser jedoch, der sich an die ausgedruckte Reihenfolge hält, wird hier nach so tiefgründigen Werken wie denen Kleists, Sophokles' und Shakespeares zur Abwechslung ein relativ leichtgewichtiges Stück geboten. Carl Zuckmayer (1896–1977) nennt sein Bühnenstück DER HAUPTMANN VON KÖPENICK „ein deutsches Märchen in drei Akten". Es erschien 1930 und wurde alsbald an mehreren deutschen Theatern aufgeführt. Den 1933 an die Macht geratenen Nationalsozialisten war es so verhaßt, daß sie weitere Aufführungen sogleich zu verhindern wußten. Nach dem Ende dieser Machthaber im Jahre 1945 kam das Stück wieder auf die deutschen Bühnen. Es hat ein deutsches Geschehen vom Anfang des 20. Jahrhunderts zum Gegenstand, lebt aus dem Geist des Kaiserreichs und ist doch überzeitlich in der Art, in der es das Verhältnis der Gesellschaft zum Einzelnen ins Bild setzt. Es gibt sich als Schwank und Schelmenstück und enthält doch so viel vom Schicksal eines Menschen, der dem pervertierten sekundären Wert der Ordnung zum Opfer wird, daß es einen wichtigen Akzent zum Thema „Verbrechen und Strafe" setzt.

## Die historische Vorlage

Wie Friedrich Schiller im VERBRECHER AUS VERLORENER EHRE, so griff auch Carl Zuckmayer im HAUPTMANN VON KÖPENICK einen historischen Vorgang auf. Und wie Schiller, so gestaltete auch er das ihm bekannt gewordene Geschehen um: Er verkürzte, erweiterte, dichtete um und hinzu. An den Änderungen werden wir erkennen, worum es ihm in seiner Dichtung ging. Jedenfalls ist sie nicht, und zwar sowenig wie die Schillers, nur als zweckfreies Spiel der dichterischen Phantasie zu begreifen. Das wird sich deutlich zeigen, wenn wir den historischen Vorgang mit dem vergleichen, was der Autor daraus gemacht hat.

Historisch geht es um gewisse Teile des Lebenslaufs eines Schuhmachers, des 1849 im damaligen Ostpreußen geborenen Wilhelm Voigt. Er saß innerhalb eines Zeitraums von 42 Jahren, von seinem 15. bis zum 57. Lebensjahr, aufgrund von deutschen Strafurteilen rund 30 Jahre hinter Gittern. Zwischenhinein war er 10 Jahre im Ausland in seinem Schusterberuf tätig, offenbar straflos. 1906 wurde er als „Hauptmann von Köpenick" durch eine in der Nähe Berlins begangene Tat weltberühmt. In der Sprache des Strafgesetzbuches ging es in dem Tatvorgang um Delikte wie: Unbefugtes Tragen einer Uniform, Vergehen wider die öffentliche Ordnung, Freiheitsberaubung, Betrug, schwere Urkundenfälschung. Es kam zum Strafverfahren. Ein Berliner Landgericht verurteilte Voigt zu einer Gefängnisstrafe von vier Jahren. Damit scheinen „Verbrechen und Strafe" im Sinne unseres Buchtitels schon vorweg benannt. Aber ob das Theaterstück Zuckmayers uns gerade in diesem Zusammenhang interessieren wird, ist ganz offen.

Zunächst sind einige Einzelheiten zum Lebensweg des Schuhmachers Voigt anzuführen:

Schon in früher Jugend ist er wiederholt wegen Diebstahls bestraft worden und hat Gefängnisstrafen verbüßt: mit 14 Jahren 14 Tage, mit 15 Jahren 3 Monate und mit

16 Jahren 9 Monate Gefängnis. Mit 18 Jahren wurde er wegen Urkundenfälschung bestraft. Er hatte an sich selbst Postanweisungen ausgestellt, sie dann abgeändert und sich höhere Beträge auszahlen lassen, als ihm zustanden. Er verbüßte 12 Jahre Zuchthausstrafe. Im Alter von 30 Jahren ging er ins Ausland. Nach seiner Rückkehr in die Heimat wurde er wegen eines nun begangenen Diebstahls erneut bestraft. Er verbüßte eine Gefängnisstrafe von einem Jahr und lernte dabei den Mitgefangenen K. kennen. Mit ihm beging er alsbald nach seiner Entlassung einen Einbruch in ein Gerichtsgebäude, um an Geld zu kommen, und zwar unter Mitnahme einer Waffe, die er aber nicht einsetzte. Von 1891 bis 1906, also 15 Jahre lang, verbüßte er die darauf verhängte Zuchthausstrafe.

Mit 57 Jahren wurde er entlassen und unter Polizeiaufsicht gestellt. Der Anstaltspfarrer vermittelte ihm unter Offenlegung seiner Vorstrafen eine Stelle als Schuhmachergeselle bei einem Hofschuhmacher in Wismar/Mecklenburg. Er wurde gut aufgenommen und in der Familie seines Arbeitgebers als Hausgenosse voll anerkannt. Der Anfang eines erneuerten Lebens schien gemacht. Aber – und nun müssen einige Details über die Allmacht der Behörden angeführt werden – nach kurzen Monaten, schon im Mai 1906, hatte ihn sein Vorstrafenregister ohne weiteren Anlaß eingeholt: Die Polizeibehörde wies ihn aus Mecklenburg aus. So ging er in die Umgebung Berlins und suchte Arbeit. Er fand erste Unterkunft bei seiner in Rixdorf lebenden Schwester und lohnende Beschäftigung in einer Schuhwarenfabrik.

Und wieder kommt ein „Aber": Am 17.8.1906 holte ihn auch hier das Vorstrafenregister ein. Der Polizeipräsident Berlin erließ eine Ausweisungsverfügung, aus der wesentliche Teile wörtlich hier wiederzugeben sind: „Ausweislich der mir vorliegenden Akten sind Sie wiederholt wegen Urkundenfälschung und Diebstahls bestraft worden, mithin als eine für die öffentliche Sicherheit und Moralität gefährliche Person zu erachten. Demgemäß habe ich aufgrund der mir nach § ... des Gesetzes von ... 1842 und des Gesetzes von ... 1867 sowie nach den Gesetzen von 1889 und 1890 zustehenden Befugnis beschlossen, Sie von Landespolizei-Wegen aus Berlin, Charlottenburg, Schöneberg und Rixdorf sowie den Amtsbezirken Friedenau, Wilmersdorf, Schmargendorf, Tempelhof, Britz, Treptow, Lichtenberg, Reinickendorf, Weißensee, Stralau, Boxhagen-Rummelsdorf, Pankow und Tegel auszuweisen, und fordere Sie deshalb auf, den Ausweisungsbezirk binnen 14 Tagen zu verlassen" ⟨usw. usw., sonst Geldstrafe 100 Mark oder 10 Tage Haftstrafe). „Gleichzeitig werden Sie darauf aufmerksam gemacht, daß Sie, falls Sie in den nachstehend aufgeführten, um Berlin gelegenen Ortschaften Potsdam" ⟨und dann werden 52 weitere Ortschaften genannt⟩ „Ihren Aufenthalt nehmen sollten, Ihre Ausweisung aus den betreffenden Ortschaften zu gewärtigen haben."

In dieser Lage befand sich Voigt, als er den Plan faßte, der hernach zu der Aktion von Köpenick führte (Köpenick, ein Ort bei Berlin, später als Stadtteil Berlins eingemeindet). Er unterrichtete sich, wo Wachmannschaften, die nur unter der Führung eines Gefreiten standen, in abgelegenem Gelände abgelöst wurden, suchte nach einer kleineren Stadt bei Berlin mit einem für eine militärische Besetzung geeigneten Rathaus, kaufte sich in Potsdam und Berlin die Ausrüstungsgegenstände eines Hauptmanns vom 1. Garderegiment zusammen und schritt dann zu seiner im wahrsten Sinne historischen Tat vom 16. 10. 1906.

Voigt, der nie als Soldat gedient hatte, brachte, nunmehr in der Uniform eines Hauptmanns steckend, in der Umgebung von Berlin auf der Straße durch strammen Befehl 10 marschierende Soldaten (abgelöste Wachmannschaften) unter sein Kommando. Mit diesen Leuten besetzte er das Rathaus von Köpenick. Er „verhaftete" den Bürgermeister, ließ sich die Stadtkasse (rund 4000 M) gegen Quittung aushändigen und verschwand mit dem Geld, „seine" Soldaten im

Rathaus zurücklassend. Er wurde 10 Tage später in Berlin
verhaftet: Sein einstiger Mitgefangener K. hatte ihm die in
Berlin und ganz Deutschland und darüber hinaus bekannt,
ja sofort berühmt gewordene Tat zugetraut und ihn als möglichen Täter genannt. Noch im Dezember 1906 wurde er in
Berlin zu einer Gefängnisstrafe von 4 Jahren verurteilt.
Knapp 2 Jahre später wurde er vom Kaiser begnadigt.

In den folgenden Jahren war er eine Sehenswürdigkeit auf
Jahrmärkten und sonst im Lande. Er verkaufte signierte
Postkarten mit seinem Bild, auch seine als Buch erschienene Autobiographie. Er hatte nur noch einmal, und zwar wegen unberechtigten Verkaufs von Ansichtspostkarten, mit
dem Strafgericht zu tun. 1909 zog er nach Luxemburg und
starb dort 1922 im Alter von 73 Jahren. – 1931 wurde er
durch das Drama Carl Zuckmayers (wenigstens vorläufig?!)
unsterblich gemacht.

## *Eingriffe des Dichters in den historischen Stoff*

Was durch Zuckmayer aus dem Stoff geworden ist, den die
Berichte über den Schuster Voigt lieferten, das ist an ein
paar Beispielen anzudeuten. Vielleicht lassen sie schon erkennen, wie der Dichter das von ihm dramatisierte „deutsche Märchen" verstand und verstanden wissen wollte.

Zuerst hat Zuckmayer aus der Vorstrafenkette sämtliche
Diebstähle gestrichen. Er läßt Voigt in der letzten (21.) Szene
sogar ausdrücklich sagen, er habe in seinem Leben noch keinem Menschen etwas weggenommen, er habe immer nur
mit der Behörde gekämpft. – An den Beginn der Voigt'schen
Taten setzt der Dichter die von dem 18 Jährigen begangene
Posturkundenfälschung (2. Sz.). Er erhöht die für heutige
Verhältnisse ohnehin unglaublich schwere Strafe von
12 Jahren Zuchthaus auf 15 Jahre. Er motiviert sie in dichterischer Phantasie – ganz gleichlaufend mit der ersten Tat des
Sonnenwirts in Schillers Verbrecher aus verlorener Ehre
– mit der Liebe zu einem jungen Mädchen und läßt Voigt sa-

gen, „Spendierer" hätten sie ihm abgespannt. – Sodann erfindet der Dichter ein Melde- und Paßvergehen, mit dem Voigt seine Vorstrafe abschütteln und ein neues Leben anfangen will (2. Sz.). Voigt habe sich gesagt: „Schluß mitn Willem Voigt, fängste als Friedrich Müller von vorne an." – Auch die Tat im Rathaus von Köpenick wird ummotiviert. Im Urteil des Landgerichts heißt es, der Angeklagte habe „während der gesamten Zeit, als er das Rathaus besetzt hielt, keine Schritte getan, um nach Paßformularen Nachschau und Nachsuche zu halten"; er habe es von vornherein auf die Barbestände der Stadtkasse abgesehen gehabt und nicht etwa erst nachträglich den Entschluß gefaßt, sie sich anzueignen. Der „Märchen"-Voigt dagegen fragt (19. Sz.) ausdrücklich sogleich nach der Paßabteilung (die sich dann aber nicht im Rathaus befindet), da er wieder ins Ausland will. Er hat ja – und die erschreckenden Ausweisungsverfügungen belegen historisch diesen Zug des Geschehens – zuvor seinem Schwager gegenüber geklagt (14. Sz.), er habe keinen Aufenthalt, für ihn gebe es keinen Platz auf der Erde; wie solle er sich „reinfügen" in eine Ordnung: „Ohne Aufenthalt? Und ohne Paß?"
Die wenigen Beispiele lassen erkennen: Zuckmayer hat die durch die Vorstrafen ausgelöste, behördlich verschärfte Notlage des Voigt in ihrem Ursprung (nämlich in der ersten Straftat als einer spezifischen Jugendverfehlung) verständlich und in ihrer Fortdauer schicksalhaft unausweichlich gemacht. Er lenkt das milde Licht des Verstehens auf Voigt auch da, wo die Realität ganz anders war, z. B. bei dem Einbruch in das Gerichtsgebäude, wo Voigt die hernach nicht benutzte Waffe immerhin mitnahm. Im Theaterstück ist er es, der den Tatgefährten Kalle von der Mitnahme der Waffe abhalten will (und zwar mit der köstlichen Rede, man solle den „lieben Gott nich in de Nase kitzeln, sonst niest er"). – Auch in der Schluß-Szene läßt der Dichter seinen Helden besser abschneiden, als es in Wirklichkeit war. Während im historisch belegten Vorgang sein einstiger Haftgenosse K. auf ihn als möglichen Täter hingewiesen und seine Festnah-

me ermöglicht hat, geht der Voigt des Dichters selbst zum Polizeipräsidium in die Paßabteilung (Bericht des Kommissars, 21. Sz.) und erklärt, er sei der vorbestrafte Wilhelm Voigt und brauche unbedingt einen Paß. Wenn man ihm verspreche, daß er einen Paß bekomme, werde er den Hauptmann von Köpenick zur Stelle schaffen. Ihm wird der Paß versprochen, und er offenbart sich als der in wenigen Tagen berühmt gewordene Mann.

Alles in allem erscheint Voigt in der Dichtung – verglichen mit dem historischen Vorgang – also in einem viel milderen Licht. Die Grundsituation des Titelhelden jedoch entspricht der, wie sie war, nämlich ausweglos in dem Kreislauf: Vorstrafenregister, Ausweisungsverfügung, Ortswechsel, keine Arbeit, keine Aufenthaltsgenehmigung, keine Arbeit, kein Paß, keine Auswanderungsmöglichkeit. Und auch die Besetzung des Rathauses von Köpenick entspricht in den Grundlinien des „Märchens" dem Vorgang, der im späteren Gerichtsurteil festgehalten ist.

### Das Geschehen im Theaterstück

Zuckmayer hat den Stoff so verwendet und umgestaltet, daß sein „Deutsches Märchen in drei Akten" in geistvoller Respektlosigkeit und voller Humor uns Deutschen einen Spiegel vorhält. Da sehen wir – bezogen auf die Kaiserzeit vor dem Ersten Weltkrieg – Ordnungsbessenheit, Militärbegeisterung, Uniformverherrlichung, Klassendenken und -dünkel in 21 Szenen aufs anschaulichste vorgeführt.

Was den Geist des „Märchens" als Kunstwerk im einzelnen begründet, ist hier nicht darzutun. Es muß genügen, die Struktur des Stückes in den Grundzügen zu zeigen.

Zuckmayer hat zwei Schicksalslinien in den Jahren von 1900 bis 1910 verfolgt: die eines Menschen, des Schuhmachers Voigt, und die einer Sache, der Uniform des Hauptmanns von Schlettow. Diese zuerst weit getrennten Linien kommen sich allmählich näher, treffen in einem Trödlerladen zusammen, verlaufen einige Tage miteinander (nämlich nun gemeinsam für jedermann sichtbar in Köpenick und Berlin) und erleben am Ende des Stücks das Ende ihrer Gemeinsamkeit im Berliner Polizeipräsidium.

Die Uniform mit ihrem Schicksal erscheint als Symbol der staatlichen Gewalt und ihrer Überordnung, der Mensch Voigt mit seinem Schicksal als Vertreter der vielen, die sich als Objekte der staatlichen Gewalt begreifen und gar begreifen müssen. Das Zusammentreffen der beiden kunstvoll gezogenen Linien führt schließlich zu dem Sensationsgeschehen, das das Werden und Vergehen des „Hauptmanns von Köpenick" ausmacht. Wenn Zuckmayer es „Ein deutsches Märchen" nennt, macht er das Wahre und bleibend Gültige an dem Stück dem Leser (und Zuschauer) des 20. Jahrhunderts vielleicht ebenso zugänglich, wie es einst Schiller tat mit seiner „wahren Geschichte" (dem VERBRECHER AUS VERLORENER EHRE) oder Kleist mit dem Bericht „Aus einer alten Chronik" (dem MICHAEL KOHLHAAS).

Die *Schicksalslinie der Uniform* beginnt mit der Anprobe durch einen Hauptmann in einem Uniformladen (Sz. 1). Sie setzt sich in einem Vorgang fort, in dem die Uniform ausbleibt: Der Hauptmann geht in Zivil in das für Soldaten verbotene Cafe National; er kann aber geistig die Uniform nicht ablegen und agiert als Befehlender gegenüber einem Uniform tragenden Soldaten. Er wird in eine Schlägerei verwickelt (Sz. 3) und muß den Dienst quittieren. Die Uniform geht an den Schneider in Kommission zurück (Sz. 5). Ein Beamter der Stadtverwaltung von Köpenick erwirbt sie als Reserveoffizier (Sz. 7). 10 Jahre später ist sie dem ins Kaisermanöver ausziehenden nunmehrigen Oberbürgermeister der Stadt Köpenick zu eng geworden; er muß sie als „Anzahlung" für eine neue Uniform dem Schneider zurückgeben (Sz. 10). Sie tut aber noch gute Dienste: Die Tochter des Schneidermeisters trägt sie scherzhaft bei einem abendlichen Fest zum Abschluß des Kaisermanövers. Aber in allgemeiner Anheiterung wird die Uniform mit Sekt und

Kompott überschüttet und ist nun reif für den Trödler (Sz.13).

Die *Schicksalslinie des Schusters Voigt* beginnt in eben jenem Uniformladen, in dem der Hauptmann die Uniform anprobiert. Voigt will sich nach einer Schuhfabrik erkundigen, um dort Arbeit zu finden, wird aber sogleich als Bettler eingeschätzt und ohne Bescheid von der Türe gewiesen (Sz.1). Er bemüht sich um eine Aufenthaltsgenehmigung in Potsdam, bekommt vom Beamten aber nur seine 15 Jahre Zuchthausstrafe vorgehalten: „Sowas ist nie vorbei, – was in Ihren Personalakten steht, das ist Ihnen so festgewachsen wie die Nase im Gesicht." (Sz.2) Im Cafe National beobachtet Voigt die Schlägerei des Hauptmanns in Zivil mit dem Soldaten in Uniform (Sz.3). Im Personalbüro einer Schuhfabrik spricht er um Arbeit vor. Er wird gefragt, wo er „gedient" hat, d.h. beim Militär war. Er aber war nie Soldat und wird nicht eingestellt (Sz.4). In der „Herberge zur Heimat" trifft er auf den einstigen Gefängniskumpanen Kalle. Beide vereinbaren den Einbruch in ein Polizeibüro: Kalle will die Kasse, Voigt nur einen Paß (Sz.6). Voigt ist wegen der ausgeführten Tat, des Einbruchs ins Potsdamer Polizeirevier, zu 10 Jahren Zuchthaus verurteilt worden und steht nun, am 2.9.1910, vor der Entlassung. Es ist der sog. Sedanstag, an dem der einst bedeutende Sieg über die Franzosen in der Schlacht von Sedan vom Jahre 1870 traditionell gefeiert wird. Anstelle einer Predigt des Anstaltsgeistlichen hält der militärverzückte Zuchthausdirektor „eine Stunde vaterländischen Unterricht" ab, indem er mit den Gefangenen ein Kriegsmanöver in der Kapelle inszeniert. Voigt zeigt dabei nach den Worten des Direktors die „denkende Selbständigkeit des Unterführers, die im Ernstfall benötigt wird" (Sz.8). Nach seiner Entlassung lernt Voigt in der Wohnung seiner Schwester die Militär-Besessenheit seines Schwagers kennen (Sz.9). Voigt wartet im Rixdorfer Polizeirevier, um sich wegen seiner „Polizeiaufsicht" zu melden, wird aber nicht vorgelassen, da plötzlich eine militärische Einquartie-

rung vorbereitet werden muß und diese Angelegenheit nun
die vorrangige Hinwendung der Beamten erfährt (Sz. 11). In
der Wohnung seiner Schwester leistet Voigt einem kranken
Mädchen liebenswürdig Gesellschaft (Sz. 12) und bekommt
von seinem Schwager zu hören, daß „bei uns das Recht
über alles geht", worauf er nur bemerkt: „Auch übern Menschen!" (Sz. 14).

Nun, in der 15. Szene, verschlingen sich *die beiden Schicksalslinien* in einem Trödlerladen: die des arbeitslosen, ausgewiesenen, paßlosen Menschen Voigt und die der verfleck-
ten alten Uniform. Voigt kauft die Uniform (Sz. 15), zieht
sie in einer Bahnhoftoilette an und erfährt sogleich von einem zuvor ungehaltenen Bahnbeamten die schönste Anerkennung: „Zu Befehl, Herr Hauptmann!" (Sz. 17).

Dann folgt der wahre Triumph dieser Uniform: Voigt
kommt mit 10 Mann und einem Gefreiten zum Köpenik-
ker Rathaus, läßt mit lautem Kommando die Bajonette auf-
pflanzen, verteilt die Posten an den Ausgängen (wie der
Zuchthausdirektor am Sedanstag die „Regimenter" auf die
einzelnen Sitzreihen verteilte), geht in militärisch rascher
Gangart ins Rathaus und hört genüßlich die Reaktion auf
seine ersten kurzen Befehle: „Jawoll, Herr Hauptmann!" –
„Zu Befehl, Herr Hauptmann!" – und erklärt: „Belage-
rungszustand!" (Sz. 18). Höhepunkt der Bewährung des
scheinbaren Hauptmanns ist die Begegnung mit dem Bürgermeister, der als Reservist glücklicherweise nur Oberleutnant ist. Zu ihm tönt Voigt: „Auf Allerhöchsten Befehl Seiner Majestät des Kaisers und Königs" ... „Ich habe nur Befehl." ... „Haben Sie gedient?" ... „Befehl ist Befehl."
Schließlich würdigt der Schuster in der Uniform eines
Hauptmanns den Bürgermeister als den Oberleutnant der
Reserve sogar noch seines Vertrauens, indem er ihn das Ehrenwort geben läßt, keinen Fluchtversuch zu machen. Voigt
befiehlt den Kassenbetrag von 4042 Mark und 50 Pfenni-
gen unter genauer Abrechnung in seine Hände: er nehme
das Geld „vorläufig in Verwahrung" (Sz. 19).

Dieser Triumph des Schusters Voigt und seiner Uniform
setzt sich, als der Schwindel nach Abzug der Truppe
durchschaut ist, auf eigene Weise fort, und zwar auf dem
Wege über die Massen-Medien jener Zeit, nämlich über
Plakatsäule und Extra-Blatt! Alles Volk ist begeistert und
belustigt (Sz.20). Und in der letzten Szene (Sz.21), über
die oben berichtet worden ist, weitet sich die Begeisterung
geradezu in eine Art erzwungenen behördlichen Humors
aus. Voigt wird im Polizeipräsidium ausgefragt und gibt das
Verdienst, daß „alles bis ins kleinste geklappt hat", der Uniform: sie mache das meiste ganz alleine. „Ich hab mir die
Uniform angezogen – und dann hab ich mir 'n Befehl gegeben – und dann bin ich losgezogen und hab 'n ausgeführt."

### *Auch hier die Frage nach Verbrechen und Strafe*

Haben wir Zuckmayers „deutsches Märchen" in die Reihe
der uns interessierenden Dichtungen aufgenommen, dann
ist auch hier die zu jedem Stück gehörende abschließende
Frage zu stellen. Dabei müssen wir vom historischen Schuster Voigt ganz absehen und uns allein an die drei Theater-
akte halten. Dann tritt uns zunächst als „Verbrechen" spekta-
kulär jenes Geschehen vor Augen, das der Schuster als
„Hauptmann" in Köpenick hat ablaufen lassen und das sich
– ganz abgesehen von allen Gesetzes-Paragraphen – doch
als Amtsanmaßung, vielfache Freiheitsberaubung, Urkundenfälschung und Betrug oder Diebstahl bezeichnen läßt.
Aber wenn wir hierin das Verbrechen sehen, – wo bleibt
dann die Strafe? Im Theaterstück des Dichters findet sie
nicht statt. Das Stück endet mit der Festnahme des Helden
und seiner Selbstdarstellung im Polizeipräsidium.

Der Zusammenhang von Verbrechen und Strafe wird also
insoweit im Stück nicht problematisiert. Sollten wir daher
besser darauf verzichten, hier noch weiter zu überlegen?
Oder können wir doch im Rahmen unseres Gesamtthemas

bleiben, wenn wir nur die Folge umkehren und nicht nach Verbrechen und Strafe, sondern nach Strafe (oder Strafen) und Verbrechen fragen? Das geläufige Stichwort der „Resozialisierung" drängt sich auf. Wir sehen die Reihe der schweren Vor-Strafen, die es dem bestraften Voigt trotz seinem im Stück selbst aufs deutlichste ins Bild gesetzten guten Willen unmöglich machen, in ein „ordentliches" Leben hineinzufinden. Die sog. Resozialisierung, die Wiedereingliederung in die Gesellschaft, ist Voigt, dem ein Zuhause und Arbeit suchenden Vorbestraften, gründlich verwehrt worden. Zum Schluß des Stückes zeigt sich aber, daß er jetzt eine Figur des öffentlichen Interesses geworden ist und daß man ihm nun den Start in ein neues Leben nicht mehr verderben darf. Man wird demnach den Zusammenhang so sehen, daß nicht die (Vor-)Strafen den Täter resozialisiert haben, sondern erst das spektakuläre Verbrechen, die gelungene Untat, der er zu verdanken hat, daß die andern sich seiner Person geradezu fürsorglich zuwenden und er selbst ein neues Selbstwertgefühl gewinnt. Man könnte also, das Schlagwort aufgreifend, geradezu sagen, hier sei es zur „Resozialisierung durch Verbrechen" gekommen.

Doch dies kann so nicht stehen bleiben. Verstehen wir unter „Resozialisierung" – ungeachtet alles Schlagworthaften dieses Terminus – einen Vorgang, in dem sich ein Wandel in der Person des Bestraften vollzieht, dann kann hier kaum von einem solchen Wandel des alten Schusters gesprochen werden. Er bedurfte nicht mehr eines Ansporns, sich die grundlegenden Wertvorstellungen der Gesellschaft zu eigen zu machen. Wenn sich gleichwohl andeutet, daß er nun einen leichteren Weg als bisher vor sich haben wird, dann liegt dies nicht an einem Wandel in seiner Person, sondern an einem Wandel der Gesellschaft in ihrer gesamtheitlichen Haltung ihm gegenüber. Man könnte geradezu von einer „Resozialisierung der Gesellschaft" sprechen, wenn man darunter ihre Bereitschaft, einen bisher Ausgestoßenen in ihre Reihen aufzunehmen, verstehen will.

Allerdings darf die Besonderheit des „Falles" nicht unbeachtet bleiben. Wäre der Schuster im Rathaus von Köpenick sogleich auf Widerstand gestoßen und zu keinerlei
Beute gekommen, wäre er sogleich demaskiert und festgenommen worden, dann wäre die zivile Staatsgewalt nicht
durch den Anschein der uniformierten Staatsgewalt „her-
eingelegt" gewesen. Der Triumph der als Narrenkappe die-
nenden Uniform über das (allein schon durch die Ausweisungsverfügungen dokumentierte) Übermaß staatlicher
Ordnung wäre ausgeblieben. Die Tat wäre im Horizont der
Gesellschaft wohl für die verrückte, glücklicherweise ge-
scheiterte Tat eines Frechlings gehalten worden. Man hätte
in ihr ein teilweise vollendetes, im wesentlichen aber nur
versuchtes Verbrechen erblickt, das dringend zu bestrafen
war. Nun aber klappte das Vorhaben. Es wurde zum gelun-
genen Gaunerstück und erregte insoweit eine allgemeine
Bereitschaft der Sympathie mit dem Täter. Es triumphierte
das Amüsante an der Geschichte. Alle fühlten mit, daß dieser immer wieder lästigen Staatsgewalt ein Schnippchen geschlagen war. Das wirkt dann wie ein Ventil gegen den
Überdruck von Ordnung und das Übermaß von Unterordnung!
    Aber nicht jedes gelungene Verbrechen, das keinen der
Mitmenschen schwer oder bleibend geschädigt hat, ist
schon deshalb ein „Gaunerstück". Es sind ganz besondere
Momente, die uns hier diese Einordnung erlauben. Der
konkrete Stoff ist zwar an den Zeitgeist des Kaiserreichs gebunden, der Gehalt aber ist überzeitlich. Es geht – wie
schon gesagt – um das Grundproblem des Verhältnisses von
Freiheit und Ordnung in einer staatlich organisierten Gesellschaft. Das Schicksal des alten Schusters Voigt zeigt überdeutlich, daß sich die „Ordnung" in diesem Gemeinwesen
in hohem Maße verabsolutiert hat. Der vernichtende Kreislauf von Vorstrafe, erfolgloser Arbeitssuche, Ausweisungsverfügung, neuer Straftat, neuer Strafe usf. beweist es. Die
Ordnung ist pervertiert. Der Held des Stückes formuliert

das Gebot der Relativierung dieses Wertes selbst klar genug: Erst der Mensch und dann die Menschenordnung! (Sz.14).

Das Faszinierende in Zuckmayers Stück ist nun (und insoweit dem historischen Vorgang entsprechend), daß die (soldatische) Uniform, in der sich das Prinzip „Ordnung" am deutlichsten verkörpert, in ihrem gaunerhaften Mißbrauch zum Instrument der Befreiung eines Einzelnen von dem Übermaß an Ordnung wird. Der Held des Stückes spielt nicht nur mit den Behörden, sondern er führt das Prinzip „Ordnung" ad absurdum und schafft damit – bei allem Komödiantischen seiner Aktion – ein ernsthaftes Lehrstück für die Gesellschaft:

Strafen – hier als „Vorstrafen" – führen im Falle dieses Mitmenschen Voigt, der für alle Ordnungsopfer steht, mit einer nachvollziehbaren Notwendigkeit zum befreienden Verbrechen. Im Zusammenhang von zuerst-Strafe und dann-Verbrechen erweist der Dichter die staatliche Ordnung als relativen Wert. Das „deutsche Märchen" DER HAUPTMANN VON KÖPENICK lehrt die Gesellschaft – und nicht nur die des uniformseligen Kaiserreichs zur Zeit der letzten Jahrhundertwende –, daß die „Menschenordnung" nicht in eine Ordnung *über* Menschen ausarten darf, sondern letztlich immer eine Ordnung *für* Menschen sein muß. Und war es bei Schillers VERBRECHER AUS VERLORENER EHRE ein Lehrstück über Verbrechen und Strafe, so ist es in Zuckmayers Märchen-Drama ein Lehrstück über Strafe und Verbrechen.

# Verbrechen, Gerechtigkeit, Strafe – ganz subjektiv als Liebesverrat und vergeltende Erneuerung eines Liebestraums

## Friedrich Dürrenmatt
## DER BESUCH DER ALTEN DAME

### *Der Autor und seine „Tragische Komödie"*

Dürrenmatt wurde anfangs 1921 in einem Dorf im Kanton Bern geboren, wo sein Vater Pfarrer war, und ist dort auch aufgewachsen bis in sein 15. Jahr, danach in Bern. Er studierte einige Semester, vor allem Literatur und Philosophie, und veröffentlichte Werke ab 1946. Im Dezember 1990 ist er in Neuenburg (Schweiz) gestorben.

In mehreren seiner Werke geht es um Probleme der Gerechtigkeit, um Gericht, auch um Verbrechen und Strafe, z.B. in dem Roman „Der Richter und sein Henker" (1950), in Hörspiel, Erzählung und Komödie „Die Panne" (1956, 1959, 1979 – dem Gegenstand unseres nächsten Kapitels), in dem Roman „Justiz" (1985) und eben auch in der „Tragischen Komödie" DER BESUCH DER ALTEN DAME. Dieses Stück aus dem Jahre 1955, uraufgeführt im Januar 1956 in Zürich, hat die Weltgeltung des Bühnenautors und Dichters Dürrenmatt begründet.

Die Gattungsbezeichnung macht vorneweg ersichtlich: Das Stück bringt einen tragischen Konflikt in komödiantischem Gewand, verbindet Erhabenes und Lachhaftes. Es ist dies offenbar eine Form, die dem Dramatiker Dürrenmatt besonders liegt.

### Der Rahmen des Spielgeschehens

*Der Ort,* den die „alte Dame" besucht, ist Güllen, eine Kleinstadt „irgendwo in Mitteleuropa". Sie liegt an der Bahnstrek-
ke Zürich – Hamburg, offensichtlich in der Schweiz. Der
Ort könnte freilich auch sonstwo im deutschsprechenden
Europa liegen, ja, fast überall in der Welt. Nur der Name
ist örtlich gebunden: Gülle heißt soviel wie Jauche. Wer
also „Güllen" sagt, denkt auch an üblen Gestank.

Die Rechtskultur, in die Güllen gebettet ist, entspricht
den Normen westlicher Demokratien: „Wir leben schließlich in einem Rechtsstaat", sagt der Bürgermeister. Rundfunk und Fernsehen kommen nach Güllen, um „eine Re-
portage über unsere alten demokratischen Einrichtungen"
zu machen.

*Die Zeit* des Geschehens ist die „Gegenwart" des schreibenden Autors. Das ist allem nach das Jahr 1954. Im Stück
wird diese „Gegenwart" wiederholt lebendig: Die amerikanischen Zigaretten „Camel" waren etwas Besonderes.
„Opel Olympia", ein Auto, das „nicht so teuer" ist, war ein
deutsches Modell bis 1957. „Komische Fahrzeuge. Messer-
schmitts. Jeder Lehrling muß so etwas anschaffen". Es waren dreirädrige Kabinenroller, die Jahre später vom Markt
verschwanden.

*Der Zeitablauf* umfaßt wohl mehrere Monate. Am Anfang
des Stücks ist das Bahnhofgebäude „verwahrlost", die Stadt
im Hintergrund „ruiniert, zerfallen", – am Schluß umgeben
„Fahnen, Girlanden, Plakate, Neonlichter" „den renovier-
ten Bahnhof".

### Die Vorgeschichte des Spielgeschehens

Aus den verschiedensten Stellen der drei Akte ergibt sich,
was vor dem Beginn des Stücks geschehen ist.

Die beiden Hauptgestalten sind Alfred Ill, der jetzt fast
65 Jahre alt ist, und Klara (auch: Kläri) Wäscher, jetzt

62 Jahre alt, die Tochter eines „Baumeisters", der einst die Bedürfnisanstalt am Bahnhof errichtet hat. Beide sind in Güllen geboren und aufgewachsen. Im Jahre 1909 waren sie – damals 20 und 17 Jahre alt – ein jugendfrisches Liebespaar. Er nannte sie: Wildkätzchen, Zauberhexchen, und sie ihn: mein schwarzer Panther. Sie trieben sich liebend in der Peterschen Scheune und im Konradsweilerwald herum. Aber als sie schwanger wurde, ließ er sie sitzen.

So verließ Klara im Winter 1909/10 die Kleinstadt Güllen, im Matrosenanzug, mit roten Zöpfen, hochschwanger, – die Einwohner grinsten ihr nach. Frierend fuhr sie im D-Zug nach Hamburg. Später sagt sie darüber: „– doch wie hinter den Eisblumen die Umrisse der Peterschen Scheune versanken, beschloß ich, zurückzukommen, einmal." Sie gebar – offenbar in Hamburg – eine Tochter „Genevieve", sah aber das Kind nur bei der Geburt. Es wurde sofort von der „christlichen Fürsorge" weggenommen.

Im Jahr 1910 verklagte Klara Alfred Ill, Vater des Kindes zu sein. Oberrichter Hofer in Güllen hatte die Klage zu behandeln. Ill bestritt die Vaterschaft. Er bestach zwei Männer mit einem Liter Schnaps, als Zeugen auszusagen, sie hätten auch mit Klara geschlafen. Sie schworen einen Meineid. Die Klage wurde abgewiesen. Das Kind starb, ein Jahr alt, „bei Leuten", an Hirnhautentzündung.

Klara wurde Dirne in einem Hamburger Bordell. Dort wurde sie von dem „alten Zachanassian mit seinen Milliarden aus Armenien" gefunden: „Meine roten Haare lockten ihn an, den alten, goldenen Maikäfer." Er heiratete sie, und nun war sie Claire Zachanassian.

Alfred Ill heiratete in Güllen Mathilde Blumhard „mit ihrem Kleinwarenladen". „Sie hatte Geld." Er betreibt diesen Laden auch noch in der Erzählgegenwart. Tochter und Sohn stehen im Alter von ungefähr 20, 22 Jahren.

Um 1928 starb der alte Zachanassian. Claire war nun eine Frau mit rund drei „Milliarden". Sie wandte sich 1929 mit einem sagenhaften Besoldungsangebot an den Oberrichter

Hofer, der damals am Kaffiger Appellationsgericht war: Er
solle als Butler in ihre Dienste treten. Er nahm an und dient
seitdem bei ihr unter dem Namen Boby.

Nach einem Autounfall wurde ihr linkes Bein amputiert.
Von nun an wollte sie, eine Prothese tragend, nur noch in
der Sänfte getragen werden. So bat sie im Staate New York
um das Leben von zwei zum Tode verurteilten Gangstern
aus Manhattan, die im Staatsgefängnis Sing-Sing auf Vollstreckung warteten. Für jede Freilassung bezahlte sie eine
Million Dollar und wird seither von den beiden in einer
Sänfte getragen, die ein Geschenk des französischen Staats-
präsidenten ist. Die Gangster heißen nun Roby und Toby.
Sie sind herkulische, kaugummikauende Monstren.

Etwa im Jahre 1930 ließ Claire Zachanassian die beiden
Männer suchen, die 1910 den Meineid geschworen hatten.
Sie wurden gefunden, der eine in Kanada, der andere in Au-
stralien. Sie „gab" sie den Monstren Toby und Roby. Von ihnen wurden die einstigen Zeugen kastriert und geblendet.
Nun gehören sie als die Lakaien Koby und Loby zum Gefolge der Zachanassian.

Ein Flugzeugabsturz in Afghanistan kostete Claire Zachanassian den rechten Arm. Sie trägt nun eine Armprothese
aus Elfenbein. Aber ihr „gehört" „die Welt". Sie ist „nicht
umzubringen". Sechsmal hat sie inzwischen geheiratet und
reist jetzt mit ihrem siebenten Gatten.

Überall geht sie mit großer Energie ans Werk. Im Laufe
der Jahre hat sie durch ihre Agenten konsequent die ganze
Basis der Wirtschaft Güllens in ihre Hand gebracht. Ihr gehören nunmehr die Platz-an-der-Sonne-Hütte, das Bock-
mann-Unternehmen, die Wagner-Werke, die Fabriken, die
Niederung von Pückenried, die Petersche Scheune, ja:
Haus für Haus im Ort. Sie hat die Betriebe der Reihe nach
stillegen lassen. Während das Land floriert, befindet sich
die Kleinstadt Güllen in ruinösem Zustand. Die D-Züge
halten nicht mehr an der Bahnstation Güllen. Der Pfän-
dungsbeamte hat „eine ganze Stadt" zu pfänden.

Der erschreckende Abstieg der Stadt Güllen ist ganz das Werk Claire Zachanassians. Sie ist aber selbst nie in Erscheinung getreten. Alle Aktionen haben andere für sie vorgenommen. Und so stehen die Güllener „selber vor einem wirtschaftlichen Rätsel".

In den Nachbarorten dagegen trat sie offen als bedeutsame Wohltäterin auf: In Kalberstadt hat sie ein Spital gestiftet, in Kaffigen die Kinderkrippe, in der Hauptstadt eine Gedächtniskirche.

Dies also ist die Vorgeschichte dessen, was in der „tragischen Komödie" geschieht. Jetzt hat Claire Zachanassian Güllen ihren Besuch angekündigt, und Ill ist von den Bürgern ausersehen, als ihr einstiger Geliebter von ihr eine Stiftung zugunsten der Stadt zu erwirken und alsbald der neue Bürgermeister zu werden.

## *Das Spielgeschehen, kurz gefaßt*

Nachdem wir die Vorgeschichte des dramatisierten Geschehens aus dem Stück herausgezogen haben, läßt sich alles weitere kurz schildern. Wer das Stück kennt, wird die Folgerichtigkeit bestaunen, in der sich die Ereignisse abspielen. Wer das Stück nicht kennt, wird kaum erraten, was sich nun ereignen wird. Ihm wird dann doppelt deutlich, welch große Phantasieleistung hinter dieser Dichtung Dürrenmatts steckt.

Am Bahnhof wird Claire Zachanassian feierlich empfangen. Ihr Kommen verbreitet allgemeine Erwartungen. Mit ihrem großen Gefolge wird sie im Hotel untergebracht. Zu riesigen Mengen Gepäck gehört auch ein kostbarer schwarzer Sarg und ein Käfig, in dem sich ein schwarzer Panther befindet. Mit Ill sucht sie die alten Liebesstätten auf. Im Wirtshaussaal wird ein Empfangsfest veranstaltet. Claire erklärt ihre Bereitschaft, Güllen zu beschenken, allerdings unter einer Bedingung: „Ich gebe euch eine Milliarde und kaufe mir dafür die Gerechtigkeit." Unter Mitwirkung ihres

Butlers, des einstigen Oberrichters Hofer, wird von Claire in einer gerichtsähnlichen Szene an das Unrecht des Fehlurteils erinnert und Wiedergutmachung gefordert. „Und nun wollen Sie Gerechtigkeit, Claire Zachanassian?" fragt der Butler. „Ich kann sie mir leisten. Eine Milliarde für Güllen, wenn jemand Alfred Ill tötet", antwortet sie. Bei den Güllenern große Entrüstung und Ablehnung „im Namen der Menschlichkeit".

Aber die alte Dame sagt nur: „Ich warte." Sie erfüllt sich den einstigen Wunsch und heiratet in „Brautkleid, weiß, Schleier usw.", und zwar den Gatten Nr. 8, von dem sie sich sofort wieder scheiden läßt. „Es war mein Jugendtraum, im Güllener Münster getraut zu werden. Jugendträume muß man ausführen." Die Güllener jedoch gewöhnen sich immer mehr an die Vorstellung, daß das große Unrecht, das Claire Zachanassian einst widerfahren ist, um der Gerechtigkeit willen wiedergutgemacht werden müsse. Dabei unterläuft ihnen ein Konsumverhalten auf Kredit, das den kommenden Wohlstand voraussetzt und ihren Lebensstandard Tag für Tag höher treibt. Unterdes entkommt eines Tages der schwarze Panther aus seinem Käfig. Er wird als gefährliches Tier von ganz Güllen gejagt und schließlich erschossen. Später wird Ill auf einer Gemeindeversammlung im Theatersaal inmitten eines von den Männern gebildeten Menschenknäuels umgebracht. Claire Z. überreicht dem Bürgermeister, nachdem der Leichnam in den von ihr mitgebrachten Sarg gelegt ist, den Scheck über eine Milliarde. Dann läßt sie sich und den Sarg zur Bahn tragen. „Abfahrt!" ruft der Bahnhofsvorstand, und nach einigen Weiheworten der Güllener im Stil eines Sophokleischen Standliedes endet das Stück – am Bahnhof, an dem es begonnen.

## Die Frage nach Verbrechen und Strafe

Es erscheint fast schon auf den ersten Blick abwegig, zu diesem Stück die Frage nach Verbrechen und Strafe überhaupt in den Begriffen zu stellen, von denen wir zuerst ausgegangen sind. Gewiß finden sich in dieser „Tragischen Komödie" eine Reihe von Vorgängen, die im Sinne einer Strafrechtsordnung als Straftaten zu bezeichnen wären. Da sind einmal die längstvergangenen Untaten des Meineids der beiden Zeugen im einstigen Unterhaltsprozeß und als Ills Taten die Meineidsanstiftung und wohl auch ein durch täuschende Abwehr eines Unterhaltsanspruchs begangener Betrug. Es sind ferner die Untaten der Claire Zachanassian und der beiden Monster: die Blendung und Kastration der einstigen Zeugen. Als aktuelle Verbrechen finden sich dann die Taten der Güllener, die Ill nötigen und schließlich umbringen, und die Tat der alten Dame, die die Güllener offen zum Verbrechen auffordert.

Aber es wäre nach dem Gesamtcharakter des Stücks verfehlt, in der angedeuteten Weise weitere Fragen zu stellen und Antworten zu suchen. Das Stück sprengt den Rahmen, innerhalb dessen solche Fragen zu stellen wären, zu offensichtlich. Es ist eine ans Mythische grenzende Fabel, eine übersteigerte Menschheitsgroteske, die uns im Blick auf Verbrechen und Strafe eine andere Fragestellung abverlangt. Auch das Tun der Güllener selbst ist im Blick auf eine denkbare Bestrafung nicht zu problematisieren. Das zu betrachtende Geschehen reicht über die Tötung Ills nicht hinaus.

Die Frage nach Verbrechen und Strafe, gestellt i. S. der für eine Rechtsordnung maßgeblichen Begriffe, ist für den Gehalt der tragischen Komödie BESUCH DER ALTEN DAME unergiebig.

### Das Verhalten der Personen in ihrem wechselseitigen Bezug

Dürrenmatt unterscheidet bei den „Personen" vier Gruppen: die Besucher, die Besuchten, die Sonstigen und die Lästigen. Wenn wir aber nach aufeinander bezogenem Verhalten fragen, dann sind dies Interaktionen, durch die sich Indi-

viduen und Gruppen kommunikativ beeinflussen. Und
dann interessieren uns nur die Personen, die den dramatischen Gang bestimmen: die alte Dame (im folgenden nur
„Claire" genannt), Ill und die Güllener. Die Güllener sind
dabei wie eine Person zu nennen, weil sie in der Gleichge-
richtetheit ihres Verhaltens als eine Einheit von eigener
Qualität erscheinen.

*Claires Verhalten und die Güllener*

Claire kennt die Menschen. Der erste Teil ihres strategi-
schen Programms ist bereits verwirklicht: Sie hat Güllen in
bedrohliche Armut versetzt. Nun kommt sie als Besuche-
rin, um nicht mehr durch allerlei Mittelsmänner, sondern
ganz in eigener Person den zweiten Teil ihres Programms
zu erfüllen. Sie führt die Güllener sogleich in gewisse Rollen ein und gibt ihnen wesentliche Regieanweisungen: Der
Polizist muß beide Augen zudrücken, der Pfarrer zum
Tode Verurteilte trösten, der Arzt auf Totenscheinen Herzschlag feststellen, und der Turner wird gefragt, ob er mit seinen Kräften „schon jemanden erwürgt" hat. Die Schenkung
von einer Milliarde stellt Claire völlig offen unter die Bedingung, daß jemand Ill tötet. Sie versieht diese Bedingung allerdings mit dem Hinweis, daß es ihr um Gerechtigkeit
gehe. Von jeder weiteren Einwirkung sieht sie ab. Sie kann
warten, und sie wartet nicht ohne Erfolg. Sie macht den ganzen Ort Güllen zu einer rechtsfreien Exklave innerhalb des
Staates, in dem Güllen liegt. Die Güllener bringen Ill um
und erfüllen damit die von Claire gestellte Bedingung.

So unwahrscheinlich dies alles innerhalb eines sonst
rechtsstaatlichen Gemeinwesens ist, so wahr ist doch, was
Dürrenmatt uns hier als Tun und Wirken der Claire erleben läßt: Das Angebot von viel Geld – versehen mit dem
wertbehafteten Leitwort „Gerechtigkeit" – setzt ein Geschehen des Bösen in seinen eigengesetzlichen Gang bis zum erwarteten schlimmen Ende.

## Claires Verhalten und Ill

Dem zunächst recht schlitzohrigen Ill tritt Claire als bedeutende Persönlichkeit entgegen. Sie hat ihre einstige Liebe nicht etwa in Haß verwandelt, sondern – durchaus frei von Emotionen – als das Verlangen festgehalten, innerhalb ihrer Beziehung mit Ill gleichzuziehen und ihr verpfuschtes Leben mit dem Leben Ills aufzuwiegen. So läßt sie mit ihm das einst Gemeinsame an den früheren Liebesstätten in sachlichen Erinnerungen wieder lebendig werden. Zugleich hält sie in offener Rede des Zwiegesprächs und ohne jede Beschönigung dem Ungläubigen gegenüber ihr Ziel fest, daß er sein Leben lassen müsse. Sie sucht für immer seine Nähe und hat das Mausoleum auf Capri schon für ihn bereit. Wie zur Vorübung überläßt sie den in einem Käfig mitgeführten schwarzen Panther der Jagdlust der Güllener, um bei ihrer Abreise denjenigen im Sarg mitnehmen zu können, der unter diesem Kosenamen einst ihr Geliebter war.

Claire ist für Ill das Gericht, das ihm vorhält, was er verbrochen hat. Sein „Verbrechen" ist für sie aber nicht etwa die Sabotage des so lange zurückliegenden Verfahrens vor dem staatlichen Gericht, sondern der Verrat an ihr, an ihrer Liebe und an ihrem Leben. „Ich liebte dich. Du hast mich verraten. Doch den Traum von Leben, von Liebe, von Vertrauen, diesen einst wirklichen Traum habe ich nicht vergessen. Ich will ihn wieder errichten mit meinen Milliarden, die Vergangenheit ändern, indem ich dich vernichte." Die Unbedingtheit und restlose Offenheit dieser Haltung macht Ill die Fortsetzung der anfänglichen läppischen Redereien unmöglich und bringt ihn sogar dahin, eine gewisse Unentrinnbarkeit seines von Claire bestimmten Geschicks anzuerkennen.

## Das Verhalten der Güllener und Claire

Nachdem die Güllener in der ersten Reaktion empört – „im Namen der Menschlichkeit" – die wahnwitzige Bedingung Claires abgelehnt haben, schwenken sie zunächst zurückhal-

tend und dann doch immer deutlicher auf den von Claire
vorgegebenen Kurs ein. Sie übernehmen den Terminus
„Gerechtigkeit" von Claire, als ginge es auch ihnen um Gerechtigkeit oder doch um die Gerechtigkeit Claires. Aber
die Redeweise wird mehr und mehr zum Selbstbetrug der
Güllener. Während sie anfangs noch davon ausgehen, man
werde sich mit der alten Dame schon anders zu arrangieren
wissen, treibt sie ihre wachsende Wohlstandssucht hernach
weit hinein in die Verwirrung der Begriffe, als hätten sie je
zuvor unter dem einstigen Unrecht von Ills Tat gelitten:
„Denn wir können nicht leben, wenn wir ein Verbrechen
unter uns dulden."

So feiern sie nach der Tötung Ills im großen Chorlied die
Überwindung der Armut und den luxuriösen Wohlstand einer entgötterten Welt: „Damit wir das Glück glücklich ge-
nießen."

### Das Verhalten der Güllener und Ill

Nur kurze Zeit konnte sich Ill erfreuen: „Wie da alle den
Antrag abgelehnt haben, die Güllener, einmütig, trotz dem
Elend, war's die schönste Stunde in meinem Leben." Alsbald aber isolieren sie ihn immer mehr. Auch seine Familie
distanziert sich. Mag man zuerst noch seine Meinung akzeptiert haben – „Es war ein böser Jugendstreich, den ich ihr
spielte" und: „Verjährt, alles verjährt! Eine alte, verrückte
Geschichte." –, so fängt man nun an, das einst Geschehene
anders zu beurteilen. Der Bürgermeister sagt Ill ins Gesicht, was alle denken: „Das Vorgehen der Dame ist weiß
Gott nicht ganz so unverständlich. Sie haben schließlich
zwei Burschen zu Meineid angestiftet und ein Mädchen ins
nackte Elend gestoßen." „Daß wir den Vorschlag der Dame
verurteilen, bedeutet nicht, daß wir die Verbrechen billigen,
die zu diesem Vorschlag geführt haben." Was Jahrzehnte
lang alle älteren Güllener ohne Betroffensein gewußt und
problemlos hingenommen haben, wird plötzlich so gesehen, als sei es seit je ein Pfahl in ihrem Fleische.

So wird Ill, der sich bedroht fühlt, der polizeiliche Schutz versagt: Sollte der Vorschlag der Dame „ernst gemeint sein, so kann die Polizei die Dame nicht ernst nehmen, weil sie dann verrückt ist". – Auch der Pfarrer weiß dem furchterfüllten Ill keine andere Hilfe als den Hinweis, es gehe um Ills „ewiges Leben". Immerhin rät er ihm zur Flucht: „Flieh, führe uns nicht in Versuchung, indem du bleibst." – Ill will denn auch fliehen. Doch auf dem Weg zum Bahnhof begleiten ihn die Güllener, und als der Zug zur Abfahrt bereit ist, scharen sie sich so um ihn, daß er nicht einsteigen kann und schließlich zusammenbricht. Bevor die große Gemeindeversammlung stattfindet, kommt der Bürgermeister mit einem Gewehr zu Ill in die Wohnung: „Wir behandeln Ihren Fall." „Würden Sie den Urteilsspruch annehmen?" so fragt er. Nachdem er Ills Zustimmung erhalten hat, schlägt er ihm zur Erleichterung des Verfahrens die Selbsttötung vor: „Es wäre doch nun eigentlich Ihre Pflicht, mit Ihrem Leben Schluß zu machen, als Ehrenmann die Konsequenzen zu ziehen." Aber Ill weigert sich. So wird er auf der Gemeindeversammlung getötet, in einer Weise, als ob es nicht der Turner getan hätte, sondern alle und keiner. Es ist der Knäuel von Güllener Männern, in dem die Tötung unsichtbar geschieht – ein Gesamtwerk der Güllener. Der Arzt aber stellt „Herzschlag" fest. Und der Bürgermeister ergänzt: „Tod aus Freude."

### Ills Verhalten und Claire

Haben wir zuvor Claires Verhalten gegenüber Ill betrachtet, so ist nun noch zu sehen, was von seiner Seite her geschieht. Ill muß sich aufgrund der Erfahrungen im wiederholten Zusammensein mit ihr wandeln. Am Anfang glaubt er in aller Naivität: „... die habe ich im Sack." Und gegen Ende sieht er, daß er nichts gegen sie auszurichten vermochte. Sie ist eine andere Persönlichkeit, als Ill sie sich für seine Zwecke erdacht hatte. Sie leistet sich mit ihrer Finanzkraft sogar „eine Weltordnung". So nimmt er allmählich ganz ihren

Ton auf und dankt ihr am Schluß ernstlich gar noch für den Blumenschmuck, der für seinen Sarg schon hergerichtet wird. Ill wird von Claires wiederholtem Erinnern an die einstige Liebe eingefangen. So wendet er schließlich nicht einmal etwas dagegen ein, daß er alsbald im Mausoleum auf Capri „mit Blick aufs Mittelmeer" bei ihr bleiben wird. „Adieu, Klara" – das ist das letzte Wort, das er in Erwiderung ihres Grußes für sie über die Lippen bringt.

## Ills Verhalten und die Güllener

Auch den Güllenern gegenüber muß Ill einen gewaltigen Wandel durchmachen. Anfangs sieht er sich als den erklärten künftigen Bürgermeister. Er ist es ja, dem alle zutrauen, daß er die einstige Geliebte zu einer ansehnlichen Stiftung für Güllen bewegen wird. Doch als die Dinge so ganz anders laufen und die Güllener sich mehr und mehr von ihm abwenden, verliert er ihnen gegenüber jede Freiheit des Handelns. Er nimmt es hin, daß die Kunden in seinem Laden nur noch auf Pump kaufen, noch dazu Waren von einer Qualität, die sie sich früher nicht geleistet haben. Er schreibt in seinem Bedrohtsein einen Brief an den Regierungsstatthalter nach Kaffigen und nimmt es hin, daß der Brief nicht befördert wird. Da hernach Presse, Rundfunk und Fernsehen zugegen sind, meint man als Leser, er hätte wenigstens einen telefonischen Kontakt zum Amt des Statthalters finden können. Aber die Mittel, die er ergreift, sind allemal untauglich, und so muß auch sein Fluchtversuch mißlingen. Er ist den Güllenern gegenüber wie gelähmt in seinen Reaktionen. Erst als er keinen Ausweg mehr sieht und auch nichts mehr gegen das ihm von den Güllenern bevorstehende Schicksal zu unternehmen versucht, gewinnt er die Freiheit des Nichthandelns dort, wo die Güllener ihm Freiheit des Handelns einräumen: daß er sich selbst umbringe. Aber er sagt zum Bürgermeister nur: „Ihr könnt mich töten, ich klage nicht, aber euer Handeln kann ich euch nicht abnehmen."

## Die Bedeutung der „Tragischen Komödie" in ihren Teilen und im Ganzen

### Die Mythologisierung des Geschehens

Persönlichkeit und Auftreten der „alten Dame" haben etwas von mythologischer Größe. Nicht von ungefähr erscheint sie dem Güllener Lehrer „wie eine griechische Schicksalsgöttin". Er spricht sie gar an: „Wie eine Heldin der Antike kommen Sie mir vor, wie eine Medea" (– also wie jene Königstochter, die ihre beiden Söhne tötete, als deren Vater, Jason, sie verlassen hatte). Dem Leser fällt es leicht, diesem Urteil des Lehrers zu folgen. Und schließlich ist es das eigene Urteil des Autors, das er den Lehrer hier sagen läßt. Dürrenmatt wiederholt es (in seiner Anmerkung I): „durch ihr Vermögen in der Lage, wie eine Heldin der griechischen Tragödie zu handeln." Gewiß: Sie ist „in der Lage" – aber nicht jede Frau mit einem solchen Vermögen würde dann schon wie eine Heldin handeln. Claire tut es, und zwar in der „Gegenwart".

Damit ist eine markante Besonderheit des Stücks betont: eine einmalige Art der Kombination von aktueller Realität und zeitloser Irrealität. Inmitten einer Welt, die die unsere ist: Rundfunk, Fernsehen, Autos, Kirche und Pfarrer, Rechtsstaat und Obergericht – inmitten dieser Welt schafft die Dominanz der Claire Zachanassian eine Exklave, in der ihre eigene „Weltordnung" gilt: „Mit meiner Finanzkraft leistet man sich eine Weltordnung." Und sie sagt sogleich, was sie dahin brachte und was sie damit will: „Die Welt machte mich zu einer Hure, nun mache ich sie zu einem Bordell", d.h. zu einer Einrichtung, in der man besondere Leistungen kaufen kann. Und sie kauft sich „die Gerechtigkeit". Das bedeutet für sie und hernach für alle Güllener, daß Ill zu töten ist. Am Ende akzeptiert sogar Ill dieses Motto ihres Handelns: „Ich unterwerfe mich eurem Urteil, wie es nun auch ausfalle. Für mich ist es die Gerechtigkeit." Die alte

Dame selbst ist aber offen genug, diese „Gerechtigkeit" den rechtsstaatlichen Redeweisen nicht einzupassen. „Güllen für einen Mord, Konjunktur für eine Leiche", sagt sie unumwunden. So behauptet sich ihre Weltordnung ohne sichtbare Konfrontation sogar gegen alle rechtsstaatlichen Vorgegebenheiten des Landes.

Man könnte sich als Zuschauer oder Leser gegen eine solche Kombination von Realität und Irrealität sperren wollen. Es wird hier ja nicht etwa ein altklassischer Mythos ins Moderne übertragen oder modernes Geschehen im alten Gewande gezeigt, sondern es werden mythologische Momente in einen ganz modernen Stoff hineinverwoben. Und man nimmt als Leser dieses ineinander Verwobene zur eigenen Überraschung sogleich ohne Widerspruch hin – ein Zeichen für die dichterische Leistung des Autors und für das Stimmige seiner Phantasie. Jedenfalls bereitet uns der Autor mit dieser Mythologisierung von Anfang an darauf vor, daß in diesem Stück nicht ohne weiteres die gängigen Begriffe gelten.

## Gerechtigkeit und Vergeltung

Fragt man nach dem Sinn des Stücks, so wird in der Literatur meist das Problem der Gerechtigkeit als das bestimmende bezeichnet. Man liest z.B.: „Dürrenmatts Erfolgsstück DER BESUCH DER ALTEN DAME aus dem Jahre 1955 stellt einen Meilenstein in seiner Auseinandersetzung mit der Gerichtsthematik dar, denn es gleicht als Ganzes einer Gerichtsverhandlung, in der der Begriff der Gerechtigkeit aus allen denkbaren Blickwinkeln beleuchtet wird." Es wird im Hinblick auf Güllen „der metaphysische Aspekt des Stücks" betont: „Der Besuch der alten Dame bedeutet für Güllen nicht ... Gnade, sondern das Gericht über die vorangegangene Verkennung und Verhöhnung der Gnade." Claire sei „vom Ideal absoluter Gerechtigkeit besessen".

Läßt man diese Äußerungen fürs erste gelten, so wird man den Bezug für Gericht, Gerechtigkeit und Gnade alle-

mal in den Phänomenen von Verbrechen und Strafe suchen.
Um sie müßte sich das Gericht bemühen, und eine etwaige
Gnade könnte dann von den Sachzwängen dieser Relationen befreien.

Wir haben nun aber schon gesehen, daß es sich keinesfalls
um die Begriffe handeln kann, die in einer staatlichen
Rechtsordnung ihren Platz haben. Wenn schon, dann ist
eine Übertragung in einen anderen Sinnzusammenhang geboten. Zu fragen wäre dann etwa, ob Claire hier als Gericht
auftritt, als säkularisierte Gerechtigkeitsgöttin, die Ill in einem abgehobenen Sinn zu „strafen" sucht, oder ob sie Güllen strafen will, den Ort, der einst das Unrecht gegen Klara
Wäscher hat geschehen lassen. Zu fragen wäre auch, ob die
Güllener als Gericht und Organ der Strafvollstreckung gegen Ill und ob Claire als eine Art Anklägerin gesehen werden müssen.

Halten wir uns zunächst an den Begriff der Vergeltung „in
malam partem", also „im üblen" (im Gegensatz zu der „in
bonam partem", also „im Guten", etwa der Belohnung),
dann erscheint es – was die Güllener betrifft – fraglich, ob
sie denn hier überhaupt Vergeltung üben. Wenn Klara Wäscher 40 Jahre nach dem einstigen Fehlurteil als gealterte
Toilettenfrau nach Güllen gekommen wäre und das damalige Unrecht beklagt hätte, dann hätte sich – davon dürfen
wir überzeugt sein – kein Güllener ihrer angenommen.
„Verjährt, alles verjährt! Eine alte, verrückte Geschichte", so
hätte dann jeder Güllener mit Ill gesagt – und zwar, ganz
unabhängig von der Tatsache eines nicht neu aufnehmbaren Gerichtsverfahrens, eben auch im Hinblick darauf, ob
man auf andere Weise der Klara Wäscher zu einer späten
Genugtuung hätte verhelfen können. Vergeltung meint immer einen Bedeutungszusammenhang: daß auf ein Verhalten mit einem Verhalten reagiert und daß damit etwas ausgedrückt wird (unter negativen Vorzeichen natürlich eine
Mißbilligung). Eine solche Reaktion auf das frühere Verhalten des Ill müßte primär von den Güllenern selbst ausge

hen, ganz unabhängig vom Handeln der Claire Zachanassian. Da dies aber nicht so geschieht, ist es auch nicht Vergeltung (etwa als „Lynchjustiz"), was die Güllener tun.

Es ergibt sich vielmehr, daß eine Vergeltung nur als von
Claire ausgehend gesehen werden kann. Die Güllener rea-
gieren nicht auf die einstige Untat Ills, sondern auf das An-
gebot der Claire. Sie handeln nur, um die von ihr gestellte
Bedingung zu erfüllen. Man kann sagen: Sie erbringen die
Tötung Ills als eine Leistung wie in einem Werkvertrag.

Wenn wir in Claire Zachanassian nicht so etwas wie eine
strafende Gottheit sehen – aber dazu müßte das Stück reine
Mythologie sein –, kommt für ihre Vergeltung nur der Begriff der Rache in Betracht. Die Frage ist dann, wofür sie
sich rächt. Der Butler Boby, der ehemalige Oberrichter Hofer, erinnert die Güllener zwar an das einstige Verfahren und
erklärt: Frau Zachanassian bietet „eine Milliarde und will dafür Gerechtigkeit. Mit anderen Worten: Frau Claire Zachanassian bietet eine Milliarde, wenn ihr das Unrecht wieder-
gutmacht, das Frau Zachanassian in Güllen angetan wurde."
Dies erweckt den Eindruck, daß die Güllener mit Ills Tötung tatsächlich Gerechtigkeit herstellen und dafür bezahlt
werden. Aber Ills Tötung schafft nicht irgendeinen objektiv
abwägbaren Ausgleich. Selbst als Rache ist sie maßlos. Von
Gerechtigkeit kann auch insoweit, ganz abgesehen von dem
inzwischen vergangenen langen Zeitraum, nicht die Rede
sein. Claire erfährt in dieser Hinsicht lediglich die Genugtuung, daß die Gesellschaft, die sie einst durch verlogene
Moral als käufliche Dirne abgestempelt hat, sich nun ihrerseits für einen Mord verkauft.

Soll die Tötung Ills überhaupt als „gerechte" Vergeltung
erscheinen, dann muß von ganz anderen Kategorien ausgegangen werden: nicht von den objektiv-allgemeinen, auf denen die Rechtsordnung aufbaut, sondern von subjektiv-individuellen, die allein im Verhalten der Claire aufzusuchen
sind. Das Stück bietet genug Anhaltspunkte. Wieder gibt
der Lehrer das Stichwort (III. Akt, Petersche Scheune): „Sie

sind ein verletztes liebendes Weib." Claire selbst hat dies schon zuvor durch Offenlegen ihres Denkens und Fühlens bestätigt (Ende des I. Akts): „Ich habe nichts vergessen, Ill. Weder den Konradsweilerwald noch die Petersche Scheune, weder die Schlafkammer der Witwe Boll noch deinen Verrat. ... Jetzt will ich, daß wir abrechnen, beide: Du hast dein Leben gewählt und mich in das meine gezwungen. ... Nun will ich Gerechtigkeit."

Es ist offensichtlich: Ill war ihre große und einzige Liebe. Diese Liebe ist durch keine andere verdrängt worden. Mag sie sich durch die Jahrzehnte in der Art des Gefühls gewandelt haben, so hat sich Claire doch nie von ihr losgesagt. Der schwarze Panther, den sie im Käfig mit sich führt, ist ihr ein ständiges Zeichen der noch nicht erloschenen Liebe zu Ill. So dringt sie auch darauf, die alten Liebesstätten nochmals mit ihm aufzusuchen, die alten Lieder zu hören. Und es gelingt ihr, Ill – der zuerst (im I. Akt) aus ihrer Sicht „verkommen" ist – im Laufe dieser letzten Wochen von seinen Unwahrheiten und den gaunerhaften Redeweisen wegzubringen. Er wird allmählich würdig, ohne Widerspruch ihr Bekenntnis zu hören (im letzten Gespräch des III. Akts, und zwar in der an dieser Stelle von Dürrenmatt geänderten Fassung von 1980): „Ich liebte dich. Du hast mich verraten. Doch den Traum von Leben, von Liebe, von Vertrauen, diesen einst wirklichen Traum habe ich nicht vergessen. Ich will ihn wieder errichten mit meinen Milliarden, die Vergangenheit ändern, indem ich dich vernichte."

Damit ist im Grund fast schon alles gesagt. Es geht um den Verrat, den Ill an Klara begangen hat, den Liebesverrat, und um den Leidensweg, auf den er sie gestoßen hat. Dieser Verrat hat ihr Leben zerstört. Nun wird sie ihm sein Leben nehmen, damit ausgeglichen wird, was noch ausgeglichen werden kann. In diesem Sinne: Leben gegen Leben. Das ist für sie Gerechtigkeit. Wie Ills Liebesverrat von ihr ganz subjektiv als schwerstes Verbrechen erlebt worden ist, so ist für sie nun auch ihre Vergeltung nur als schwerste subjektiv gerecht.

Man könnte meinen, es hätte genügt, daß sie Ill durch ihre beiden Monstren kurzerhand töten und den Toten nach Capri bringen ließ. Die begnadigten Mörder Toby und Roby hätten dies gewiß leicht geschafft. Aber es ging ihr um mehr und anderes als bloß um die Tötung Ills. Einmal mußten die Güllener, die sie einst vertrieben hatten, dahin gebracht werden, ihr mit Anerkennung und geradezu Ehrfurcht zu begegnen. Daß die Güllener dies auch als Demütigung empfinden, ließ sich freilich mit keinem Mittel erzwingen. Und dann mußte um dieser subjektiven Gerechtigkeit willen auch der Leidensweg, auf den Ill sie gestoßen hat, seine Vergeltung finden. Tote leiden nicht. Aber wem der von Menschenhand zu erwartende Tod als sicher bevorstehend angekündigt wird, der leidet. (Dazu ist schon in den Kapiteln über Camus' FREMDEN und über Melvilles BILLY BUDD einiges gesagt.) Auf diesen Leidensweg hat Claire ihren Ill mit Erfolg geschickt. Dem Bürgermeister gegenüber hat er deutlich genug bekannt: „Ich bin durch eine Hölle gegangen. Ich sah, wie ihr Schulden machtet, spürte bei jedem Anzeichen des Wohlstands den Tod näher kriechen. Hättet ihr mir diese Angst erspart, dieses grauenhafte Fürchten ..." Diese Worte Ills bestätigen: Claire Zachanassian erkauft sich ihre Gerechtigkeit nicht nur in der Vergeltung von Leben gegen Leben, sondern auch in der von Leidensweg gegen Leidensweg. So wie Alfred Ill einst mit Hilfe der Güllener Klara Wäscher ins Elend gestoßen hat, so hat Claire Zachanassian mit Hilfe der Güllener nun Alfred Ill auf seinen Leidensweg geschickt. Ihre Rache ist als Vergeltung kein Stückwerk. Und doch weist diese Rache eine gewiß seltene Besonderheit auf: Ist Rache gemeinhin immer ein Handeln aus Haß, so ist es hier ein Handeln aus dem Bedürfnis nach einer Gleichstellung, die – wie einst – zu ihrer noch immer irgendwo andauernden Liebe gehört. Aber diese Liebe hat ihre Stätte nur noch in einem Mausoleum, in dem nur ein toter Geliebter seinen Platz hat.

Damit bekommen „Vergeltung" und „Gerechtigkeit" freilich einen anderen Akzent, als wir wohl zunächst annahmen. Darauf ist noch zurückzukommen.

### Bestrafung der Güllener?

In manchen Äußerungen über den Besuch der alten Dame klingt an, es seien auch die Güllener „bestraft" worden, da sie genötigt wurden, den Mord an Ill auf sich zu nehmen. Die Korrumpierung der Güllener wäre dann also auch eine gegen sie begangene Vergeltung. Aber die Güllener sehen sich – zumal angesichts des zu erwartenden Wohlstands – nicht unter einen Druck gesetzt, den sie als Übel empfinden und der ihnen auch nicht als Übel zugedacht ist. Sie leiden auch nach der Tötung Ills nicht unter dieser ihrer aller Tat. Die Schlußgesänge bekunden – ganz im Gegenteil – ihre großen Glücksgefühle und ihre Dankbarkeit gegenüber der alten Dame. Auch darf etwa die Frage einer gegen einen oder mehrere Güllener gerichteten späteren rechtsstaatlichen Strafverfolgung vom Stück her nicht gestellt werden. Der entscheidende Tötungsakt ist zudem so geschickt getarnt worden, daß er nicht sonderlich belastend in das Bewußtsein der Güllener zu dringen brauchte. Das schließt nicht aus, daß auch in diesem Geschehen eine besondere Befriedigung für Claire Zachanassian lag: Aus ihrem Blickwinkel hat sie die Güllener desavouiert. Sie hat die Schmähungen und das moralisierende Urteil, unter denen sie einst zu leiden hatte, durch die Verführung der Güllener entwertet. Wenn jedoch von einer Bestrafung der Güllener die Rede sein soll, dann käme allenfalls in Betracht, daß sie von Claire Zachanassian in diese extreme wirtschaftliche Notlage gestürzt worden sind. Doch in diesem Handeln ging es Claire nicht so sehr um Vergeltung als vielmehr um Vorbereitung der geplanten späteren Aktion.

## Gesellschaftskritik

In zweierlei Hinsicht bringt das Stück Dürrenmatts eine bedeutend anschauliche und umfassende Gesellschaftskritik. Diese Seite des Dramas darf nicht übergangen werden. Mag sie auch mehr nur am Rande unseres Fragens nach Verbrechen und Strafe liegen, so ist sie doch mit der Gerechtigkeitsproblematik eng verbunden. Dabei ist zunächst festzustellen, daß sich die Güllener nirgends darauf berufen, es seien hier die Güter gegeneinander abzuwägen: hier die Existenzgrundlage für eine Stadt und ihre Bürger und dort das Leben eines einzelnen Menschen. Eine solche, dem christlich-abendländischen Denken verwehrte Güterabwägung braucht also nicht erörtert zu werden.

Die Gesellschaftskritik betrifft vielmehr vor allem die ungeheure Bestechlichkeit der Menschen gegen ursprünglich anerkannte und sogar ausdrücklich benannte Werte des menschlichen Zusammenlebens. „Im Namen der Menschlichkeit" und begleitet von „Riesigem Beifall" lehnen die Güllener zunächst die Forderung der Claire Z. ab. Aber die Langzeitwirkung des Angebots der Milliarde bleibt nicht aus. Es ist Claire mit Hilfe des einstigen Oberrichters Hofer gelungen, den Wert „Gerechtigkeit" als Schlagwort so ins Spiel zu bringen, daß schließlich fast alle sich selbst zu täuschen vermögen. Der Mord an Ill wird nicht mehr als unrechte Tat verstanden, sondern als Herstellung von Gerechtigkeit. Das findet seinen krassesten Ausdruck in der Abstimmung über die Annahme der Stiftung der Claire Zachanassian. Das wiederholte Vor- und wiederholte Nachsprechen der erschreckend scheinheiligen Formeln wird vom Autor einzigartig kunstvoll inszeniert: „Wer reinen Herzens die Gerechtigkeit verwirklichen will, erhebe die Hand. ... Nicht des Geldes, sondern der Gerechtigkeit wegen und aus Gewissensnot. Denn wir können nicht leben, wenn wir ein Verbrechen unter uns dulden, welches wir ausrotten müssen, damit unsere Seelen nicht Schaden erleiden und unsere heiligsten Güter."

Ob ein Dichter solche Szenen auch ohne die Erinnerung an die totalitären Staatspropagandamaschinen des 20. Jahrhunderts und deren entsetzliches Wirken hätte schreiben können, sei dahingestellt. Jedenfalls hat Dürrenmatt die Korrumpierbarkeit der Menschen aufs deutlichste ins Bild gesetzt. Wer nur irgendein Ideales vorspiegeln kann, der kann die Menschen selbst aus friedlich geordneten Verhältnissen heraus binnen kurzem zu Mord und Totschlag verführen.

Die andere Seite der Gesellschaftskritik gilt der Rolle des Geldes. Die Macht des Geldes über Menschen aller Schichten kann nicht krasser und gedrängter anschaulich werden als in diesem Theaterstück.

## Zur Frage der Sühne

Im Zusammenhang der Frage nach Verbrechen und Strafe ist ein letztes zu erörtern: ob denn Ill durch die Anerkennung des „Gemeindegerichts" und das Annehmen seines „Urteilsspruchs" Sühne im Sinne der Versöhnung mit Claire und den Güllenern leistet, so daß er der Gnade (sie wird in der Literatur eher transzendent verstanden) würdig ist. Dürrenmatt selbst sagt (in seiner Anmerkung I aus dem Jahre 1956), Ill werde zum Helden. „An sich erlebt er die Gerechtigkeit, weil er seine Schuld erkennt, er wird groß durch sein Sterben. Sein Tod ist sinnvoll und sinnlos zugleich." Ein solches Heldenverständnis scheint mir aus dem Ganzen des Stücks nicht schlüssig zu begründen. Dürrenmatt hat nicht von ungefähr im Jahre 1980 fünf Zeilen von Claires Worten im Zwiegespräch mit Ill völlig neu geschrieben, die dem abschließenden Verständnis ihres Verhaltens und auch der Reaktion Ills in besonderer Weise dienen. Sie ermutigen den Leser, Ill dahin zu verstehen, er habe sich im Laufe der wenigen Monate etwas von Claire noch andauernder Liebe zu eigen gemacht und sich der Wiedererrichtung ihres Traumes gefügt. Keinesfalls mußte ihm die einst im gerichtlichen Verfahren begangene Untat als so gro-

ße, noch greifbare Schuld erscheinen, daß er glauben konnte, seine Tötung sei – darauf bezogen – als gerecht hinzu-
nehmen. Dies auch dann nicht, wenn er sich als den Auslö-
ser der Aktionen begriff, durch die Claire die Stadt Güllen
in so große Not brachte. Im Verhältnis zu den Güllenern
hat er zwar eine souveränere Haltung zu seinem Ende gefunden. Aber in allen Etappen des Stücks zeigt sich, daß er
schließlich nur die Ausweglosigkeit seiner Lage erkannte
und aus seiner Not unter Druck das Beste machte. Seinen
Güllener Mitmenschen gegenüber konnte er sich in seinem
Horizont weder zur Herstellung von Gerechtigkeit noch
zu einem versöhnenden Lebensopfer bewogen sehen.
Wenn etwas seine Bereitschaft versöhnlich bestimmte,
dann war es allein die Art, in der Claire die alten Liebeserin-
nerungen weckte und bekundete.

## Die alte Dame und die Tötung Ills

Was bleibt, wenn man das vielschichtige Stück unter dem
Aspekt von Verbrechen und Strafe sieht? Anschaulich ist gewiß die Gesellschaftskritik: wie leicht wir Menschen zu
manchem Verbrechen verführt werden können, wenn man
uns nur das Fragment eines idealen Ziels als absolute Weg-
weiser vorgibt.

Aber für unser Gesamtthema geht es schließlich nur noch
um die beiden, Claire und Ill. Gewiß hat sich Claire ihre
„eigene Weltordnung" geleistet, die ihr Verhältnis zur gesamten Außenwelt betrifft, angefangen vom Zugführer im
1. Akt bis zum Bürgermeister am Schluß des Stücks. Aber
diese „Weltordnung" war ihr nur das Mittel zur Erreichung
ihres Ziels. Und dieses Ziel hat sie erreicht.

Verbrechen und Strafe und eine im üblichen Sinne ver-
standene Gerechtigkeit sind jedoch nicht die Kategorien,
die uns zum Verständnis des Stücks und insbesondere des
Verhaltens der alten Dame weiterhelfen. Das Geschehen
zwischen Claire hier, Ill und den Güllenern dort ist zu unge-

heuerlich, als daß diese Begriffe paßten. Immerhin zeigt sich eine bedeutsame, allerdings nur strukturelle Analogie. Sie geht von den allgemeinen Begriffen aus: vom Unwert des Verbrechens, dem die durch das Gericht verhängte und durch das Vollstreckungsorgan zugefügte Strafe als gerechte Folge entspricht.

In DER BESUCH DER ALTEN DAME hat dies alles aber seinen Ort ausschließlich im radikal Subjektiven des persönlichen Erlebens und Wollens dieser Frau. Für sie ist es ihre Gerechtigkeit. Und diese in ihrer radikalen Subjektivität mythologisierte „Gerechtigkeit" hat ihre zwei Waagschalen. Auf der einen liegt der Liebesverrat Ills und der durch ihn verursachte Leidensweg der Klara Wäscher. Auf der anderen Waagschale liegt die Korrumpierung der Güllener durch das Versprechen der „Milliarde" und der Leidensweg, auf den Ill dadurch gestoßen wurde und der für Claires Denken und Fühlen allein der „gerechte" Ausgleich ist.

Wir erinnern uns ihrer Worte: „Ich liebte dich. Du hast mich verraten. Doch den Traum von Leben, von Liebe, von Vertrauen, diesen einst wirklichen Traum habe ich nicht vergessen. Ich will ihn wieder errichten ..., die Vergangenheit ändern, indem ich dich vernichte."

# Verbrechen und Strafe heute: – nur noch Reflexe des Phantoms „Gerechtigkeit"?

## Friedrich Dürrenmatt
### DIE PANNE – Erzählung, Hörspiel, Komödie –

*Ein Titel und drei Werke*

Drei verschiedene Werke des uns aus dem vorangegangenen Kapitel bekannten Autors haben denselben Titel: „DIE PANNE". Die ERZÄHLUNG erschien 1956. Im selben Jahr wurde auch das HÖRSPIEL gesendet (1961 im Druck veröffentlicht). 1979 wurde die KOMÖDIE uraufgeführt (im Druck ist sie 1980 erschienen). Der Ausgangssachverhalt ist immer gleich, jeweils anders aber das Ende.

In allen drei Werken erweist sich Dürrenmatt – wie schon im BESUCH DER ALTEN DAME – als Mann voller Einfälle. Er spielt seine Ideen auf verschiedene Weisen durch und findet manchmal keine Ruhe, bis er ein bereits veröffentlichtes Werk erneut aufgreift und umgestaltet.

Sein Gegenstand ist wieder – hier nun ausdrücklich betont: – „die Gerechtigkeit". Aus Dürrenmatts Blickwinkel gesehen, begegnen uns die bekannten Phänomene und Figuren: Verbrechen und Strafe, Beschuldigter und Verfolger, Angeklagter und Richter. Doch welchen Sinn dies alles hat oder welchen Unsinn es ausmacht, das zu zeigen ist Dürrenmatts vordringliches Ziel. Dabei entstehen dichterische Schöpfungen eigener Art.

In der KOMÖDIE sagt der Richter über den Herrenabend, den das Stück wiedergibt, er sei „eine Parodie auf etwas, was es nicht gibt und worauf die Welt immer wieder hereinfällt, eine Parodie auf die Gerechtigkeit, auf die grausamste

der fixen Ideen, in deren Namen der Mensch Menschen
schlachtet." Der Leser wird hierbei zunächst an die Todesstrafe denken, die einst um der Gerechtigkeit willen gefordert wurde: „damit jedermann das widerfahre, was seine Taten wert sind" ⟨Kant⟩. Der Anspruch, daß man um der Gerechtigkeit willen töten müsse, ist freilich auch sonst lebendig, etwa in Revolutionen, wenn sie vorgeben, nur so eine
gerechtere Ordnung der Gesellschaft herstellen zu können.

Ich gehe hier nicht darauf ein, was philosophische Ethik
und besonders die Rechtsphilosophie im Lauf der Jahrtausende allgemein zum Begriff der Gerechtigkeit geleistet haben. Uns interessiert nur der Bereich von Verbrechen und
Strafe. In diesem Bereich erlebt die Gesellschaft auch im
Alltag die Forderung der Gerechtigkeit am anschaulichsten
und eindringlichsten.

Seit alten Zeiten ist hierzu manches gesagt worden. In
überlieferten und in aktuellen Äußerungen sind vor allem
zwei Grundansichten zu unterscheiden. Die eine geht davon aus, die Gerechtigkeit verlange, daß schlechthin und los-
gelöst von greifbaren Zwecken gestraft wird – dies sind die
sog. absoluten Straftheorien. Die andere meint, nicht die
Gerechtigkeit, sondern die Zwecke des staatlich geordneten
Gesellschaftslebens verlangten die Strafe, aber wo gestraft
werde, müsse dies so gerecht wie möglich geschehen – dies
sind die sog. relativen Straftheorien (die freilich in einzelnen Versionen ihrem Wortlaut nach auf die Frage nach Gerechtigkeit ganz zu verzichten und nur nach der Zweckmä-
ßigkeit der Strafe zu fragen scheinen).

Für beide Grundansichten ist das staatliche Strafen eine
ernste, verantwortungsbeladene Angelegenheit. So wird
mancher bezweifeln, daß dieses Strafen auch dann Gegenstand unseres Fragens in diesem Buche sein kann, wenn es
parodistisch übertrieben und verzerrt wird. Aber auch die
Parodie muß von den ernst gemeinten Begriffen ausgehen,
um überhaupt zur Kritik kommen zu können, mag diese
dann noch so sehr übertreiben und verzerren. So wird der

Leser – insbesondere wer die Vorbemerkungen zur Komödie liest – gespannt sein, in welcher Weise der Autor die Phänomene zwischen Ernst und Scherz behandelt und wo das jeweils Besondere in den drei Stücken liegt.

## *Die Vorgeschichte des* Panne*-Geschehens*

Die Vorgeschichte des Geschehens unterscheidet sich in den drei Stücken nur unerheblich – überhaupt kaum in den Fakten, mehr in der Art der Darstellung. Wir können daher das Wesentliche zusammenfassen, wobei manche Formulierung nur in einem der Stücke in der aufgegriffenen Form vorkommt. Es ist dabei belanglos, daß die Personen in der Erzählung meist nur in ihrer Funktion benannt werden (Richter, Staatsanwalt, Verteidiger) und daß der Richter im Hörspiel Werge, in der Komödie Wucht heißt. Auch können wir davon absehen, daß der Autor in der Komödie noch zusätzlich mit der Form dieser Dichtung spielt, indem er das gespielte Ende vor den Anfang setzt, ferner zunächst auch davon, daß er die Enkelin des Richters als eine Art Schicksalsfigur zusätzlich einführt.

Ort des Geschehens ist: am Rande eines Dorfes. Die Zeit: Mitte der 50er Jahre, – in der Komödie, in der u.a. ein „Weißwein 1970" getrunken wird, entsprechend später.

Außerhalb des Dorfes liegt in einem schönen Garten eine Villa. Sie gehört einem pensionierten hochbetagten Richter. Er und drei andere Greise spielen zur geistigen und körperlichen Auffrischung seit einiger Zeit, oft mehrmals in der Woche, abends ihre alten Berufe, nämlich „Gericht": der 90jährige Wucht (Werge) den Richter, der 89jährige Zorn den Staatsanwalt, der 87jährige Kummer den Verteidiger. Als Randfigur eigener Art spielt der 86jährige Pilet mit, der einst nebenberuflich im Nachbarlande als Scharfrichter tätig war; im Lande des Geschehens ist die Todesstrafe abgeschafft. Das Gerichts-Spiel ist von köstlichen Speisen begleitet. Die Haushälterin bietet eine glänzende Küche. Und

überdies werden die Schätze eines hervorragenden Wein-
kellers nicht gespart.

Die vier Greise spielen jeweils mit einem Gast des Richters, falls sich ein Gast einfindet. Es ist nämlich immer ein
Zufallsgast, der da mitspielt, jemand, der im Ort übernach-
ten wollte und keine Unterkunft fand. Ein Gasthof weist so
jemanden in die Villa des Richters. Und dieser lädt den Un-
terkunftsuchenden dann ein: zu kostenfreier Übernachtung,
zum Abendessen und – zum Mitspielen. Ist kein Gast da,
nehmen die Greise die berühmten historischen Prozesse
durch, den Prozeß von Sokrates, Jesus, Jeanne d'Arc, Drey-
fus. Doch sie bekennen: „Am schönsten ist es natürlich,
wenn wir am lebenden Material spielen." Daher wird auch
immer mit Ungeduld ein Gast erwartet. Der Zukömmling
wird zwar jeweils darauf hingewiesen, daß er ganz freiwillig die ihm zufallende Rolle übernehme. Aber wer wird
sich schon der so seriösen Einladung entziehen?

An einem schönen Sommerabend kommt zu den vier
Greisen der Generalvertreter der Hephaiston Kunststoffe
Alfredo Traps, 45 Jahre alt, seit elf Jahren verheiratet, Vater
von vier Söhnen. Sein Lebensweg ist durch einen markanten Aufstieg gekennzeichnet: Harte Jugend, „nur Primar-
schule", später als Hausierer für Hephaiston unterwegs, mit
Köfferchen von Haus zu Haus. Seine jetzige Stellung als
Nachfolger des vor einem Jahr verstorbenen Generalvertreters Gygax hat Traps seit dessen Tod inne. Traps ist nun der
gemachte Mann und fährt einen tollen Wagen.

Zur Vorgeschichte der Komödie gehört außerdem, was in
Erzählung und Hörspiel schon aktuelles Erzähl- bzw.
Spielgeschehen ist: Traps fährt in seinem Auto auf der Land-
straße. Nahe dem Dorfe kommt es zu einer Panne. Traps
sucht die Autowerkstätte auf. Der „Garagist" braucht zur
Reparatur Zeit bis anderntags. Traps entschließt sich, nicht
mit dem Zug nach Hause zu fahren. Da im Ort kein Quar-
tier frei ist, wird er an die Villa des Richters verwiesen.

*Das Geschehen in der Villa des Richters, soweit es in den*
*drei Stücken im wesentlichen gleich ist*

Traps wird in die Gesellschaft der Greise eingeführt. Reichliche Getränke gehören schon zum Beginn des Gerichtsspiels. Es geht dabei um ein Strafverfahren, eine Art Hauptverhandlung. Alle Rollen, die die Kenntnis der Materie und der Spielregeln verlangen, sind schon besetzt: Richter, Staatsanwalt, Verteidiger und „der na ja" ⟨so die KOMÖDIE⟩, nämlich der als solcher erst spät vorgestellte Henker. Nur der Angeklagte fehlt noch. Traps wird in diese Rolle eingewiesen: „leicht zu spielen, jeder Stümper ist dazu fähig." Aber Traps bezweifelt seine Eignung: Was für ein Verbrechen soll er denn begangen haben? Das sei ein unwichtiger Punkt: „ein Verbrechen läßt sich immer finden."

Nun forschen die drei Alt-Juristen nach einem wunden Punkt in der Geschichte ihres Gastes. Sie suchen, wo sie ihn zum Angeklagten machen können. Ihr Ansinnen, der Alkohol, seine Arglosigkeit und Angeberei – alles zusammen führt bei Traps zu Offenbarungen, durch die er sich den anderen ausliefert. Pilet, der Henker, kann da nur noch „fein" sagen.

Traps gibt sich zwar zunächst als juristische Rarität: er sei „unschuldig". Aber alsbald erwächst aus seinem robusten Ellenbogen-Gehabe eine Konstellation, an der eine Schuld festgemacht werden kann. Mögen Übertreibungen dahinter stehen oder nicht – der Punkt ist der: Sein einstiger Chef, der Generalvertreter Gygax, mußte den Platz räumen, damit er, Traps, diese begehrte Stelle einnehmen konnte. Und in der Tat: Gygax räumte seinen Platz, indem er starb. Nur wie endete sein Leben? Dies ist jetzt die Frage und der Hauptgegenstand des gespielten Verfahrens!

Die Freude der Greise ist groß. Man hat einen Toten und man hat einen Vorteil, der dem Angeklagten aus dem Tod erwuchs, – und somit hat man, so meinen diese Alten, auch schon ein Motiv. „Vielleicht läßt sich gar ein Mordchen aufdecken, das unser lieber Traps begangen haben könnte zu seiner und unserer Freude." Traps staunt, – bedauert, – er wird beim Verhör aufpassen! Da erfährt er von den im Freudetaumel herumhopsenden Greisen, daß das Verhör schon längst begonnen hat: Man habe sich befreit „vom unnötigen Wust der Formeln, Protokolle, Schreibereien, Gesetze und was sonst für Kram unsere Gerichtssäle belastet." Traps ist gründlich hereingefallen.

Nun ist – sozusagen – die Bahn schon frei für eine gewichtige Schuldzuschreibung: Traps, der aufgrund der Autopanne in das Spiel hineingeraten und dem die Rolle des Angeklagten auferlegt worden ist, hat nun auch im Spiel eine Panne erlitten. Er wird Schuld auf sich nehmen müssen. Anhand naheliegender Fragen zur Person und zum Werdegang des Traps reiht der Staatsanwalt einige Anhaltspunkte zum Tatgeschehen zunächst spielerisch vage, dann immer gezielter aneinander. Traps fühlt sich anfangs geschmeichelt ob des ihm zukommenden Interesses und antwortet freimütig, immer mehr durch die Fragen des Staatsanwalts gelenkt und zugleich in ein branchenübliches Prahlen verfallend. So wird allmählich der Grund zu einer Anklagerede gelegt, die der Staatsanwalt, der noch immer sein Handwerk beherrscht, stammtischgerecht ausschmückt und die Traps, der sich zum Helden gemacht sieht, anfeuernd bestätigt:

Traps habe das leckere Frauchen des Gygax öfters auf dem Kanapee trösten müssen. Er habe dies einem Geschäftsfreund des Gygax erzählt, der habe es wie erwartet dem Gygax weitererzählt, und das habe der alte Gangster, der schon einen Herzinfakt hinter sich hatte, nicht mehr überlebt. Ein Mord, ein schöner, virtuoser Mord sei dem lieben Freund Traps nachzurühmen. Er habe den Tod des Gygax geplant, habe ihn also dolo malo (mit bösem Vorsatz) herbeigeführt. –

Ein paar, wenn auch aus dem Zusammenhang gerissene Sätze charakterisieren den Stil des bisherigen Spielverlaufs: „Ein Verbrechen läßt sich immer finden" dokumentiert einen unsubstanziierten Generalverdacht gegen jeden Menschen, der kaum mehr ein wechselseitiges Vertrauen aufkommen läßt. – „Verbrecher sehen nie wie Verbrecher aus. Nur Künstler sehen wie Verbrecher aus" heißt soviel wie: Verbrecher gehören zur Gesellschaft, die eigentlichen Außenseiter sind die Künstler! – „Gestehen muß man, ob man will oder nicht, und zu gestehen hat man immer was, das dürfte Ihnen doch langsam dämmern" zeigt die aus dem Generalverdacht erwachsende Anmaßung, in der ein Mensch beschuldigt und zur Aussage gedrängt wird.

## Der weitere Verlauf in der ERZÄHLUNG

Mit der Begründung, Frau Gygax sei sozusagen die galante Mordwaffe gewesen, beantragt der Staatsanwalt die Todesstrafe – als Belohnung für ein Verbrechen, das Bewunderung verdiene und das ein Anrecht darauf habe, als eines der außerordentlichsten des Jahrhunderts zu gelten. Traps ist bestürzt und nachdenklich zugleich – „ein Zustand, den er jedoch als angenehm empfand, stieg doch eine Ahnung von höheren Dingen, von Gerechtigkeit, von Schuld und Sühne in ihm hoch."

So folgt er immer entrüsteter den Ausführungen des Verteidigers, der Freispruch fordert. Traps wehrt sich gegen die Möglichkeit eines Freispruchs: ihm sei aufgegangen, was es heiße, ein wahrhaftes Leben zu führen, wozu eben die höheren Ideen der Gerechtigkeit, der Schuld und der Sühne nötig seien. Er schluchzt schließlich vor Rührung: „Dank, lieber Richter, Dank!", als er zum Tode verurteilt wird und in der Begründung zu hören bekommt, erst im Akt der Urteilsverkündung „vollziehe sich der Ritterschlag der Gerechtigkeit, nichts Höheres, Edleres, Größeres könne es geben, als wenn ein Mensch zum Tode verurteilt werde."

Traps geht „glücklich, wunschlos wie noch nie in seinem Kleinbürgerleben" nach dem Ende des Gerichtsspiels auf sein Zimmer. Doch als später die Greise kommen, ihm das

Friedrich Dürrenmatt

auf Pergament gekritzelte Urteil aufs Bett zu legen, damit er
es am Morgen entdecke, finden sie ihn erhängt im Fenster-
rahmen. „Alfredo .. Du verteufelst uns ja den schönsten
Herrenabend!" meint der Staatsanwalt am Ende der ERZÄH-
LUNG.

## Der weitere Verlauf im HÖRSPIEL

In den Grundlinien entspricht das Geschehen dem der ER-
ZÄHLUNG. Das „Verbrechen" wird im HÖRSPIEL allerdings
nicht gleichermaßen hochstilisiert. Es wird aber als todes-
würdig ausgeleuchtet und von Traps akzeptiert. Er wird
nach der Verkündung des Todesurteils von Pilet, dem Henker, in sein Zimmer begleitet. Dort erwartet der zitternde
Traps, der Spiel und Ernst nicht mehr unterscheiden kann,
seine Hinrichtung. Aber er wird von Pilet nur ins Bett gebracht und schläft mit daherstolpernden Gedanken ein: „alles ist ja schließlich nur ein Spiel".

Am nächsten Morgen setzt er sich ans Steuer des reparier-
ten Autos. Auf der Fahrt gibt er im Selbstgespräch zu erkennen, daß er gegen den Geschäftspartner Wildholz nun rücksichtslos vorgehen werde.

## Der weitere Verlauf in der KOMÖDIE

In der rund 20 Jahre später erschienenen KOMÖDIE ist gegenüber den vorangegangenen Stücken manches geändert.
Wir fragen jedoch nicht danach, was die Schaubühne als solche verlangt und was Dürrenmatt in z.T. verwirrenden
Strukturen als Tribut an sie liefert, sondern nur nach den In-
halten zu unserem Thema.

Wie in den früheren Stücken verfallen auch hier die vier
Greise nach den Offenbarungen des Traps in homerisches
Gelächter und tanzen im Zimmer herum: Ein Geständnis,
ein Geständnis! Zorn hat unterdessen schon mit seiner Anklagerede begonnen und setzt den bislang zugrundeliegen-
den Sachverhalt, von Traps durch Zwischenbemerkungen

unterstützt und teilweise zum Schlimmen korrigiert, spielerisch dahin fort, Gygax sei von dem Geschäftsfreund in der Stadt unterrichtet worden, mühsam nach Hause gefahren, dort zusammengebrochen und gestorben. Die Zwischenbemerkung des Traps, der Infarkt habe den Gygax „anderswo" getroffen, wird von ihm selbst als „unwesentlich" bezeichnet und von den anderen überhört. Es folgt der „Strafantrag" des Staatsanwalts. Er verlangt die Todesstrafe, „als Belohnung für ein Verbrechen, das Bewunderung, Staunen, Respekt verdient und ein Anrecht darauf hat, als eines der außergewöhnlichsten des Jahrhunderts zu gelten." Traps sieht sich geehrt und von Begeisterung und Stolz erfüllt.

Der Verteidiger aber beklagt, Traps sei „in den Größenwahn des Jahrhunderts: schuldig zu sein", getrieben. Er bringt eine entscheidende Wende in den Gang des Spiels: Er könne Traps diese Herzensroheit, daß er nämlich die verwitwete Frau Gygax nicht mehr besuche, nicht zutrauen. Da ergänzt Traps ganz überraschend den bisher zugrundegelegten Sachverhalt: Frau Gygax wisse sich ganz schön mit vielen anderen zu trösten und sie sei – noch immer – „eine wahre Mänade". Gygax, dem alten Gauner, sei das ganz egal gewesen, der habe mit seiner, Trapsens, Frau genug gehabt, und die könne ja schlafen, mit wem sie wolle. Gygax sei denn auch in Trapsens Ehebett bei einem Föhnsturm gestorben.

Diese neue Version verblüfft die beiden anderen Juristen über die Maßen. Richter Wucht weiß nicht mehr, was er zu Trapsens Fall sagen soll. Staatsanwalt Zorn erklärt das Ganze für einen Scherbenhaufen.

Aber Kummer meint jetzt, „der Goldjunge" sei „für einen Verteidiger nahezu ein Idealfall." Man brauche den Angeklagten nur zu betrachten, um seine Harmlosigkeit zu erkennen. Es sei nur zu natürlich, wenn er sich wehre, sein Verbrechen wieder in etwas Gewöhnliches, Alltägliches zurückverwandelt zu sehen. Traps sei ein Beispiel für viele: zur Schuld unfähig und doch nicht ohne Schuld.

Kummer wird plötzlich ernsthaft: Traps sei verstrickt in alle möglichen Arten von Schuld. Er gaunere sich durchs Leben und habe doch auch seine guten Seiten – wie bei jedem Durchschnittsleben, auch dem ihrigen (womit er die drei anwesenden Juristen meint). Als sie noch im Amte waren, habe man sie die Unbestechlichen genannt. Aber – habe nicht der Staatsanwalt manche Anklage fallen lassen, weil er, Kummer, ihm eine finanzielle Beihilfe zukommen ließ? Und habe nicht Richter Wucht ein Vermögen angesammelt aufgrund seiner oft bis an die Grenze des Erträglichen gehenden Freisprüche? Traps spiele jetzt den großen Verbrecher; er möchte das große Verbrechen begangen haben, zu dem er unfähig war. Und sie spielten das gerechte Gericht, zu dem sie einst auch unfähig gewesen seien. Es müsse anerkannt werden: Traps habe kein Verbrechen begangen. Gygaxens Tod sei ein bloßer Unglücksfall gewesen. Im wesentlichen mit dieser Begründung beantragt Kummer als Verteidiger Freispruch.

Schließlich verkündet Richter Wucht ein *Doppelurteil* von einmaliger Art. Einerseits ist es *„metaphysisch"*, indem es über die Erfahrung, über das empirisch wahrnehmbare Leben der Gesellschaft hinausgeht. Es verurteilt den „lieben Alfredo" zum Tode. Andererseits ist es *„juristisch"*, entspricht damit in etwa dem Urteil in einem staatlichen Strafverfahren und führt zum Freispruch.

Dieses Doppelurteil wird in seinen zwei Teilen gesondert begründet. Das *„metaphysische Urteil"* wird auf die Haltung des Traps gestützt. Richter Wucht verkündet: „Nach deinem Geständnis ... hast du gemordet ... dadurch, daß es dir das Natürlichste war, rücksichtslos vorzugehen ... Wir akzeptieren dein Geständnis. In einer Welt, in der niemand mehr schuldig sein will, ... verdient einer, der sich schuldig spricht, belohnt und gefeiert zu werden. ... nun bist du ... zu uns gekommen, zu vier alten Männern, die in deine Welt hineinleuchteten mit dem reinen Strahl der Gerechtigkeit ... in deren Namen ich nun dich ... zum Tode verurteile."

Traps ist gerührt. Alle trinken „auf den Schuldigen".

Doch dann verkündet Wucht das *„juristische Urteil":* „In einer Welt der schuldigen Schuldlosen und der schuldlosen Schuldigen hat das Schicksal die Bühne verlassen, und an seine Stelle ist der Zufall getreten, die Panne." ... „Zwar bezweifeln wir deinen Wunsch, Gygax möge das Zeitliche segnen, in keiner Weise, doch dein Wunsch erfüllte sich ohne dich. Nicht deine Tat beseitigte deinen Chef, sondern ein simpler Föhnsturm. Nicht die Absicht ..., sondern der Zufall. So vernimm das zweite Urteil: Bist du durch die Welt, in der du lebst, verurteilt, so bist du von der Welt, in der zu leben du verurteilt bist, freigesprochen."

Wucht übergibt Traps die Pergamentrolle mit dem Freispruch. Alle trinken „auf unseren Unschuldigen". Aber Traps will schuldig sein und beharrt auf dem Todesurteil. Der Hinweis, welches Urteil er akzeptiere, sei seine Sache, genügt ihm nicht: Er habe „den außergewöhnlichsten Mord" des Jahrhunderts begangen, er werde seine Schuld beweisen. Doch Wucht weiß es besser: „Deine Schuld und deine Unschuld sind gleicherweise unbeweisbar. ... Wenn es eine Schuld gäbe, dann müßte diese Schuld ... außerhalb des Menschen liegen. ... Richten wir die wahren Schuldigen hin!" Und schon machen sich die Greise auf, „die Götter vom Firmament zu schießen", „die Schuldigen, die uns in Schuld stürzten."

Traps zieht sich verbittert zurück. Er hat das Todesurteil gewählt. Er vollstreckt es selbst, indem er sich, mit der an den Lüster geknüpften Schlinge um den Hals, erschießt, indem er also Erhängen und Erschießen miteinander verbindet und sich so besonders sicher zu Tode bringt. Wuchts geistesgestörte Enkelin „Justine", die Verkörperung einer fragwürdigen Gerechtigkeit, hat ihn in seinem Vorhaben bestärkt. „Nur als Mörder bin ich deiner würdig, Justine", hat er ihr ja bekannt.

Die Gerichtsgreise gröhlen unterdessen in ihren Räuschen. Sie gröhlen Götter-lästerliche Strophen in die Nacht und schießen auf die am Himmel stehenden Planeten, auf

Jupiter, Mars, Saturn, Venus, Merkur. Sie schießen die Götter vom Himmel, die uns Menschen so geschaffen haben, daß wir schuldig werden müssen. Für die Greise sind sie „die wahren Schuldigen".

Dies ist das für uns wesentliche Geschehen der KOMÖDIE. Wir kennen nun den Stoff der drei PANNE-Stücke. So können wir umfassend nach deren Gehalt fragen.

### Der Gehalt der PANNE-Stücke

#### Das Gerichtsspiel – von den Greisen als Spaß betrieben

Für alle drei PANNE-Stücke ist zunächst gleichermaßen zu sagen:

In der satirisch-komischen Verzerrung ihres früheren Tuns offenbaren diese Alten ungehemmt ihr einstiges Berufsverständnis und -gebaren. Was sie damals unter dem Vorgeben ihres Gerechtigkeitsstrebens verborgen taten, tritt nun im Spiel offen zutage. Der Verteidiger bekennt sich zur einstigen aktiven Bestechung, Richter und Staatsanwalt sind die Bestochenen. In der KOMÖDIE weist der Verteidiger deutlich darauf hin, daß die „bis an die Grenze des Erträglichen gehenden Freisprüche" dem Richter Wucht ein Vermögen eingebracht haben. Im übrigen zeigen die Greise in ihren Freudentänzen und „ein Geständnis"-Sprechchören, wie sehr ihr amtliches Strafverfolgungs-Handeln von einem geradezu instinkthaften Jagdtrieb getragen war.

Nur so ist auch ihr Spiel „mit" Traps zu verstehen. Es entspricht nicht etwa dem Doktorspielen der Kinder, die spielerisch nachahmen, was die Erwachsenen ernsthaft betreiben. Die Rollen könnten nicht beliebig ausgetauscht werden. Es ist kein Spiel von Gleich zu Gleich. Es wird auch nicht etwa ein Tatverdacht lediglich simuliert. Vielmehr unterstellen die Greise dem „Mit"-Spieler nur scheinbar spaßig den ganz allgemeinen Verdacht einer Untat, deren eine oder andere bei jedem Menschen aufzufinden sein wird, und der Staatsanwalt setzt seine ganze Berufserfahrung ein, um den

„Angeklagten" zu überführen. „Behandelt jedermann, wie er's verdient, und wer entkommt der Peitsche?" heißt es in Shakespeares HAMLET.

So bringen die Greise schon in den Beginn ihres Spieles etwas von allgemeiner Lebens- und Menschheitserfahrung ein, etwas, das über das Spielerische erheblich hinausgeht. Sie spielen nicht nur miteinander, sondern auch gegen einen anderen, der sich arglos auf ihr Spiel einläßt und der bei dem geringeren Grad seiner Intelligenz und Erfahrung nicht erfaßt, was sich mit ihm abspielen wird. Traps ist für sie nicht so sehr Mitspieler, als vielmehr Spielobjekt. Sie überschreiten die Grenze, die die Achtung vor der Person eines Mitmenschen setzt. Darin ist das Makabre aller drei Stücke begründet, etwas Entwürdigendes, das in das Satirisch-Komödiantische einfließt und dazu beiträgt, an mancher Stelle auch den glänzenden Lack unserer Rechtspflege anzukratzen.

Das Verfahren ist dabei von allen Formalitäten befreit. Das ist nicht verwunderlich – soll doch im Spiel dem Verfolgungstrieb freie Bahn bereitet sein. Dies zeigt aber zugleich, wie sehr mancher der Formzwänge der wirklichen Gerichts-Verfahren den Beschuldigten aus der reinen Objekt-Rolle heraushält, in die Traps im Parodie-Verfahren sogleich hineingestellt wird. Er hat noch gar nicht gemerkt, daß seine Vernehmung bereits begonnen hat, als die Greise schon zu jubeln beginnen.

Der Sachverhalt, der schließlich zur Anklage und zum Urteil führt, ist von Dürrenmatt so gewählt, daß schon fraglich ist, ob der Tod des Gygax dem Handeln des Traps überhaupt objektiv zuzurechnen ist – ganz abgesehen von der Frage der Schuld, also von der subjektiven Zurechnung. Doch die Verfolgungs- und Überführungsfreude der Greise schiebt alles Fragwürdige beiseite. So scheint ihr eigentlicher Spielgewinn darin zu liegen, in einem so diffizilen Fall zum Todesurteil gekommen zu sein. Dieser Spiel-Erfolg wird jedoch in den Anschein einer objektiv höchsten Werterfüllung gekleidet, – einen Anschein, in dem die „Gerechtigkeit" triumphiert. Der Richter sagt es mit vollem Pathos. „Erst im Aktus der Urteilsverkündigung, der aus dem Angeklagten einen Verurteilten mache, vollziehe sich der Ritterschlag der Gerechtigkeit, nichts Höheres, Edleres, Größeres könne es geben, als wenn ein Mensch zum Tode verurteilt werde" (so in der ERZÄHLUNG). Solche satirischen Übertreibungen in Dürrenmatts Stück kritisieren im Grunde alle Ausmalungen, die das staatliche Geschäft des Richtens und Strafens in einem höheren und schöneren Licht erscheinen lassen wollen als in dem der unabweisbaren Notwendigkeit, in dem es gesehen werden muß.

In der KOMÖDIE fällt dann zu unserer Frage vor allem das eigentümliche *Doppelurteil* auf. Es ist nicht gerade einfach, die Problematik aufzuzeigen, die den Dichter hier beschäftigt. Dürrenmatt versucht offenbar, die Fragwürdigkeit eines aktuellen Schuldbegriffs anschaulich zu machen. Grundlage dieses gemeinten Schuldbegriffs ist die menschliche Willensfreiheit. Sie wird jedoch zugleich als metaphysisches Problem gesehen, als Gegenstand einer Frage also, die nicht aus Erfahrung beantwortet werden kann. Die Bejahung und die Verneinung der Willensfreiheit ist insoweit reine Glaubenssache. Die unabweisliche Konsequenz hieraus wieder ist, daß auch ein die Willensfreiheit voraussetzender Schuldbegriff zur Glaubenssache wird.

Die Reihe von Prämissen und Folgerungen verläuft dann so: Strafe setzt Schuld voraus, Schuld setzt Willensfreiheit voraus, Willensfreiheit setzt als Voraussetzung staatlichen Strafens Beweisbarkeit voraus. Die Willensfreiheit ist aber nicht zu beweisen. Also ist auch die Schuld nicht zu beweisen, ebensowenig freilich die Unschuld. Es ist also – so muß diese Ansicht weiter folgern – reine Glaubenssache, ob man Schuld oder Unschuld bejaht. Also ist auch jede einzelne Bestrafung und jede Nichtbestrafung (immer bezogen auf eine gegebene unrechte Tat) reine Glaubenssache.

„Ein Jurist fragt" – heißt es in der Vorbemerkung dieses Buches. Hier ist nun einer der seltenen Punkte, an dem der Jurist als solcher mit seinen spezifischen Kenntnissen den Weg zum Verständnis vorangehen und einen Exkurs in die aktuelle Strafrechtstheorie und -praxis vorschlagen muß. Offenbar ist Dürrenmatt auf Formulierungen zum strafrechtlichen Schuldbegriff gestoßen, die ihn zu dieser satirisch geformten Kritik herausgefordert haben. Finden sich doch in der Literatur und in der Praxis Äußerungen, die den Anschein erwecken, die Strafrechtsanwendung gehe tatsächlich von einem Glauben an die Schuld aus, der den Andersgläubigen als Irr- und Aberglaube erscheinen muß.

Ein Kritiker wird sich u. a. durch eine Entscheidung des deutschen Bundesgerichtshofs aus dem Jahre 1952 bestätigt sehen, die auch in der Wissenschaft als grundlegend gilt. Darin heißt es u. a.: „Der innere Grund des Schuldvorwurfs liegt darin, daß der Mensch auf freie, verantwortliche, sittliche Selbstbestimmung angelegt und deshalb befähigt ist, sich für das Recht und gegen das Unrecht zu entscheiden." Damit scheint nun wirklich die Willensfreiheit als Prämisse der Schuld beschworen, und sei es in Gestalt einer seltsam paradoxen Verbindung von Freiheit und Unfreiheit. Denn „zur Selbstbestimmung *angelegt*" bedeutet ja nichts anderes als Determination des Menschen zur Willensfreiheit, mag er nun so oder anders von ihr Gebrauch machen.

Zugleich aber müssen sich die Strafrechtsanwender mit der Feststellung konfrontiert sehen, daß die Willensfreiheit im metaphysischen Begriff – wonach der Mensch frei sei, zu wollen, was er will – nicht bewiesen werden kann. Aus dieser Sicht bleibt für jeden, der es mit seinem Denken und Sagen ernst meint, offen, ob strafrechtliche Schuld überhaupt zu begründen ist. So wird für ihn die staatliche Strafe zum Ausdruck eines Glaubenskultes, der sich vom Ursprung oder vom Ziel dieses Glaubens her formulieren läßt, nämlich entweder: Wir glauben an Willensfreiheit, also dürfen wir Schuld feststellen und Strafe verhängen, oder: Wir brauchen die Strafe im staatlich geordneten Leben der Gesellschaft, also müssen wir an die Willensfreiheit glauben. Ganz in diese Linie paßt es als treffendes Beispiel einer Kritik, wenn neuerdings die Ansicht eines Naturwissenschaftlers, der „keinen freien Willen" zu haben erklärt, so wiedergegeben wird: „Manchen Leuten ist dieses Gefühl, zu entscheiden, so wichtig, daß sie nicht darauf verzichten können. Ich glaube, vor allem Juristen. Die könnten niemandem eine Schuld zuweisen, wenn sie nicht glaubten, daß Menschen für ihre Entscheidungen verantwortlich sind."

Diese die Juristen kritisierende Ansicht muß folgerichtig nicht nur das Verbrechen als eine *schuld*-haft begangene Untat für ein reines Glaubensprodukt halten, sondern eben auch die darauf bezogene Strafe und die Gerechtigkeit als deren Ziel oder Maß. Und diese Ansicht muß aufgrund der Annahme, daß ein solcher Glaube auf einem Irrtum beruhe, diese Phänomene für Erzeugnisse reinen Aberglaubens halten.

Doch die Kritik, die eben auch in dem „Doppelurteil" der Komödie steckt, trifft nicht den wirklich praktizierten Schuldbegriff des Strafrechts. Er setzt die Bejahung der Willensfreiheit im metaphysischen Sinne keineswegs voraus. Zwar begegnet man in Rechtsprechung und Literatur öfters Sentenzen, die einen anderen Eindruck erwecken. Ja: manche Theoretiker und Praktiker des Strafrechts „glauben" wohl tatsächlich an diese Voraussetzung. Aber hält man sich an die Realität des staatlichen Strafens, dann zeigt sich, daß – und zwar ganz zu Recht – ein Schuldbegriff praktiziert wird, der seine eigene Bedeutung hat und nichts mit der Frage der Willensfreiheit in dem hier gemeinten Sinne zu tun hat. Er fragt lediglich danach, ob der Täter der unrechten Tat in einer Weise, die empirisch voll zugänglich ist, in geistigem Kontakt mit dem von ihm verletzten Wert stand und ob er – was allein seine seelisch-geistige Verfassung zur Zeit der Tat betrifft – in der Lage war, sein Verhalten diesem Werte gemäß zu steuern.

In diesem Sinne sagt es im deutschen Recht schon die Vorschrift über die Schuldfähigkeit der Menschen im Alter von vierzehn bis noch nicht achtzehn Jahren: „Ein Jugendlicher ist strafrechtlich verantwortlich, wenn er zur Zeit der Tat nach seiner sittlichen und geistigen Entwicklung reif genug ist, das Unrecht der Tat einzusehen und nach dieser Einsicht zu handeln." Dieser positiven Voraussetzung entspricht die für jedes Alter geltende negative, wie sie für die Schuldunfähigkeit wegen seelischer Störungen im deutschen Strafgesetzbuch formuliert ist: „Ohne Schuld handelt, wer bei Begehung der Tat wegen einer tiefgreifenden Bewußtseinsstörung" o. a. m. „unfähig ist, das Unrecht der Tat einzusehen oder nach dieser Einsicht zu handeln." In beiden Vorschriften geht es um Momente, die erfahrbar sind und lediglich das Funktionieren des geistigen Kontakts zu den Werten des gesellschaftlichen Zusammenlebens betreffen. (Die Tatsachengrundlagen dieses geistigen Kontakts sind im Verfahren keinen andersartigen Beweisschwierigkeiten ausgesetzt als andere für eine Verurteilung vorausgesetzte Tatsachen.) Die Frage nach der Willensfreiheit im metaphysischen Sinne – ob der Mensch zu wollen frei ist, was er will – wird hier sowenig gestellt wie beim verurteilenden Richter oder etwa bei den die Strafgesetze beschließenden Institutionen.

Nach diesem strafrechtlichen Exkurs lassen sich die Besonderheiten der Komödie Die Panne eher durchschauen, soweit sie mit dem Doppelurteil zusammenhängen. Der Autor geht vor allem in diesen Partien, aber auch zuvor schon, von dem Denkmodell eines metaphysischen Schuldbegriffs aus, der, wenn man ihn bejaht, die Schuld des Menschen schlechthin meint, und wenn man ihn verneint, eben auch die Schuld in jedem Einzelfalle verneint. Es ist nun der Irrweg, den der Autor Dürrenmatt hier beschreitet, daß er ein metaphysisches Problem mit *empirischen* Daten darzustellen und als unlösbar zu beweisen versucht. Ist nämlich die Frage nach der Willensfreiheit empirisch nicht zu entscheiden, dann ist sie in der Tat eine Sache des Glaubens und bezieht sich auf jedes menschliche Verhalten. Dürrenmatt aber meint, dies dadurch veranschaulichen zu können, daß er zwei empirisch zu erfassende Sachverhalte nebeneinander zur Urteilsgrundlage macht, obwohl der zweite dem ersten am wesentlichen Punkte widerspricht.

Dürrenmatt läßt die beiden Sachverhalte – Traps hat den Gygax getötet oder der Föhnsturm hat Gygax getötet – für eine (wenn auch nur spielerische) Rechtsanwendung nebeneinander stehen mit der Folge, daß es zur Glaubenssache wird, von welchem Sachverhalt man ausgehen und zu welchem Urteil man kommen will. Sodann geht er „metaphysisch" von der Schuld des Menschen als Glaubensinhalt aus – mit der Folge: Traps hat einen Mord begangen. Und er geht „juristisch" von dem Föhnsturm aus – mit der Folge: Traps hat keinen Mord begangen.

Die spielenden Gerichts-Greise bekennen sich zu keinem Glauben. Vielmehr sagt Richter Wucht ganz in diesem Sinne zu Traps, der unbedingt seine Schuld beweisen möchte: „Was willst du uns denn beweisen, Fredi! Deine Schuld und deine Unschuld sind gleicherweise unbeweisbar." Es ist weiterhin folgerichtig, daß das Doppelurteil die Wahl zwischen Schuld und Unschuld als reine Glaubenssache Traps überläßt, dem in derselben Person Verurteilten und Freigesprochenen.

Das Manko in Dürrenmatts KOMÖDIE beruht an dieser Stelle auf einer „Metabasis eis allo genos" (einem Übergang in eine andere Gattung). Der Lauf der KOMÖDIE setzt nämlich voraus, man könne die Unbeweisbarkeit im Metaphysischen unbekümmert mit einem Offenlassen im Tatsächlichen gleichsetzen. Was für metapysisch gehalten wird, läßt sich aber nicht unverfälscht in empirische Kategorien übertragen. Im übrigen ist hier der Hinweis geboten, daß es für ein Strafgericht kein sonderliches Problem wäre, wenn feststünde, daß nur zwei Sachverhalte in Betracht kämen, nicht aber, welcher der beiden der wirklich gewesene sei. Nach dem Grundsatz „in dubio pro reo" (im Zweifel für den Angeklagten) ginge man von dem Sachverhalt aus, der dem Angeklagten günstiger ist.

Das seltsame Doppelurteil hat uns einige Überlegungen abverlangt. Es läßt erkennen, welch ernster Ansatz zur satirischen Behandlung dieser Fragen durch Dürrenmatt geführt hat. Gleichwohl ist sein Versuch, eine metaphysische Frage in dieser Weise empirisch zu veranschaulichen, widersinnig. Das bedeutet freilich nicht, daß der KOMÖDIE als satirischer Dichtung der bleibende Gehalt abzusprechen wäre. Darauf ist noch zurückzukommen.

## Das Gerichtsspiel – von Traps ernst genommen

Traps ist in das Gerichtsspiel der Greise ganz unvorbereitet hineingeraten. Er spielt nur scheinbar „mit". Er ist – wir sahen das schon – nicht etwa gleichrangiger Mitspieler, sondern das Spielzeug der anderen. Und dies ist er denn auch mit einem ganz eigenen Betroffensein. Er erleidet „gleichsam zu seiner Autopanne noch eine zweite, eine geistige Panne", indem er das Spiel ernst nimmt. So meint er schon in einem frühen Stadium des Spiels: „Der besondere Reiz dieses Spiels besteht darin – wenn ich als Anfänger meine Meinung äußern darf –, daß einem dabei unheimlich wird. Das Spiel droht in die Wirklichkeit umzukippen." Und wenn die alten Juristen durch Spiel und Alkohol heruntergezogen werden aus dem Nimbus, der von Gerechtigkeit ausgeht, so wird Traps durch Spiel und Alkohol in das Bewußtsein einer Sphäre hinaufgehoben, in der ihm aufgeht, was es heißt, „ein wahrhaftes Leben zu führen", „wozu eben die höheren Ideen der Gerechtigkeit, der Schuld und der Sühne nötig" sind (so in der ERZÄHLUNG). In allen drei Stücken begehrt er zuletzt begeistert das Todesurteil.

So bringt Traps als Spielobjekt der anderen noch ganz eigene Momente ins Bild. Ein „harmloser Durchschnittsbürger" ⟨so nennt ihn Dürrenmatt in der Vorbemerkung zur KOMÖDIE⟩ erlebt überraschend, wenn auch in alkoholisiertem Zustand, erstmals bewußt eine Welt höherer Werte. Er erfährt beglückt eine neue Dimension des Menschseins und offenbart in seinem Beglücktsein die Sinnleere seines sonstigen Daseins. So begehrt er als Bestätigung seiner Erhöhung jeweils mit heftigem Verlangen die Todesstrafe und sieht sich – man kann es für die Satire ohne Übertreibung sagen – im Sinne Hegels als Verbrecher durch die Strafe „als ein Vernünftiges geehrt."

Im HÖRSPIEL erwartet er zunächst seine Hinrichtung. Aber über Nacht bekommt er wieder einen klaren Kopf und gewinnt Distanz – sowohl von dem Urteil wie von der moralischen Erschütterung. Er kehrt unbeirrt in die Welt des Generalvertreters zurück.

In der ERZÄHLUNG dagegen kommt es bei Traps nicht mehr zur Ernüchterung. Er hält an dem gegen ihn ergangenen „Urteil" und damit am neu erworbenen Selbstwertbewußtsein ungebrochen fest und findet sein Ende in der Selbstvollstreckung der Todesstrafe.

In der KOMÖDIE wird Traps mit dem oben besprochenen Doppelurteil konfrontiert. Vor diesem Herrenabend war er noch unberührt von allen Skrupeln und überzeugt, daß es im harten Geschäftsleben eben Sieger und Besiegte geben müsse. In jener Verfassung hätte er gewiß den Freispruch gewählt. Die Quintessenz seines Redens war ja ursprünglich immer, Gygax sei selbst schuld an seinem Tod. Nun aber hat er, wenn auch stark berauscht, an einer höheren Form des Menschseins Gefallen gefunden. Er will seinen geweihten Status nicht wieder verlieren. Als Modellfall all der Menschen, die nichts als ihren eigenen Vorteil verfolgen und noch damit prahlen, wird er durch das skrupellose Gerichtsspiel zum Idealfall für eine Gerechtigkeitsdemonstration. Daß dieser Selbsterhöhung der totale Absturz zu folgen droht, wird im Gespräch mit Justine deutlich. Die Selbsttötung bleibt für Traps der einzige Ausweg.

So liefert sein Verhalten den Hintergrund, vor dem das Spiel mit der Gerechtigkeit, wie die Greise es treiben, erst

seine wahre Bedeutung enthüllt. Traps steht ihnen gegenüber – gewissermaßen für eine Vielzahl von Menschen, die
den Glauben an die Gerechtigkeit nicht verloren haben. Zugleich markiert er auf seine Weise den Sinnverlust der
Menschheit unseres Kultur-Bereiches in diesem Jahrhundert, da er sogar in einem Geschehen Sinn erfährt, das objektiv nichts anderes ist als ein übermütiges Spiel.

## Die parodierte Gerechtigkeit

Den in drei Versionen gedichteten übermütigen Herrenabend nennt Dürrenmatt „eine Parodie auf die Gerechtigkeit".

Der Dichter bekennt sich, indem er einen nach alter Tradition erhabenen Wert im Blick auf Verbrechen und Strafe
parodiert, zum eigenen Bewußtsein, wir stünden an einem
Umbruch unserer Kultur. Das bedeutet nicht, daß wir wieder auf deren Ursprünge zurückgreifen müßten: Wir sind
schon allzu weit entfernt von einer geistigen Epoche, in der
– wie bei Sophokles – Verbrechen und Strafe unmittelbar
in die Welt der Götter hineinreichten. Aber in der Dichtung findet sich wohl kein ernstzunehmendes Werk, das
die Gerechtigkeit im Blick auf Verbrechen und Strafe so
grundsätzlich in Frage stellt, wie diese PANNE-Stücke es tun.

Nach Dürrenmatt ist eben das, was wir als Verbrechen
verurteilen, als Strafe verhängen, als Gerechtigkeit erstre-
ben, nicht mehr im alten Sinne ernstzunehmen. In einer
entgötterten Welt (die Greise schießen die Götter, denen
die Schuld an unserem menschlichen Schuldigsein zukommt, vom Himmel) sind Verbrechen, Strafe, Sühne und
Gerechtigkeit nur noch geeignet, im Spiel „ernstgenommen" und auf diese Weise satirisch aufbereitet und aufgear-
beitet zu werden. Dürrenmatt siedelt allerdings die Schuld
und damit das Verbrechen – und er meint, das geschehe allgemein so – im metaphysischen Bereich an (und zwar in allen drei Stücken). Denn er geht davon aus, daß es Verbre-

chen, Strafe, Sühne und Gerechtigkeit nur dann als Phänomene bzw. als ethische Forderung geben könne, wenn man
die menschliche Willensfreiheit im metaphysischen Sinne
bejahe.

Daß dem nicht so ist, war oben – zum Doppelurteil der
KOMÖDIE – zu zeigen. Gleichwohl ist in der geistigen Situation der Gegenwart die Bereitschaft groß, das Verbrechen
nur noch als eine Panne im gesellschaftlichen Zusammenleben zu begreifen. Das Verbrechen gehört dem Menschen
dann nicht mehr durch sein Schuldigwerden zu, sondern wi-
derfährt ihm als Unglück wie die Explosion einer Chemie-
Anlage oder das Zusammenkrachen von Jumbo-Jets („Un-
glücke", die allerdings auch verschuldet sein können). Die
Frage, ob und wie den als Panne begriffenen menschlichen
Fehlhandlungen zu begegnen sei, bleibt bei alledem offen.

Was uns die Sensibilität eines Dichters als – wenn auch satirisch verzerrtes – Bild vor Augen stellt, kann den später
Lebenden als Vorausahnung eines dann wirklich Gewordc-
nen erscheinen. Ich bin allerdings überzeugt, daß sich die
Substanz der Dinge keiner Dürrenmattschen Vision annä-
hern wird. Aber aus seiner ethisch wertfreien PANNE-Sicht
gesehen, sind im Grunde heute schon (sonst hätte er die Parodie auf die Gerechtigkeit so nicht schreiben können) Verbrechen und Strafe nur noch Reflexe eines Phantoms, nämlich des Phantoms der Gerechtigkeit.

# Ein subtiles Verbrechen aus Versehen und die versöhnende Selbstbestrafung des Täters

## Heinrich von Kleist
### DIE MARQUISE VON O...

### *Das erzählte Geschehen*

Kleist fordert uns auf, zwei Geschehensabläufe deutlich zu unterscheiden: einmal den Gang seines kunstvollen Erzählens von zunächst rätselhaften Ereignissen, und dann die historisch geordnete Folge der enträtselten Vorgänge. Kleist beginnt mit einer ganz außergewöhnlichen Zeitungsanzeige, bringt später irgendwo einen kaum auffallenden Gedankenstrich und läßt uns doch allmählich wissen, worum es eigentlich geht. Erst wenn wir alle erzählten Fakten kennen, bringen wir sie als faszinierte Leser in die Reihe eines historisch gedachten Ablaufs. Dann stellt sich die Geschichte wie folgt dar:

Im oberen Italien liegt bei der Stadt M... eine Zitadelle, die dem Obristen von G... als Kommandanten untersteht. Er wohnt im Kommandantenhaus mit seiner Frau und seiner seit drei Jahren verwitweten Tochter Julietta, der Marquise von O..., und deren beiden Töchtern. Plötzlich bringt ein Krieg Truppen fast aller Mächte in die Gegend. Der Obrist hat Befehl, die Zitadelle zu verteidigen. Sie wird von russischen Truppen in einem nächtlichen Überfall erobert.

Brand bricht aus. Ein Trupp russischer Scharfschützen greift die herumirrende Marquise auf und zerrt sie in den hinteren Schloßhof, um ihr dort Gewalt anzutun. Ihr Schreien ruft den Grafen F..., einen russischen Offizier, herbei. Er vertreibt die lüsternen Soldaten unter blutigem Einsatz sei-

nes Degens und führt die völlig erschütterte Marquise in
den noch nicht vom Brand erfaßten Flügel des Schlosses.
Dort sinkt die Marquise bewußtlos nieder. Der Graf vollzieht an der Bewußtlosen den Beischlaf. Dann kommen
Frauen des Schloßpersonals. Der Graf versichert sie, daß
die Dame sich bald erholen werde, und kehrt in den Kampf
zurück.

Er setzt sich hernach in außerordentlicher Selbstlosigkeit
bei der Bekämpfung des Brandes in der Zitadelle ein. Am
andern Tag kommt der Befehlshaber der russischen Truppen an den Platz. Er erfährt von dem Anschlag der Soldaten
auf die Marquise. Der Graf erklärt sich in verwirrter Rede
außerstande, die Leute zu benennen. Sie werden dann doch
ermittelt. Fünf Soldaten werden nach kurzem Verhör erschossen. Ohne den Dank der Marquise für die Rettung ent-
gegenzunehmen, verläßt der Graf mit seiner Truppe den
Platz. Er wird noch am selben Tag bei einem Gefecht verwundet und ruft dabei: „Julietta! Diese Kugel rächt dich!"

Die Marquise ist schwanger geworden, kann sich aber die
entsprechenden körperlichen Erscheinungen in keiner Weise erklären und hält eine Schwangerschaft für ausgeschlossen. Überraschend kommt der genesene Graf F... auf kurzen Besuch zu der Familie und macht der Marquise zu allgemeiner Verblüffung einen Heiratsantrag, den der Oberst
für seine Tochter ablehnt. Man weiß auch nach zwei Tagen
beim Abschied des Grafen nicht, was man von seinem Verhalten denken soll.

In der Folgezeit wird die der Marquise völlig unerklärli-
che Schwangerschaft von Arzt und Hebamme bestätigt. Ihr
Vater, der der Marquise das Nichtwissen vom Ursprung der
Schwangerschaft sowenig glaubt wie ihre Mutter, weist die
Marquise aus seinem Hause. Ihrem Flehen begegnet er mit
einem Zornausbruch. Er reißt eine Pistole von der Wand,
ein Schuß löst sich und fährt in die Decke. Die erschütterte
Marquise zieht auf ihren Landsitz und nimmt gegen den
Willen ihres Vaters ihre Kinder mit.

Nach einiger Zeit läßt die Marquise eine Anzeige in die Intelligenzblätter der Stadt M... aufnehmen, „daß sie, ohne ihr Wissen, in andre Umstände gekommen sei, daß der Vater zu dem Kinde, das sie gebären würde, sich melden solle; und daß sie, aus Familienrücksichten, entschlossen wäre, ihn zu heiraten." Noch bevor die bereits aufgegebene Anzeige erscheint, kommt Graf F... wieder nach M... und erfährt vom Bruder der Marquise von der – wie er sagt – „Schande", die die Marquise über die Familie gebracht habe.

Der Graf reitet sofort auf den Landsitz der Marquise und trifft sie dort im Garten. Er bestürmt sie mit der Bekundung seiner Liebe. Sie aber fragt, ob man ihm denn in M... nichts gesagt habe. Er antwortet „Alles", doch sei er von Ihrer Unschuld völlig überzeugt. Nach dem Hin und Her einer in abgebrochenen Sätzen geführten kurzen Unterredung reißt sie sich schließlich von ihm los. Er kehrt betroffen in die Stadt zurück und trifft dort in einem Gasthaus auf den Bruder der Marquise. Dieser läßt ihm das Blatt reichen, in dem gerade jetzt die Anzeige der Marquise erschienen ist. Der Graf liest und erklärt, nun wisse er, was er zu tun habe. Er antwortet alsbald mit einer eigenen anonymen Anzeige: der, den die Marquise suche, werde sich ihr „am 3ten ... 11 Uhr morgens", im Hause ihres Vaters zu Füßen werfen.

Die Marquise schreibt ihrem Vater, er möge den zu der genannten Stunde Erscheinenden zu ihr schicken. Darüber gerät nun die Mutter ganz aus dem bisherigen, von ihrem Mann bestimmten Konzept. Sie fährt zu ihrer Tochter und kommt nach Einsatz einiger Finten im Gespräch tief bewegt zu der Überzeugung, daß ihre Tochter tatsächlich nicht weiß, wie sie schwanger geworden sein könnte. So versöhnt sie sich ganz mit ihr und bringt sie zurück nach M..., wo sich dann auch ihr Vater unter Weinkrämpfen und Kosen mit der Marquise aussöhnt.

Zur angekündigten Stunde findet sich der Graf im Hause des Obristen G. ein. Frau G. ist erleichtert. Die Marquise

aber weist den Grafen empört ab: auf einen Lasterhaften sei
sie gefaßt gewesen, nicht aber auf einen Teufel! Sie lehnt zunächst jede Heirat ab. Doch dann bringt der Kommandant
es dahin, daß ein Heiratskontrakt geschlossen wird, in welchem der Graf auf alle Rechte eines Gemahls verzichtet
und sich doch zu allen Pflichten bekennt. Bei der kirchli-
chen Trauung würdigt die nunmehrige Gräfin ihren Mann
keines Blickes. Auf die Einladung des Kommandanten, zu-
weilen in sein Haus zu kommen, stammelt der Graf nur
Unverständliches und entfernt sich.

Er bezieht eine Wohnung in der Nähe, sucht aber mehrere Monate hindurch das Haus des Kommandanten nicht auf.
Bei Begegnungen mit der Familie benimmt er sich würdig
und voller Zurückhaltung. Als die Gräfin von einem Sohn
entbunden worden ist, erscheint er auf Einladung bei der
Taufe. In der Folgezeit kommt er regelmäßig ins Haus. Er
sieht, daß ihm allseitig verziehen ist. So bewirbt er sich erneut um seine Frau. Nach Verlauf eines Jahres gibt sie ihr Ja-
wort. Eine zweite Hochzeit wird gefeiert, und eine ganze
Reihe von jungen Russen kommt dann noch zur Welt.

## Stoff und Erscheinen der Erzählung

Den stofflichen Anstoß zu Kleists Erzählung hat höchst-
wahrscheinlich eine derbe Anekdote aus Montaignes Essay
über die Trunksucht (aus dem Jahre 1588) gegeben. Danach hatte eine verwitwete Bauersfrau an einem Festtag so
viel Wein getrunken, daß sie in der Küche sitzend ein-
schlief und nicht bemerkte, daß einer ihrer Ackerknechte
„sich ihrer bediente“. Sie ließ dann, als ihre Schwangerschaft offenbar wurde, in der Kirche nach der Predigt verkünden, daß sie dem, der sich als Vater bekenne, verzeihen
und ihn heiraten werde. „Sie leben noch heute ehelich zusammen“ – so beschließt Montaigne seine Anekdote.

Die Marquise von O... wurde 1808 veröffentlicht.
Kleist hat sie wohl schon 1807 aus der französischen Gefan-

genschaft, über die im Kapitel über PRINZ FRIEDRICH VON
HOMBURG zu berichten war, mitgebracht.

### Die Anekdote als Werkstoff des Dichters

Kleist hat den Stoff in mancher Hinsicht veredelt – aber gewiß nicht schon dadurch, daß er aus der Bauersfrau eine
Marquise und aus dem Knecht einen Grafen gemacht hat,
und auch nicht allein dadurch, daß er das Geschehen der
Zeugung in einem bloßen Gedankenstrich „schildert", dessen Bedeutung der Leser erst einige Seiten später zu erfassen beginnt. Vielmehr hat Kleist – was im Vergleich mit
der Anekdote Montaignes zuerst auffällt – die Marquise völlig schuldlos in die Bewußtlosigkeit geraten lassen, in der sie
geschwängert wurde. Und er hat den sündigen Grafen mit
einer Reihe subtilster seelischer Züge ausgestattet, die diesen hernach wiederholt sehr sensibel und sogar selbstver-
leugnend reagieren lassen.

Doch wir müssen zunächst vom Grafen absehen. Das
Ganze der Erzählung bietet vor allem anderen das faszinierende Bild der Titelheldin. In dieser Frau erwarten wir aufgrund der berichteten Anzeige sogleich eine außerordentliche Persönlichkeit. Wir werden nicht enttäuscht. Nachdem
sie durch die ihr unerklärliche Schwangerschaft aus allen
Ordnungen ihres Weltbildes geworfen ist, setzt sie sich –
entschlossen, sich selbst zu retten – über die Konvention ihrer Zeit hinweg. Sie emanzipiert sich auch aus der Behütet-
heit ihres vom Vater dominierten Elternhauses, als sie gegen die zu befürchtende Gewalt des Vaters und des Bruders
ihre Töchter mit sich auf den Landsitz nimmt, – eine Handlung, die der Dichter ins bedeutendste Licht zu setzen weiß:
„Durch diese schöne Anstrengung mit sich selbst bekannt
gemacht, hob sie sich plötzlich, wie an ihrer eigenen Hand,
aus der ganzen Tiefe, in welche das Schicksal sie herabge-
stürzt hatte, empor." Und schließlich wehrt sie den Grafen,
nachdem er sich als der Vater ihres Kindes bekannt hat, als

„Teufel" ab und stellt dadurch seine Liebe, ohne daß sie dies bedacht hätte, auf eine langwährende Probe. Erst aufgrund der besonderen Art seiner Bewährung wird dann eine zweite Hochzeit zwischen den Verheirateten und der glückliche Ausgang möglich.

### Die Frage nach Verbrechen und Strafe

Alles bisher Gesagte führt uns freilich noch nicht zu unserem übergreifenden Thema „Verbrechen und Strafe". Wo soll in dieser Erzählung jener Zusammenhang gegeben sein, der uns berechtigt, sie als letztes noch unter die bisher behandelten Stücke der Weltliteratur einzubeziehen?

Gewiß – wenn wir es mit den heutigen deutschen Delikts-Bezeichnungen andeuten, dann sind da die von den Soldaten an der Marquise begangenen Taten: Versuchte Vergewaltigung, vollendete Nötigung und wenn auch kurze, so doch vollendete Freiheitsberaubung. Und als Strafe ist da die rasch vollstreckte Todesstrafe. Aber so hart sie auch ist, so ist insoweit doch nicht zu erkennen, was der Dichter gerade mit diesem Geschehen, wenn wir es nur für sich betrachten, als für diese Erzählung wesentlich ins Bild gesetzt hätte.

Anders ist dies freilich mit dem Verhalten des Grafen, vielleicht auch mit der Vergleichbarkeit dessen, was er tat und hernach erfuhr, mit dem, was den Soldaten widerfahren ist. Sehen auch wir sein Handeln so, wie es ganz allgemein nach dem äußeren Hergang gesehen wird, so hat er – in der heutigen Redeweise – eine widerstandsunfähige Frau zum Beischlaf mißbraucht und sollte insoweit nicht wesentlich anders als die Soldaten bestraft werden. Es fragt sich, ob etwa hier unter dem Aspekt der Gerechtigkeit das Problem liegt, das uns beschäftigen muß.

Tatsächlich finden wir überall in der Literatur den Hinweis, der Graf habe im Grunde das gleiche getan wie die Soldaten. Man sieht die Tat des Grafen „in ihrer beschämenden Niedrigkeit", spricht von „abscheulicher Tat", nennt den

Grafen den „mit der abscheulichen Untat belasteten Helden". Der Graf sei „nicht von der Art seiner Landsleute, die sich wie Tiere an der Reinheit dieser Frau vergreifen wollen", aber er tue „doch das, woran er jene hindert".

Ja, es wird gesagt, man müsse die Erzählung gegen den Strich lesen. Das eigentliche Problem werde nicht schon als moralisches, sondern erst als Klassenproblem voll verständlich. Die Frage – es ist die Frage, die an den Dichter gestellt wird – müsse lauten: Warum wird der Graf, der genauso wie die einfachen Soldaten ein Schandkerl ist, nicht ebenso niedergeschossen wie sie? Warum wird ihm verziehen? Warum wird er schließlich noch belohnt, indem er die von ihm geschändete Marquise sogar heiraten und mit ihr glücklich werden darf? „Doch unzweifelhaft deshalb", so wird da geantwortet, „weil er ein Mitglied einer zweifach privilegierten Klasse ist: er ist Adeliger und er ist vor allen Dingen reich."

Folgen wir dieser Sicht der Erzählung, dann müßte das Resümee zum Stichwort „Verbrechen und Strafe" etwa dahin gehen, es handle sich um das Verbrechen eines Grafen und seine standesbedingte Straflosigkeit.

## Der Graf im Sturm der Liebe

Die soeben berichteten Fragen und Antworten erscheinen fürs erste nicht abwegig. Und doch können sie nicht übernommen oder auch nur als mögliche Sicht akzeptiert werden, solange der Text nicht daraufhin nochmals gründlich gelesen und überprüft ist. Schließlich hat Kleist den Grafen durch weite Strecken als eine Figur gezeichnet, die feinen Empfindens fähig ist und der das brutale Verhalten, wie es die Erzählung zunächst nahelegt, nicht eigentlich zuzutrauen ist.

Einige Stellen der Erzählung sind da herauszugreifen: Der Graf wird, als der General sein edelmütiges Verhalten lobt, über das ganze Gesicht rot. Er berichtet errötend vor der Fa-

milie der Marquise den Traum von dem Schwan Thinka,
den er als Kind mit Kot beworfen habe und der dann unter-
getaucht und rein wieder hervorgekommen sei. Er spricht
zu Ohren der Marquise dem Obristen gegenüber von der
einzigen, der Welt unbekannten nichtswürdigen Handlung,
die er in seinem Leben begangen habe und die wieder gutzumachen er im Begriffe sei.

Auch ist zu fragen, warum der Graf nach all den Abwei-
sungen überhaupt noch den anonymen Vorschlag machte,
er werde sich als Vater des Kindes in der Wohnung des Obristen der Marquise zu Füßen werfen, statt sich mit einem
alles eröffnenden Brief zu begnügen. Warum schließlich
sollte er entgegen der auch in der Trauung erfahrenen Ablehnung durch die Marquise zu der demutsvoll und ohne
Worte um Versöhnung bittenden Haltung gefunden haben,
die er monatelang in einiger Nähe zur Wohnung der Obri-
stenfamilie und vor allen Leuten gezeigt hat?

Sehen wir alle diese Momente, dann müssen wir fragen,
ob wir nicht zu unbedacht mit unserem Maß statt mit dem
Kleists gemessen haben. Wir werden gerade die Stelle der
Erzählung, die die verschwiegenste ist, noch einmal lesen
müssen: nämlich den berühmten Gedankenstrich – soweit
man auch ein solches Zeichen „lesen" kann. Dann wird sich
zeigen, ob der Charakter des Grafen, der uns bisher gespalten erscheint – dort der Gewalttäter, hier der zartfühlende
Mann –, ob dieser Charakter nicht doch als eine bruchlose
Einheit zu sehen ist. So müssen wir uns denn mit dem Kon-
text des „Gedankenstrichs" deutlicher befassen, als es ehe-
dem erlaubt schien.

Wie haben wir uns die Vorgänge im brennenden Schloß
anschaulich vorzustellen? Wie, daß wir schließlich sagen:
So könnte, ja, so muß es gewesen sein? Wenn der Graf in jenem noch nicht in Brand geratenen Flügel des Schlosses unter einer „verbindlichen französischen Anrede" der Dame
den Arm bot, dann war diese Geste hier nicht die Aufforde-
rung zu einem Tanz im Ballsaal. Sie war inmitten von toben-

dem Brand und Kriegsgeschehen der Auftakt zur Errettung der erschöpften Frau aus schrecklichster Lage. Ihr, die gerade noch reines Objekt der Soldatenfäuste gewesen war, konnten unter diesen Umständen die gesellschaftlichen Spielregeln der Friedenszeit nicht mehr viel gelten. Wir sehen sie in ihrer Not, wie sie sich in Angst und Schrecken an den Mann klammert, der ihr jetzt „der rettende Engel" ist.

Und auch er muß dann eine besondere Nähe zu ihr verspürt haben. Aus kriegerischem Kampf geriet er plötzlich für einige Minuten in die Gefilde des Eros. Wo dem Jüngling – man muß heute sagen: dem jungen Mann früherer Zeiten – der im ersten Ansturm von Liebe geträumte typische Liebes-Helden-Traum ohne Erfüllung bleibt, da wurde dem Grafen eine solche Erfüllung geschenkt, noch bevor er den Liebes-Traum auch nur geträumt hatte: Wo der Knabe träumt, das geliebte Mädchen retten und so aufs innigste berühren, ja auf Händen tragen zu dürfen, da kommt der Graf in die engste Berührung mit einer offenbar liebenswerten Frau, der er gerade erstmals begegnet. Sie muß beim Gang in den Schloßflügel gestützt werden. Sie fällt dann nicht etwa ohnmächtig um, sondern „sinkt völlig bewußtlos nieder". Er stützt sie bei diesem Niedersinken, umfaßt sie, um sie nicht fallen zu lassen, sie klammert sich noch fester an ihn, und er sinkt mit ihr nieder. Wie anders sollte es gewesen sein?

Wen wundert es da noch, daß eine Liebe, aus der sonst die unerfüllbaren Retterträume erwachsen, nun einer wirklichen Rettung mit intensiver Macht nachfolgt? Und wen wundert es, wenn den Grafen nun ein erotischer Sturm packt und er, der kurz zuvor noch in der Aggressivität kriegerischen Kampfes befangen war, nun in der erlaubten körperlichen Nähe zu dieser Frau aufs höchste erregt wird? Könnte er dann nicht das rettungsuchende Anklammern als liebende Umarmung erlebt haben und so zu einer besinnungslosen Tat verführt worden sein, die gewissermaßen naturhaft vollendet, was so sittsam eingeleitet war?

So fern diese Annahme unter ruhigen Umständen gele-
gen hätte – jetzt nahm der Graf, der aus der Erregung des
Kampfes in die der Umarmung geraten war, die Umklam-
merung als Zeichen bewußter Hingabe. Ein äußeres Hindernis war bei der Damenkleidung jener Zeit nicht zu über-
winden ( – später hält die Marquise ja selbst für möglich,
von dem Jäger Leopardo während eines Schlummers in der
Mittagshitze geschwängert worden zu sein). Und das Hin-
sinken der Marquise wurde vom Grafen offensichtlich
nicht als Bewußtlosigkeit erkannt. Erst als er sich von der
Marquise löste, mag er eine nun eingetretene Erschöpfung
angenommen haben. So versicherte er die erscheinenden
Frauen, die Marquise werde sich bald erholen, und kehrte
in den Kampf zurück – nicht ohne daß ihm schon in den
nächsten Augenblicken das gleichwohl Nichtswürdige seines Verhaltens bewußt geworden wäre, so daß ihm die hef-
tigsten Gefühle zugleich der Liebe und der Schuld zurück-
blieben.

*Erneute Frage nach „Verbrechen und Strafe"*

Es hat sich, wenn man dem hier vorgeschlagenen Verstehen
von Kleists Erzählung folgt, gezeigt, daß der Graf nicht ein
schweres Verbrechen begangen hat. Er hat zwar eine objektiv in hohem Grade unrechte, nicht aber eine subjektiv gleichermaßen böse Tat getan. Wir müssen allemal zum Unrecht der Tat noch die Schuld erfragen, wenn das Verbrechen gegeben sein soll. Und so liegt – ohne daß hier strafge-
setzliche Vorschriften benannt werden müßten – im Tun des
Grafen zwar schweres Unrecht vor, nicht aber schwere
Schuld. Von der Schuld her gesehen bleibt vielleicht das,
was wir fahrlässig nennen müßten: Sollte der Graf nicht haben erkennen können, daß die Marquise damit, daß sie sich
an ihn klammerte und wie eine innig Liebende mit ihm nie-
dersank, nicht schon bereit war, so spontan und in dieser
entwürdigenden Lage den Liebesakt zu vollziehen? So

bleibt denn auch der Vorwurf, den er sich immer machen mußte: daß er ihr Verhalten in einer verletzenden Weise als Zustimmung fehldeutete. Gewiß mochte dies in einer Situation geschehen sein, die ihn ohnehin kaum zur Besinnung kommen ließ. Aber dies hat er vor sich selbst hernach offensichtlich nicht als Entschuldigung gelten lassen.

Umso mehr zeigt sich uns im weiteren Geschehen der Erzählung das hohe Maß geradezu anbetender Liebe, die ihn zu jenen Schritten führte, die er alsbald voller Beschämung tat. Das begann mit dem wagemutig-selbstlosen Einsatz bei der Bekämpfung des Brandes in der Zitadelle und ließ ihn dann viel später, noch nach der Trauung in der Kirche, den Weg sühnenden Verhaltens bis zum Ende gehen. Er ermöglichte schließlich dadurch der geliebten Frau nach der Geburt des Sohnes den Schritt, den sie noch kurz zuvor für unmöglich gehalten hatte: Nun konnte sie ihn ernstlich als Ehegatten annehmen.

### Der Graf – schwerer Verbrecher oder großer Liebender?

Nach aller Erfahrung ist mit deutlichen Einwänden gegen die Aufdeckung des Geheimnisses von Kleists Erzählung zu rechnen.

So wurde schon gemeint, es gehe für diese Sicht wohl um nichts anderes als um die in vielen Strafverfahren gehörte Ausrede beschuldigter Männer, sie hätten angenommen, die Frau sei mit dem Akt einverstanden.

Aber ganz abgesehen davon, daß der Graf sich gerade nicht auf diese Weise „hinausredet", sondern ohne Erklärung alle Demütigungen auf sich nimmt, geht ein solcher Einwand ganz an der Sache der Erzählung vorbei. Hier ist nicht ein Beschuldigter zu verteidigen, sondern ein Dichter zu verstehen. Und Kleist muß – ich meine: zwingend – dahin verstanden werden, er habe hinter dem verschweigenden Gedankenstrich gerade das wiedergegebene Erleben des Grafen verborgen.

Der Fortgang der Erzählung bestätigt dies nachdrücklich. Nur so kann der aus Kleists Phantasie hervorgegangene Graf bei der ersten späteren Begegnung mit der Marquise nach der Frage, wie sie sich befinde, auf seinen Bedenken über ihr mattes Aussehen beharren und sogleich hinzusetzen, „ob sie ihn heiraten wolle?" Und überhaupt kann er nur so dieses wiederholte Heiratsverlangen – entgegen aller standesgemäßen Form – unvermittelt aussprechen. Nur weil er die Marquise für die Mitwisserin des gemeinsamen Liebesaktes hält und weil er nicht unter vier Augen mit ihr sprechen kann, macht er im Kreise ihrer Familie manche Äußerung, die nur für sie bestimmt und – wie er meint – ihr auch voll verständlich ist. Das kommt dann öfters, wenn auch einseitig, geradezu einer Geheimsprache unter Liebenden gleich. Hierzu gehört auch die Art, wie er nach ihrem Ergehen fragt und Freude erkennen läßt, wenn sie ihm schließlich eine gewisse Mattigkeit bestätigt und er das als Zeichen der Gemeinsamkeit verstehen kann, und wie er als Signal seinerseits berichtet, daß die Frau Marquise in seinem Krankenlager durch Monate sein einziger Gedanke gewesen sei.

Vollends deutlich wird seine Fehlvorstellung, als er die Marquise später auf ihrem Landsitz aufsucht. Das dort in abgerissenen Halbsätzen geführte Gespräch offenbart seinen wahren Gehalt nur dann, wenn man die radikal verschiedenen Bewußtseinslagen der beiden Personen im Blick behält: Der Graf weiß alles frühere Geschehen, aber nicht, daß die Marquise den entscheidenden Vorgang nicht weiß und daß sie die Suchanzeige aufgegeben hat. Die Marquise weiß nicht, wer der Vater ihres Kindes sein könnte; sie weiß nur, daß der Graf sie heiraten möchte und daß in den nächsten Tage die Suchanzeige erscheinen wird.

Solange er die Suchanzeige nicht gelesen hat, muß der Graf das abweisende Verhalten der Marquise auf seine Weise deuten. Er muß bei ihr einen  die Gefühlsnähe zu ihm störenden Selbstvorwurf annehmen, allzu rasch als Frau zu dieser Umarmung bereit gewesen zu sein. Wie auch sollte er sonst, wenn er bewußt die Marquise als bewußtlose Frau mißbraucht gehabt hätte, zu ihr sagen können, daß er „von Ihrer Unschuld völlig überzeugt" sei? So kann ja nur reden, wer immerhin die Möglichkeit einer Mitschuld des anderen bedenkt. Und so kann der Graf denn auch nachvollziehen, daß ihn die Marquise ihrer Familie gegenüber nicht als Vater benennt und sich lieber der Schande eines geheimzuhaltenden Umgangs aussetzt, als daß sie ihren Leuten zu erkennen gibt, sie habe sich dem Grafen sogleich hingegeben. Er geht davon aus, daß sie sich vor ihm schäme, sich gegen die Welt und ihn sperre und einsam ihr Kind zur Welt bringen und aufziehen wolle.

Nur wenn man die Erzählung so versteht, ist auch der grandioseste Moment zu erfassen: der Augenblick des Erkennens beim Grafen. Er liest die Anzeige: Das Blut schießt ihm ins Gesicht, ein Wechsel von Gefühlen durchkreuzt ihn, er liegt mit ganzer Seele über dem Papier, er verschlingt gierig den Sinn desselben; er legt das Blatt zusammen, sagt: Nun ist es gut, nun weiß ich, was ich zu tun habe, und geht, „völlig ausgesöhnt mit seinem Schicksal" fort.

Allzu beharrlich geht die gesamte Literatur, die zu dieser Erzählung Kleists entstanden ist, – soweit ich sehe – an dieser Stelle vorbei, da sie für das übliche Verständnis ohne besondere Bedeutung ist. Uns aber zeigt sie den entscheidenden Wendepunkt im Erleben des Grafen: Nun erst hat er erkannt, daß die Marquise keine Ahnung von seiner Vaterschaft hat. Nun erst kann er auf neue Weise verstehen, warum sich die Marquise ihm gegenüber bisher so abweisend verhalten hat.

Erfaßt man alle diese Momente der Erzählung, dieses in sich geschlossenen Stückes der Dichtung, dann erweist sich der oben angeführte Einwand als haltlos: es gehe in unserem Verständnis lediglich um eine Art der üblichen Ausrede von Vergewaltigern. Es geht – wie gesagt – ohnehin nicht um die Ausreden einer Person, sondern um die Dichtung. –

Sodann ist schon gesagt worden, Kleists Werke seien, soweit sie ein Zerbrechen der herkömmlichen Ordnung ins
Bild setzen, allemal durch ein Scheitern ihrer Helden gekennzeichnet. Diesem Hinweis ist jedoch nicht weiter nach-
zugehen. Denn daß dies auch bei der „Marquise von O…"
so sein müsse, ist ohnehin in keiner Weise zwingend. Und
außerdem liest sich der Schluß unserer Erzählung ganz im
gegenteiligen Sinne, mag man nun das „Scheitern" wo auch
immer finden wollen. Denn wenn eine ganze Reihe von
jungen Russen noch dem ersten folgte, dann spricht dies unausweichlich gegen jede Art von Analogie zu anderen Erzählungen Kleists, soweit sie auf ein Scheitern hinauskommen.

*Zum letzten Mal in diesem Buch:*
*Die Antwort auf die Frage nach Verbrechen und Strafe*

Unsere Überlegungen haben ergeben:
Kleist setzt in seiner Erzählung DIE MARQUISE VON O…
das schicksalhafte Zusammentreffen zweier bedeutender
Persönlichkeiten ins Bild. Er erhebt den Stoff einer überkommenen derben Anekdote zur im gegebenen Rahmen
höchsten Möglichkeit moralischen Verhaltens.

Die Marquise wahrt, nachdem für sie durch die unerklärliche Schwangerschaft alle Ordnungen dieser Welt zusammengebrochen sind, ihre Würde und ihre Freiheit in jeder
Hinsicht. Sie befreit sich aus größter Enttäuschung zu einer
vergebenden Liebe, die schließlich die Versöhnung zuläßt.

Der Graf erscheint zwar für erstes Lesen als der Verbrecher, der eine widerstandsunfähige Frau sexuell mißbraucht
hat und der nicht bestraft wird. Genauerer Lektüre er-
schließt sich aber ein anderes Bild des Grafen: Wohl hat er
in entwürdigender Weise einer von ihm vorschnell ange-
nommenen Bereitschaft der Marquise nicht widerstanden.
Doch war es nicht allein schon die bloße Gelegenheit, die
ihn verführte, sondern der einzigartig aufgekommene Ansturm einer Liebe, die sich hernach als groß erwies. Er hat

in seinem Ver-Sehen nicht ein schweres schuldhaftes Verbrechen begangen, sondern ein ethisch subtiles. Staatliche Strafe kam hier nicht in Betracht.

Gleichwohl war es eine „nichtswürdige Handlung", die sein Gewissen belastete. Aber er hat sich hernach bemüht, seine Untat in liebender Unterordnung gegenüber der geschwängerten Frau nach Kräften wieder gutzumachen. Er bereute aus dem Innersten. Offenbar galt nun für ihn, was schon Martin Luther in der 40. der Thesen wußte, die er 1517 an die Kirchentüre zu Wittenberg heftete, nämlich: „Aufrichtige Reue sucht und liebt die Strafen." So ging denn der Graf den Weg demütigender Selbstbestrafung. Dieser selten beschrittene Weg setzt allerdings voraus, daß sich die Person in eigentümlicher Weise aufspaltet: in eine übergeordnete sittliche Persönlichkeit, die dem fehlsamen untergeordneten Subjekt ein Leiden auferlegt, das als Sühneleistung zu verstehen ist.

Im Falle des Grafen umfaßt dieses sühnende Leiden neben der Selbstdemütigung auch den Verzicht darauf, den verfehlten Eindruck eines schweren Verbrechens zu berichtigen. Mit einer solchen Berichtigung hätte er sich ja offen dazu bekannt, daß er damals die Marquise einer Hingabe unter solch entwürdigenden Umständen für fähig gehalten hat. Und sodann erreicht der Graf durch dieses sühnende Verhalten mit dem öffentlichen (und insoweit unrichtigen) Bekenntnis, eine sehr schwere Untat begangen zu haben, daß die Ehre der Marquise vor allen Leuten voll wiederhergestellt wird. Umso glücklicher ist dann der Ausgang: daß diese freie Sühneleistung wirklich zur ersehnten Versöhnung geführt hat.

Um dieses einzigartigen Gehaltes willen gehört Kleists DIE MARQUISE VON O... in die Reihe der Werke, die wir unter der Frage nach Verbrechen und Strafe in der Weltliteratur gelesen haben. Und mit Recht ist dieses Werk an den Schluß der Reihe zu stellen: Es ist das versöhnlichste aller Werke, denn es schildert ein subtiles Verbrechen aus Versehen und die versöhnende Selbstbestrafung des Täters.

# Nachwort

## Verbrechen und Strafe

*Wir haben gefragt – Dichter haben geantwortet*

Leser und Leserin werden *die Frage nach Verbrechen und Strafe* weitgehend nachvollzogen haben, auch wenn sie nicht mit den Kenntnissen des Juristen an die Lektüre herangegangen sind. Die wesentlichen Begriffe, um die es ging, sind jedem zugänglich. Nur an wenigen Stellen mußte etwas von der spezifischen Fachkunde des Strafrechtlers in die Darstellung einfließen.

Im *Rückblick* ordnen sich *die Antworten,* die uns einige Dichter gegeben haben, *in historischer Folge.*

Zuerst ist da die große Dichtung des *Sophokles,* dem es in den beiden Tragödien ganz um den Fortbestand der von den Vätern überkommenen Religion ging. Der Glaube an die Götter und an ihr täglich wirkendes Zugegensein in der Polis sollte lebendig erhalten werden gegen alle Anzweifelungen im Klugreden der Sophisten. Was konnte da die Athener, die im Theater dem Schauspiel folgten, stärker pakken als in ANTIGONE diese Götterstrafe, die auf die Hybris der beiden Hauptpersonen folgte, und im KÖNIG ÖDIPUS das Unausweichliche, das die Götter gegen alle Ausweichversuche der Menschen beschlossen hatten.

Von diesen frühen Tragödien haben wir den Sprung über zweitausend Jahre hinweg zu *Shakespeare* gemacht, der im HAMLET die staatserhaltende Funktion der Strafe vor Augen führt, verwoben in ein Geschehen, in dem die kontrollierte und im Geiste der Zeit zu verantwortende Rache unter Königen die Aufgabe der staatlichen Strafe übernehmen mußte.

Auch *Schillers* Der Verbrecher aus verlorener Ehre ist
wie jede Dichtung zunächst aus dem Geist ihrer Zeit zu verstehen, – ja: recht eigentlich aus dem Ungeist dieser Zeit, in
der in den Bürgerhäusern die sensationell aufgezogenen
„Relationen" über begangene Verbrechen und vollstreckte
Strafen den Blick auf das Humane verstellten. In jugendli-
chem Engagement hat der Dichter sein Teil an Aufklärung
und Belehrung geleistet, daß wir immer auch im Verbrecher den Mitmenschen und im Verbrechen die Mitschuld
der Gesellschaft zu sehen haben.

*Heinrich von Kleist,* der Jurist unter den befragten Dichtern,
hat uns mit drei Werken beschäftigt. In allen dreien erleben
wir Charaktere von eigenwilligster Prägung, Menschen, die
den aus ihrer Subjektivität erwachsenen Weg vom Verbrechen zur Strafe gehen. In Michael Kohlhaas ist es der Fa-
natiker eines einseitigen Rechts, der durch Unrecht aus seiner Lebensbahn geworfen wird und der daraufhin Gerechtigkeit in schwersten Verbrechen erstrebt und sie zuletzt im
Erdulden der Strafe selbst mitverwirklicht. In Prinz Friedrich von Homburg sucht der von Ruhmsucht gepeitschte
jugendliche Held im Verbrechen und später in der Strafe
Unsterblichkeit. In Die Marquise von O... ging es nicht
um die einzigartige Titelfigur dieser Wunderdichtung, sondern um den Grafen, der eine in liebendem Versehen begangene Untat mit einer demütigenden Selbstbestrafung
ahndet und inmitten „der gebrechlichen Einrichtung der
Welt" eine Versöhnung herbeiführt, ohne sich aus dem Anschein eines schweren Verbrechens zu befreien. Erst der
Blick auf das Ganze der Erzählung ermöglichte den Abstand, aus dem sich in der gemeinhin geglaubten rohen Sol-
datentat jenes Versehen zeigt, das alle Teile des Geschehens
zusammenbindet.

Aus *Dostojewskijs* großem Roman Verbrechen und Strafe (auch: Schuld und Sühne) war herauszuziehen, was in
Übereinstimmung mit dem Romantitel auf unsere Frage
antwortet. Aus der absoluten Sinnleere, die in ein mit ratio-

nalen Konstruktionen subjektiv begründetes Verbrechen
führt, findet der Held dieses Ideenromans mit Hilfe einer
gläubigen Frau einen ersten Schritt in den christlichen Glauben des russischen Volkes, – aus der völligen Isolation in
eine Gemeinschaft der Mitmenschen.

*Melvilles* Erzählung BILLY BUDD zeigt an der Oberfläche
Verbrechen und Strafe, doch darunter ganz anderes: nämlich in der Beziehung zwischen zwei Menschen das in Unschuld gebrachte und nicht ohne Schuld entgegengenom-
mene, verklärte Opfer eines jungen Lebens.

*Zuckmayers* DER HAUPTMANN VON KÖPENICK bedeutet ein
Gegenstück zu Schillers VERBRECHER AUS VERLORENER
EHRE. Denn dieses „deutsche Märchen in drei Akten" dient
ebenso der Belehrung der Gesellschaft wie jene frühere Erzählung. Aber in dem modernen Stück liegt der Schwerpunkt noch deutlicher auf den Bedingtheiten eines vor allem durch ein Übermaß an staatlicher Ordnung belasteten
Lebenswegs.

*Albert Camus'* DER FREMDE verstehen wir schließlich als
ein Selbstbekenntnis des Autors. Verbrechen und Strafe
sind Teile der ganz individuellen Erfahrung eines absurden
Lebens. Aus öder Sinnleere heraus wird dem Helden der Erzählung erst in der Erwartung der sicher bevorstehenden
Vollstreckung der Todesstrafe ein Gefühl der Gemeinsamkeit mit den Mitmenschen zuteil.

Zwei Werke *Dürrenmatts* bilden die letzte Etappe unseres
Streifzugs durch die Weltliteratur. Aus seiner Sicht gehört
jene Welt der Werte, in der Verbrechen, Strafe und Gerechtigkeit ihren Ort haben, der Vergangenheit an. Diese Phänomene und Postulate kommen nur noch als Momente von
Satire und Groteske in seinen dichterischen Horizont. In
DER BESUCH DER ALTEN DAME geht es in diesem Sinne um
die persönlichste Vergeltung eines frühen Liebesverrats unter der Vorgabe, es gehe um Gerechtigkeit. In DIE PANNE
aber sind Verbrechen und Strafe nur noch als Pannen real:
was einst „Verbrechen" war, ist bloßer Unglücksfall, was

einst „Strafe" war, wird allenfalls im Alkoholrausch unter dem Zeichen von Gerechtigkeit ernst genommen.

Unser Weg durch die Weltliteratur hat aus dem ganz religiösen Bereich über die lange Strecke einer im Grunde ungefährdeten Tradition des staatlichen Strafens und einiger ethisch analogen Phänomene zu einer Sicht geführt, für die dem Verbrechen und der Strafe keine wertbezogene Bedeutung mehr zukommt. Im ganzen war unsere Frage fruchtbar genug, uns manche Dichtung neu verstehen zu lassen. Immer geht es im Bereich von Verbrechen und Strafe um Grundwahrheiten, die unser Menschsein betreffen. Wo das Zusammenleben gestört wird, werden uns die Bedingungen bewußt, unter denen wir leben. Und immer wieder sind es die Dichter, die auch hier tiefer blicken als wir anderen. Wir haben unsere Fragen nicht umsonst gestellt.

# ANHANG

## Nachweise und Anmerkungen

**Vorwort:** *Ein Jurist fragt – der Dichter antwortet*

Die *Begriffe, von denen der Jurist ausgeht,* finden sich – mehr oder weniger präzise – in jeder Lehrdarstellung zum Allgemeinen Teil des Strafrechts, aber auch in Handwörterbüchern verschiedener Art (z.B. im Evangelischen Staatslexikon, im Staatslexikon der Görresgesellschaft u.a.m.). Der unabweisbare Oberbegriff der „Vergeltung" wird allerdings heutzutage weithin vermieden, weil es dem beschönigenden Zeitgeist widerspricht, staatliche Strafe als rechtsstaatlich begrenzte Vergeltung neben der Rache als der subjektiv bestimmten Vergeltung eingeordnet zu sehen.

Für die von mir verwendeten und in den einzelnen Kapiteln dieses Buches zugrundegelegten Begriffe verweise ich auf meine Darstellungen: Lehrbuch Strafrecht Allgemeiner Teil, 2.Aufl., Tübingen 1975; Studienbuch Strafrecht Allgemeiner Teil, 2.Aufl., Tübingen 1984. – Vom Sinn der Strafe, 2.Aufl., Göttingen, 1972. – Zu den „Straftheorien" finden sich besondere Nachweise unten im Anhang zu Shakespeares HAMLET und Dürrenmatts PANNE.

Der *Ausdruck „Verbrechen"* ist nicht im technischen Sinne des Strafgesetzbuches gemeint, wo er im Vergleich zum „Vergehen" die schwerere „Straftat" bezeichnet, sondern in dem allgemeinen Begriff eines erheblichen Wertverstoßes (wie er ja auch dem Titel „VERBRECHEN UND STRAFE" bei Dostojewskij entspricht).

Die *Auswahl der Werke aus der Weltliteratur* wurde danach getroffen, ob die Frage nach dem Zusammenhang der Phäno-

mene Verbrechen und Strafe eine über das Juristische hinausreichende Erfassung anregt und ob ein vertieftes Verständnis der Werke der Dichtung erhofft werden kann.
Mancher Leser wird manches Werk vermissen, aber die Anzahl der Werke, in denen unsere spezielle Fragestellung im
genannten Sinne attraktiv ist, ist so groß denn doch nicht.
Kaum jemand wird etwa Dantes Göttliche Komödie vermissen, da die Strafen des Infernos für die Diesseitstaten zu
weit außerhalb unserer Vorstellungswelt liegen. Eher wird
man Franz Kafkas Der Prozess vermissen, eine der bedeutendsten Dichtungen des 20. Jahrhunderts. Aber die Probleme dieser Dichtung sprengen den Rahmen eines Kapitels
im vorliegenden Buche. Wer einen ersten Einstieg in die
Sicht sucht, die ich für weiterführend halte, sei auf den Aufsatz meiner Frau hingewiesen: Elsbeth Schmidhäuser, Die
Verhaftung des Josef K., Zum Verständnis von Kafkas Roman „Der Proceß", Neue Juristische Wochenschrift 1991,
S. 1455–1460.

Über die *Zitate in den einzelnen Kapiteln* ist zu sagen: Bei
dem überschaubaren Umfang der meisten Werke habe ich
weitgehend auf Angabe einzelner Fundstellen verzichtet.
Immerhin habe ich etwa bei Sophokles mehrfach Zeilenhinweise gegeben, bei Dostojewskij Hinweise auf die Kapitel
dieses großen Romans. Im übrigen verweise ich auf die
Nachweise und Anmerkungen zu jedem der dreizehn Kapitel.

### 1. Friedrich Schiller, Der Verbrecher aus verlorener Ehre

Text: Friedrich Schiller, Sämtliche Werke, Hrsg. Gerhard
Fricke und Herbert G. Göpfert, 5. Bd., 4. Aufl., München
1967, S. 13–35. – Ebenda, Anmerkungen S. 1060, zum Erstdruck in Thalia, 1786, unter dem Titel „Verbrecher aus Infamie".

Belege zum historischen „Sonnenwirt": Jacob Friedrich
Abel, Professor der Philosophie an der Hohen Carls Schule,

Sammlung und Erklärung merkwürdiger Erscheinungen aus dem menschlichen Leben, Zweiter Theil, Stuttgart 1787. S.1–86: Lebens-Geschichte Fridrich Schwans. – Das handschriftliche Protokoll der ersten Vernehmung des „Sonnenwirts": Hauptstaatsarchiv Stuttgart, Bestand A 209, Bü 5052: Vayhingen, Actum, d. 7.t Marty 1760.

Die bibliographischen Angaben zu den „Relationen" finden sich voll im Text. Vgl. dazu: Friedrich Christian Benedict Ave-Lallement, Das deutsche Gaunertum, 1.Teil, Leipzig 1858, S.220–239 (13.Kap., Die Relationen).

Goethe über Schiller: J.P.Eckermann, Gespräche mit Goethe, 18.Jan. 1827, Artemis-Gedenkausgabe, Bd.24, Zürich 1948, S.215. – Immanuel Kant, Metaphysik der Sitten, Rechtslehre (II.Teil, 1., E. Vom Straf- und Begnadigungsrecht). – Paul Joh. Anselm Feuerbach, Merkwürdige Kriminalrechtsfälle, vorgetragen und herausgegeben von –, Gießen, Bd.1, 1808, Bd.2, 1811 (dies die erste Auflage).

2. Heinrich von Kleist, MICHAEL KOHLHAAS

Text: Heinrich von Kleist, Sämtliche Werke und Briefe. Hrsg. Helmut Sembdner, 2.Aufl., München 1961. Bd.2, S.9–103. – Dieser Ausgabe folgt auch der Text in Reclam, Universalbibl. Nr.218, Stuttgart, 1982.

Kleist schreibt „Rechtgefühl" (nicht „Rechtsgefühl").

Zu Entstehungsdaten und Quellen vgl. die Anmerkungen bei Sembdner (wie oben), S.893 ff. – Goethe über den KOHL-HAAS im Gespräch mit J.D.Falk, Artemis Goethe, Bd.22, S.616. – Über Kafkas „Lieblingswerk" KOHLHAAS: Max Brod, Streitbares Leben, 1960, zitiert in: H. von Kleist, Erläuterungen und Dokumente, hrsg. Günter Hagedorn, Reclam, Stuttgart 1970, S.95. – Ebenda, S.57 ff. und S.69 ff. die historischen Quellen: Schöttgen/Kreysig, 1731, und der Lutherbrief vom 8.12. 1534. – Dieser Brief leicht zugänglich auch in: Martin Luther, Ausgewählte Schriften, Hrsg. Bornkamm/Ebeling, Frankfurt a.M., 1982, Bd.6, S.165 f. (... „Demnach, so Ihr meines Rates begehrt, wie Ihr schreibt, so rate ich: Nehmt Frieden an, wo er Euch werden kann, und leidet lieber an Gut und Ehre Schaden, als daß Ihr Euch weiter solltet begeben in solches Vornehmen" . . .)

Jean Jacques Rousseau, Du contrat social, ou principes du droit politique, Amsterdam, 1762. (Übersetzung: Der gesellschaftliche Vertrag oder Die Grundregeln des allgemeinen Staatsrechtes, C. F. Geiger, Marburg, 1763.) – Zum Fehderecht neuerdings vor allem: Hartmut Boockmann, Mittelalterliches Recht bei Kleist, Ein Beitrag zum Verständnis des 'Michael Kohlhaas', Kleist-Jahrbuch 1985, S. 84–108./Zu MICHAEL KOHLHAAS aus rechtlicher Sicht vgl. auch die Beiträge von Malte Diesselhorst, Monika Frommel, Joachim Rückert und Joachim Bohnert in: Kleist-Jahrbuch 1988–89, S. 334–431.

Ernst Bloch, Naturrecht und menschliche Würde, suhrkamp taschenbuch, Frankfurt 1972, S. 93 f., sieht in Kohlhaas den „Paragraphenreiter aus Rechtsgefühl", den „Landfriedensbrecher aus juristischer Leidenschaft." ⟨Bloch tut so, als wäre es hier um das Juristische gegangen!⟩ – Horst Sendler, Über Michael Kohlhaas – damals und heute, Vortrag . . ., Schriftenreihe der Juristischen Gesellschaft zu Berlin, 1985 (S. 26 ff. über Gemeinsamkeiten und Unterschiede zwischen Kohlhaas und dem modernen Terrorismus).

Rudolf von Ihering, Der Kampf um's Recht, Wien 1872, S. 66 ff., rühmt den Michael Kohlhaas der Kleist'schen Novelle ohne jede Einschränkung, sogar in Sätzen wie: „und er führt keinen ziellosen Vernichtungskrieg, sondern er richtet denselben nur gegen den Schuldigen und alle diejenigen, welche sich seiner annehmen." (S. 67)

## 3. Fjodor Michailowitsch Dostojewskij, VERBRECHEN UND STRAFE

Text: Es wurden drei deutsche Ausgaben benutzt: Rodion Raskolnikow, Schuld und Sühne, übertragen von E. K. Rahsin. Neu durchgesehene Ausgabe, München 1953. – Schuld und Sühne. Aus dem Russischen von Brigitte

Klaas. Nachwort usw. Natalie Reber, 2. Aufl., München
1982. – Verbrechen und Strafe. Aus dem Russischen von
Swetlana Geier, 2. Aufl., Zürich 1994.

Zitiert wird aus allen drei Ausgaben. Da es für die in diesem Buch gestellte Aufgabe und nach Art des Textes nicht
auf die wörtlichen Belege ankommt, habe ich gelegentlich
eine Übertragung mit einer anderen kombiniert. – Die
Fundortangaben im Text beschränken sich auf Buch-Titel
und Kapitel ohne Seitenangabe, z.B. ⟨VI/2⟩ = Sechster Teil,
2. Kapitel des Romans.

Zu Lebensdaten des Autors und zur Entstehung des Romans: vgl. die Nachworte von E. K. Rahsin und Natalie Reber. Ferner: Janko Lavrin, Fjodor M. Dostojewskij in Selbst-
zeugnissen und Bilddokumenten, Reinbek bei Hamburg,
1963.

Über die Motivation des Verbrechens und das „Autoexperiment": Nachwort N. Reber, S. 572 ff. Ebenda S. 576 f.
zur „doppelten Motivation" und der Bedeutung des Na-
mens „Raskolnikov". – Maximilian Braun, Dostjewskij, Das
Gesamtwerk als Vielfalt und Einheit, Göttingen 1976,
S. 125, meint: „Der Mord wird zu einem Experiment des Täters mit sich selbst." – Zur Fernstenliebe: Friedrich Nietzsche, Also sprach Zarathustra. Die Reden Zarathustras.
Hier: „Von der Nächstenliebe": „Lieber noch rate ich euch
zur Nächsten-Flucht und zur Fernsten-Liebe!" – Der Hinweis zum Napoleon-Motiv: Honoré de Balzac, Verlorene Illusionen, Aus dem Französischen von Otto Flake, Zürich
1977, S. 92 f.

## 4. William Shakespeare, HAMLET

Text: Vorrangig habe ich mich – vor allem in den ins Deutsche übersetzten Stellen – an die neue Ausgabe des Reclam-Verlags gehalten: William Shakespeare, Hamlet, eng-
lisch/deutsch, herausgegeben, übersetzt und kommentiert
von Holger M. Klein, Bd. 1 und 2, Stuttgart, 1984. – An einigen Stellen zitiere ich ausdrücklich die in vielen Ausgaben

veröffentlichte Übersetzung von August Wilhelm Schlegel
(deren erste Aufführung 1799 in Berlin).

Zitiert wird nach Akt und Szene: ⟨III/2⟩ = 3. Akt, Szene 2.

Hamlet als „Zauderer": z.B. bei Goethe, Wilhelm Meisters Lehrjahre, 4. Buch, 13. Kapitel (am Ende). Heinrich
Heine, Erläuterungen zu „Shakespeares Mädchen und Frau-
en", über Ophelia. Friedrich Nietzsche, Die Geburt der Tragödie, 7. Kap. („Die Erkenntnis tötet das Handeln ... – das ist
die Hamletlehre"). Bert Brecht (in dem Gedicht: „Über
Shakespeares Stück 'Hamlet'"). – Ute Schäfer, in: Shake-
speare-Handbuch, Hrsg. Ina Schabert, Stuttgart, 1972,
S. 549f. – Als Beleg für die Alltagsmeinung: Magazin des
Wochenblatts „DIE ZEIT" vom 26.11. 1987 („'Hamlet' ...,
Die Tragödie vom grübelnden Zögerer, der die Worte liebt").

Zur Thronfolge im damaligen England vgl. fürs erste
etwa: Siegfried Melchinger, Shakespeare, Frankfurt, 1986,
S. 56ff. Carl Schmitt, Hamlet oder Hekuba, Der Einbruch
der Zeit in das Spiel, Stuttgart, 1985, S.18–20. – Zur Geisterfrage die zitierte Untersuchung von Wilson, Cambridge,
1935, im 3. Kapitel: „Geist oder Teufel?" Der abschließende
Satz a.a.O., S.86 (oben ins Deutsche übertragen). – Goethe, Wilhelm Meisters Lehrjahre (wie oben). – Über das
Fechtmanöver des „Desarmierens" vgl. höchst aufschluß-
reich: Karl Werder, Vorlesungen über Shakespeares Hamlet,
gehalten ... zuletzt 1871–1872, 2. Aufl., Berlin, 1893,
S. 253ff., bes. S. 257f.

Zum „Vergeltungs"-Begriff vgl. meine oben (im Anhang
zur Vorbemerkung S.1f.) angegebenen Lehrdarstellungen
(dort jeweils das Stichwort „Vergeltung").

Hamlets Handlungsziel war Gegenstand meines Vortrags
vor der Hamburger Goethe-Gesellschaft, veröffentlicht in
deren Jahresgabe 1992/93 (nicht im Buchhandel): „Ist Hamlet ein Zauderer?" – Herr Prof. Dr. Götz Landwehr, Hamburg, hat als Rechtshistoriker darauf im Briefe reagiert; ich
zitiere mit seiner Zustimmung: „Sie stellen in den Mittel-
punkt Ihrer Betrachtung das 'to set it right'. Das hat mich in

jeder Hinsicht überzeugt. Diese Worte besagen dasselbe wie das lateinische reformare, reformatio: das Deformierte wieder in die alte Form zurückversetzen. Reform ist das große Schlagwort des 16. Jahrhunderts. Es betrifft die Kirche, die Herrschaftsordnung, das Recht und die Gesellschaft insgesamt. Ziel der reformatio ist die gute policey, der wohlgeordnete Zustand des Gemeinwesens. Davon handelt die Hausväterliteratur, aber auch die Fürstenspiegel handeln von ihr. Reformatio ist die Aufgabe der Herrscher und vor allem der Könige. Diese Fürstenspiegel wurden gedruckt und waren im 16. Jahrhundert bekannt. Sie handeln auch vom gerechten Herrscher und von der gerechten Strafe, ohne den Charakter von juristischen Traktaten zu haben. Inkarnation der Deformation sind Bruder- und Königsmord, Inzest und usurpierte Herrschaft."

Der Brief Herrn Landwehrs hat mich angeregt, das Stichwort der „Reformierung" betont aufzugreifen.

## 5. Sophokles, ANTIGONE

Text: Weitestgehend lege ich die Übertragung von Wilhelm Kuchenmüller bei Reclam, Stuttgart 1955, zugrunde. Teilweise wurde überprüft anhand des griechischen Textes und der Übertragung von Karl Reinhardt, Sophokles, Antigone, übersetzt und eingeleitet von –, 6. Aufl., Göttingen, 1982; ferner Norbert Zink, Antigone griechisch/deutsch, bei Reclam, Stuttgart 1981. Herangezogen wurden ferner die Übertragungen von Wolfgang Schadewaldt, insel-taschenbuch, Frankfurt, 1974; Heinrich Weinstock, Sophokles, Die Tragödien, 5. Aufl., Stuttgart 1962, S. 263 ff. – Nur zum Teil habe ich die Zitate aus ANTIGONE mit der Angabe einer Vers-Nummer (Übertragung Kuchenmüller) belegt; soweit mehrere Verse gemeint sind, wird jeweils nur auf den ersten hingewiesen. –

In Aischylos' SIEBEN GEGEN THEBEN sind Antigone und Ismene gleichrangige Nebenfiguren ohne eigentliche Handlung.

Auf die „Entzweiungen" weist Schadewaldt ⟨wie oben⟩ S. 112 hin.

Die „Stimmen über Antigone" – oben im Abschnitt „Verhalten und Schicksal der Antigone": G. W. Hegel, Phänomenologie des Geistes, Ausgabe J. Hoffmeister, 6. Aufl., Hamburg 1952, S. 336 (Abschnitt: Die sittliche Handlung). – Schadewaldt ⟨wie oben⟩, S. 61 f., 111 ff., und zuvor schon ders., Hellas und Hesperien, 2. Aufl. 1. Bd., Zürich und Stuttgart 1970, S. 442 ff., bes. S. 454. – Gerhard Müller, Sophokles, Antigone, erläutert und mit einer Einleitung versehen, Heidelberg 1967, S. 11, 18. – Gustav Radbruch, Rechtsphilosophie, 4. Aufl., Stuttgart 1950, S. 183 (mit Anm. Erik Wolf). – Zur Deutung „Überzeugungsverbrecher": s. Schadewaldt (insel-taschenbuch), S. 63, 117.

Harald Patzer, Gesammelte Schriften, Stuttgart, 1985, S. 318 ff., sieht in Kreon die Hauptperson, den sophokleischen Protagonisten in der ANTIGONE. Unsere Darstellung spricht gegen diese Ansicht. Im übrigen zeigt eine bibliographische Übersicht der „Gesamtdeutungen" bei Patzer, a. a. O., S. 384 ff., welche Schwierigkeiten ANTIGONE der Literatur bereitet. Schon in der Gliederung dieser Übersicht zeichnet sich die Vielfalt der Deutungsversuche ab, und zwar: 1. Kreon Hauptperson – 2. Antigone Hauptperson a) triumphierend b) scheiternd aa) schuldig bb) schuldlos – 3. Kreon und Antigone Hauptpersonen a) Antigone triumphierend b) Antigone scheiternd c) Antigone triumphierend und scheiternd.

Der Kleine Pauly, Lexikon der Antike, dtv, Bd 5, München 1979, Sp. 81: Selbstmord, Griechenland; „Der Archetyp des befleckenden Selbstmords war der durch Erhängen." In Vers 54 der ANTIGONE spricht Ismene vom Selbstmord ihrer Mutter Iokaste, die „schändlich sich erhängte"; „lobatai bion", behandelte schändlich ihr Leben, übersetzt Zink mit dem vorangehenden Text: „mit geflochtener Schlinge macht sie schändlich ihrem Leben ein Ende." –

Die Ablehnung der Auffassung Hegels (mit Belegen) findet sich in der wiedergegebenen Weise bei Gerhard Müller, a. a. O., S. 9–11.

Von fünf Konflikten spricht George Steiner, Neue Zürcher Zeitung vom 26. 3. 1989. – Gerhard Müller, a. a. O., S. 11, betont unter Berufung vor allem auf Bultmann, Sophokles sei „als Dichter Theologe" und mache „theologische Aussagen".

## 6. Sophokles, KÖNIG ÖDIPUS

Text: Ich lege weitestgehend KÖNIG OIDIPUS, die Übertragung von Ernst Buschor bei Reclam, Stuttgart, 1982 zugrunde (nach der Ausgabe C. H. Beck, München, 1954). Der griechische Text mit deutscher Übertragung: Karl Arno Pfeiff, Göttingen, 1969 (Kleine Vandenhoeck-Reihe). Herangezogen wurden ferner die Übertragungen: Wolfgang Schadewaldt, Kommentierte Ausgabe, Insel-Taschenbuch, Frankfurt, 1973; Heinrich Weinstock, Sophokles, Die Tragödien, 5. Aufl., Stuttgart 1962, S. 322 ff.

OIDIPUS AUF KOLONOS: einzelne Verse werden zitiert nach der Übertragung von Ernst Buschor, Reclam-Verlag, Stuttgart 1983 (nach der Ausgabe C. H. Beck, München, 1954).

Wie zu ANTIGONE werden nur zum Teil Verse mit Angabe der Vers-Nummer belegt; soweit mehrere Verse gemeint sind, wird nur auf den ersten hingewiesen. – So bedeutet z. B. ⟨947⟩ nicht notwendig nur diesen Vers, sondern u. U. auch die folgenden Verse.

Die Nachwirkung der Tragödie wird umfangreich dargetan von Schadewaldt, S. 125 ff., moderne Neuschöpfungen S. 137 f. (u. a. André Gide, 1932; Jean Cocteau, 1928; Th. St. Eliot, 1959 „Ein verdienter Staatsmann").

Zum „Ödipuskomplex" siehe den wissenschaftlichen Ursprung bei Sigmund Freud, Die Traumdeutung (1. Aufl. 1900), hier: Studienausgabe, Bd. II, Frankfurt a. M., 1972, S. 265–268 (zu Sophokles, König Ödipus).

Schadeweldt, S. 74, nennt den Ödipus ein „Dokument griechischer Religion." „Es geht um ein Geschehen zwischen Mensch und Gott, in dem ein hoher Mensch, unschuldig-schuldig, durch seinen Untergang in einer gefährdeten Welt zu seinem Teil das Göttliche bewährt und rettet." – Das „Wissenwollen um jeden Preis" meint Schadewaldt, S. 94, 99, feststellen zu sollen, m. E. zu Unrecht. Ähnlich übrigens auch Karl Jaspers, Von der Wahrheit, München 1947, S. 934 ff. – Aber Ödipus betreibt die Wahrheitssuche nicht wie ein Wissenschaftler um der Erkenntnis selbst willen. – Erik Wolf, Griechisches Rechtsdenken, Bd. 2, Frankfurt a. M., 1952, S. 293 ff., sieht im Rechthabenwollen des Ödipus, in der Nichtanerkennung des Seherspruchs, eine persönliche „Schuld", Hybris, des Ödipus (vor allem S. 313 f., 317).

Die Sphinx, ein Ungeheuer halb Mensch, halb Tier (meist geflügelter Löwe), gibt das Rätsel auf: Was ist das für ein Tier – am Morgen hat es vier Füße, am Mittag zwei und am Abend drei. Wenn es auf vier Füßen sich bewegt, ist seine Kraft am geringsten? Ödipus löste: Der Mensch – als Kind auf vier „Füßen", sodann auf zwei, im Greisenalter am Stock gehend, auf drei.

7. Heinrich von Kleist, Prinz Friedrich von Homburg

Text: Heinrich von Kleist, Sämtliche Werke und Briefe, Hrsg. Helmut Sembdner, 2. Aufl., München 1961, Bd. 1, S. 629–709. – Dieser Ausgabe (4. revidierte Auflage 1965) folgt der Text in Reclam, Universalbibl., Nr 178, Stuttgart 1968.

Zitiert wird öfters Akt und Szene, z. B. ⟨V/5⟩, gelegentlich auch die Zeile, z. B. ⟨1708⟩.

Zu den Entstehungsdaten und Quellen vgl. die Anmerkungen bei Sembdner (wie oben), S. 946 ff.

Über das Schlafwandeln vgl. „Schlaf" in: Lexikon der Psychologie, hrsg. Arnold, Eysenck, Meili, Herderbücherei, Freiburg, 4. Aufl., 1976. – Daniel Frey, Neue Zürcher Zeitung vom 6.8.1986. – Zum Vergleich von „konsensorientiertem" und „machtorientiertem Recht": Klaus Lüderssen, Kleist-Jahrbuch 1985, S.78, in der Abhandlung „Recht als Verständigung unter Gleichen in Kleists 'Prinz von Homburg'" (a.a.O., S.56–83).

Zum angeblichen Wandel in der Haltung des Prinzen: Friedrich Hebbel (1813–1863), Werke, Bd.3, Hrsg. Gerhard Fricke, Werner Keller und Karl Pörnbacher, München, 1965, S.623. – Ernst von Reusner, Nachwort zur Ausgabe des Reclam-Verlags, S.94. – Benno von Wiese, Die deutsche Tragödie von Lessing bis Hebbel, dtv München 1983, S.334 ff., hier S.339 f. – Günter Blöcker, Heinrich von Kleist oder Das absolute Ich, Fischer-Taschenbuch, Frankfurt a.M., 1977, S.171 f. – Bernhard Blume, Kleist und Goethe, Monatshefte ... 1946, erneut in: Wege der Forschung, Heinrich von Kleist, Aufsätze und Essays, hrsg. Walter Müller-Seidel, 3.Aufl. Darmstadt, 1980, hier: S.175.

Immanuel Kant, Grundlegung zur Metaphysik der Sitten (2.Aufl. 1786), hier zitiert nach: Werke in sechs Bänden, hrsg. von Wilhelm Weischedel, Darmstadt, Bd.IV, 1956, bes. S.33. – Georg Christoph Lichtenberg (1742–1799), Schriften und Briefe, 2.Bd., Hrsg. W.Promies, München, 1971, S.450 (Sudelbücher, Heft K, Nr.292).

Zu Kleists Ehrgeiz im Wettstreit mit Goethe vgl. den Bericht Pfuels in: Helmut Sembdner, Heinrich von Kleists Lebensspuren, Bd.1, Frankfurt a.M., S.94: „... daß es nur das eine Ziel für ihn gebe, der größte Dichter seiner Nation zu werden; und auch Goethe sollte ihn daran nicht hindern. ... Ich werde ihm den Kranz von der Stirne reißen', war der Refrain seiner Selbstbekenntnisse wie seiner Träume." – Vgl. ferner Katharina Mommsen, Kleists Kampf mit Goethe, suhrkamp taschenbuch, Frankfurt a.M., 1979.

8. Herman Melville, BILLY BUDD.

Text: Der Darstellung liegt die deutsche Übertragung von Richard Möring (Peter Gan) zugrunde, erschienen bei Re-

clam, Universal-Bibliothek Nr. 7707, Stuttgart, 1980. Die
gleiche Übertragung auch in der Fischer-Bücherei, ferner
im Verlag Diogenes, Zürich. – Der Text in englischer Sprache: Herman Melville, Billy Budd, Sailor: An Inside Narrative. Hrsg. Harrison Hayford und Merton M. Sealts, Jr., Chi-
cago, 1962 – hier benutzt in der Ausgabe der Penguin
Books, Herman Melville, Billy Budd and other stories,
Hrsg. Harold Beaver, Harmondsworth, England, 1967/1982,
S. 317 ff.

Die deutsche Übertragung folgt dem englischen Text
nicht in der Einteilung der Kapitel. Ferner heißt das in der
Übertragung „Indomitable" (Unbesiegbar) genannte Schiff
im englischen Text „Bellipotent" (Kriegsmächtig). Dazu bemerkt Beaver (S. 456 f.), Melville habe das Schiff im Manuskript zunächst immer Indomitable genannt, gegen Ende
aber nur Bellipotent; dies entspreche denn Melvilles schließ-
licher Intention. –

Zu Begriff und Funktion der staatlichen Strafe aus meiner
Sicht: vgl. Text und Anmerkungen des Vorworts.

„Nur formaljuristisch schuldig" sagt Ludwig Rothmayr,
Der Mensch und das Schicksal in den Romanen Herman
Melvilles, Frankfurt a. M., 1977, S. 276. Ebenda S. 286 ff.
auch zum Gesamtsinn der Erzählung (i. S. der „accep-
tance"). – Über die verschiedenen Interpretationen vgl. vor
allem: Hans-Joachim Lang, Melvilles 'Billy Budd' und seine
Quellen: Eine Nachlese, in: Festschrift für Walter Fischer,
Heidelberg 1959, S. 285 ff. – Die neue, von dem Stottern
Billys ausgehende Interpretation: Manfred Schneider, Billy
Budd, oder: Die Erektion der Macht. In: Schreibheft, Zeit-
schrift für Literatur, Hrsg. Norbert Wehr, Essen 1991,
Nr. 37, S. 173 ff.

### 9. Albert Camus, DER FREMDE

Text: Albert Camus, Der Fremde. Übersetzt von G. Goyert
und H. G. Brenner, Rowohlt Taschenbuch Verlag, Reinbek
1961. – Der französische Text: L'Etranger. Universalbiblio-

thek Reclam, Stuttgart 1984 (nach dem Text Edition Galli-
mard, Paris 1942).

Der französische Text erzählt fast nur im Perfekt und betont damit die Einförmigkeit der Sprache des Romanhelden, zugleich auch, wie distanziert er dem monoton vorgetragenen Gegenstand gegenübersteht. Trotz dieser Akzent-
verschiebung halte ich mich in der Wiedergabe einzelner
Stellen fast durchgehend an die veröffentlichte deutsche
Übertragung, die meistens das Imperfekt benutzt.

Ich weise nur gelegentlich auf die Fundstelle einzelner Zitate aus dem überschaubaren Roman hin. ⟨II/3⟩ bedeutet
dann: Zweiter Teil, Kapitel 3.

Das Kapitel dieses Buches übernimmt Teile meines Vortrags vor der Juristischen Studiengesellschaft Karlsruhe:
Vom Verbrechen zur Strafe, Albert Camus „Der Fremde";
ein Weg aus der Absurdität menschlichen Daseins. Heidelberg 1992.

Morvan Lebesque, Albert Camus, übertragen von Guido G. Meister, Reinbek 1960, bietet einen ersten Einstieg in
Biographie und Bibliographie zu Camus. - Die Kennzeich-
nung „Dichterphilosoph" bei Schmidt-Schischkoff, Philoso-
phisches Wörterbuch, 15. Aufl., Stuttgart 1960, S. 80. - Camus' Tagebuch-Eintrag vom Januar 1936: Tagebücher
1935–1951. Übers. von G. G. Meister, Reinbek 1972, S. 12.

Gedankliche Wurzeln: Betrachtungen zur Todesstrafe, in:
Fragen der Zeit, Deutsch von Guido G. Meister, Rowohlt
Taschenbuch Verlag, Reinbek 1977, S. 93 ff. Camus läßt seinen Helden Meursault ⟨II/5⟩ das gleiche Ereignis berichten, das „Mama mir damals erzählte" – ein Zeichen für den
starken autobiographischen Akzent des Romans. - Der Mythos von Sisyphos, Ein Versuch über das Absurde, übertragen von Hans Georg Brenner und Wolfdietrich Rasch, Roh-
wohlt Taschenbuch Verlag, Hamburg 1959. Die Zitate aus
S. 96, 29, 11, 24, 23. S. 53, Anm. 1: „Der absurde Mensch ist
das Gegenteil von einem versöhnten Menschen."

Leo Tolstoj, Der Tod des Iwan Iljitsch, im 1. Kapitel.

Camus kommentiert den Roman in einer Vorbemerkung, in Übersetzung mitgeteilt in: Edgar Meis, Albert Camus, Der Fremde, Der Fall, Erläuterungen, Hollfeld, 3. Aufl., 1984, S. 16 ff. „Der Held des Buches wird verurteilt, weil er nicht mitspielt." ... „in welchem Sinne Meursault das Spiel nicht mitspielt. Die Antwort ist einfach: er weigert sich, zu lügen."

Camus sah sich selbst als „bewußter Mensch" und als Künstler hin- und hergerissen zwischen Alleinsein-Wollen und Dazugehören-Wollen. Seine Erzählung vom Kunstmaler Jonas – Jonas oder der Künstler bei der Arbeit, übersetzt von G. G. Meister, Reinbek 1966 – endet (S. 213) mit dem Blick auf die weiße Leinwand, auf die der Künstler „mit ganz kleinen Buchstaben etwas geschrieben" hatte, „das man wohl entziffern konnte, ohne indessen sicher zu sein, ob es heißen sollte 'solitaire' oder 'solidaire'." (also: „einsam" oder „gemein-sam"). – Den Schritt in ein sinnerfülltes, von mitmenschlicher Verantwortung getragenes Leben hat Camus in dem 1947 erschienenen Roman Die Pest gezeigt (und zwar am aufopfernden Verhalten des Arztes Rieux und des Journalisten Rambert).

## 10. Carl Zuckmayer, Der Hauptmann von Köpenick

Text: Carl Zuckmayer, Der Hauptmann von Köpenick, Ein deutsches Märchen in drei Akten, Fischer-Taschenbuch Verlag, Frankfurt a. M., 1961 (und weitere Auflagen). (Die Erstausgabe: Propyläen-Verlag Berlin, 1930.) – „Sz" = Szene.

Die historischen Vorgänge sind belegt in: Der Fall Köpenick, Akten und zeitgenössische Dokumente zur Historie einer preußischen Moritat, Hrsg. Wolfgang Heidelmeyer, Fischer Bücherei, Frankfurt und Hamburg, 1968. (Darin S. 61 die vorne teilweise wiedergegebene Ausweisungsverfügung vom 17. 8. 1906.)

Vgl. ferner: Erläuterungen und Dokumente, Carl Zuckmayer, Der Hauptmann von Köpenick, Hrsg. Hartmut Scheible, bei Reclam, Stuttgart, 1977. (S. 167 ff. Literaturhinweise.) – Siegfried Mews, Carl Zuckmayer, Der Hauptmann von Köpenick, Grundlagen und Gedanken zum Verständnis des Dramas, 3. Aufl., Frankfurt usw., 1982 (S. 84–88: Literaturverzeichnis).

## 11. Friedrich Dürrenmatt, DER BESUCH DER ALTEN DAME

Text: Friedrich Dürrenmatt, Der Besuch der alten Dame, Eine tragische Komödie, Neufassung 1980. Diogenes-Verlag, Zürich, 1980. – Die Ausgabe des Diogenes-Verlags enthält im „Anhang" (S. 141 ff.) auch die „Anmerkung I" aus dem Jahre 1956 für die Erstausgabe, Zürich, 1956.

Die im Abschnitt „Gerechtigkeit und Vergeltung" ganz wiedergegebene neue Stelle im 3. Akt (S. 117 der Ausgabe 1980), hat folgende Worte der Claire (Ausgabe 1956) ersetzt: „Deine Liebe ist gestorben vor vielen Jahren. Meine Liebe konnte nicht sterben. Aber auch nicht leben. Sie ist etwas Böses geworden wie ich selber, wie die bleichen Pilze und die blinden Wurzelgesichter in diesem Wald, überwuchert von meinen goldenen Milliarden. Die haben nach dir gegriffen mit ihren Fangarmen, dein Leben zu suchen. Weil es mir gehört. Auf ewig. Nun bist du umsponnen, nun bist du verloren. Bald wird nichts mehr bleiben als ein toter Geliebter in meiner Erinnerung, ein mildes Gespenst in einem zerstörten Gehäuse." – Es ist das geistig Vergnügliche an Dürrenmatt, daß er seine eigenen Stücke in den Jahren oft neu zu begreifen beginnt und sich dann zu Änderungen und Ergänzungen entschließt, die in einen neu veröffentlichten Text eingehen. So braucht man sich wahrlich auch an seine Formulierungen aus der Anmerkung von 1956 nicht sonderlich gebunden zu fühlen.

Über die Gerichtsmetaphorik zitiere ich vorne beispielhaft: Elisabeth Bauer, Die Gerichtsthematik im Werk von Friedrich Dürrenmatt, München 1990, S. 118. Dort in Fußnote 128 auch der Hinweis zum Zitat über die „Gnade". – Gelegentlich wird auf die Erzählung Mark Twains hingewiesen: „Der Mann, der Hadleyburg korrumpierte" (The

Man That Corrupted Hadleyburg"), erschienen 1900. Deutsche Übertragung in: Mark Twain, Die Eine-Million-Pfund-Note und andere Erzählungen, Diogenes-Taschenbuch, Zürich 1987, S. 7–66. Die Erzählung Twains läßt sich aber kaum als Anregung für die Phantasie Dürrenmatts verstehen. Wenn auch in dieser Erzählung Geld als Köder für eine Kleinstadt eingesetzt wird, so doch nur, um die selbstgerechten Bürger ihrer Heuchelei und Habgier zu entlarven.

Wie Dürrenmatts Stück zu den uns interessierenden Fragen anderswo verstanden wird, zeigt sich etwa bei: Dominik Jost, Vom Gelde: 'Der Besuch der alten Dame' in: Zu Friedrich Dürrenmatt/hrsg. von Armin Arnold, Stuttgart/ 1982, S. 71 ff. S. 77 betont Jost, daß es nicht um Gerechtigkeit gehe, sondern um Rache. S. 79: Ill sah seine Schuld ein und war dann zur Sühne, – zur grotesken Übersühne bereit. – S. 82 ebenda: über einige Spezialstudien zum Stück. – In dem Band „Erläuterungen und Dokumente" Fr. Dürrenmatt, Der Besuch der alten Dame, Reclam Verlag, Hrsg. Karl Schmidt, Stuttgart, 1975, werden zitiert: S. 80 f., Manfred Durzak: „Claire vom Ideal absoluter Gerechtigkeit besessen"; S. 79, Ulrich Profitlich (er spricht vom „Sühnetod" Ills, vom „Opfertod". Der tragische Sühnetod vollziehe sich in einer Umgebung, die des tragischen Formats entbehre).

## 12. Friedrich Dürrenmatt, DIE PANNE

Texte: Friedrich Dürrenmatt, Der Hund, Der Tunnel, Die Panne, Erzählungen, Diogenes Taschenbuch, Zürich 1980. Darin: S. 35 ff.: Die Panne, Eine noch mögliche Geschichte. – Friedrich Dürrenmatt, Die Panne, Ein Hörspiel und eine Komödie, Diogenes Taschenbuch, Zürich 1980.

Immanuel Kant, Metaphysik der Sitten, Rechtslehre, Allg. Anmerkung E zu §§ 43–49. – Über die Straftheorien unterrichtet jedes Lehrbuch zum Allgemeinen Teil des Strafrechts, aber auch z. B. Evangelisches Staatslexikon, 3. Aufl.,

Hrsg. Roman Herzog u.a., Stuttgart 1987, Bd.II, Stichwort Strafe. Vgl. auch Eberhard Schmidhäuser, Vom Sinn der Strafe, 2. Aufl., Göttingen 1971, S.18 ff. –

Über „Strafrechtliche Schuld und die philosophische Frage der Willensfreiheit" vgl. die kurze Darstellung: Eberhard Schmidhäuser, Strafrecht, Allgemeiner Teil, Studienbuch, 2. Aufl., Tübingen, 1984, RandNr. 7/13 ff. (mit weiteren Hinweisen). – Die Entscheidung des deutschen Bundesgerichtshofs in der amtl. Sammlung, Bd.2, S.200 f. (Urteil aus dem Jahre 1952, das heute noch als grundlegend angesehen wird.) – Die Äußerung des Naturwissenschaftlers: Neue Zürcher Zeitung, NZZ-Folio, März 1994, S.12 (Gespräch mit Valentin Braitenberg).

Die aus deutschen Strafgesetzen zitierten Vorschriften: § 3 Jugendgerichtsgesetz; § 20 Strafgesetzbuch.

Georg Friedrich Wilhelm Hegel, Grundlinien der Philosophie des Rechts, erstmals erschienen 1821, § 100: ... „Daß die Strafe darin als sein eigenes Recht enthaltend angesehen wird, darin wird der Verbrecher als Vernünftiges geehrt." ...

Zur Bedeutung von Dürrenmatts Werken hier noch ein abschließender Hinweis: Hans Mayer, über Friedrich Dürrenmatt und Max Frisch, Pfullingen, 1977, S.35, meint, der Weltruhm Dürrenmatts beruhe auf dem Schauspiel DER BESUCH DER ALTEN DAME und auf dem Hörspiel DIE PANNE.

13. Heinrich von Kleist, DIE MARQUISE VON O...

Text: Heinrich von Kleist, Sämtliche Werke und Briefe. Hrsg. von Helmut Sembdner, 2. Aufl., München 1961, Bd.2, S.104–143. – Dieser Ausgabe folgt auch der Text in Reclam, Universal-Bibliothek Nr.1957, Stuttgart 1965.

Eine anders akzentuierte Darstellung findet sich in meiner Abhandlung „Das Verbrechen in Kleists 'Marquise von O...'", Kleist-Jahrbuch 1986, S.156–175. Dort (in Fußnote 37) werden auch die vorne genannten Einwände wiedergegeben.

Für die vorne als allgemeine Meinung berichtete Ansicht vom Verbrechen des Grafen nenne ich hier nur als Beispiele: Friedrich Braig, Heinrich von Kleist, München 1925, S. 453. – Gerhard Fricke, Gefühl und Schicksal bei Heinrich von Kleist, Berlin 1929, S. 137. – Günter Blöcker, Heinrich von Kleist oder Das absolute Ich, Frankfurt a. M., S. 146. – Walter Müller-Seidel, Die Struktur des Widerspruchs in Kleists 'Marquise von O…', in DVjs 28 (1954), S. 509, ferner in Kleist-Jahrbuch 1985, S. 30. – Zum „Klassenproblem" wird Peter Horn, Heinrich von Kleists Erzählungen. Eine Einführung, Königstein/Ts. 1978, S. 99 f. zitiert.

*In derselben Ausstattung erschienen:*

Otto Gritschneder

# Anwaltsgeschichten

1988. 143 S. Gebunden. DM 24,-/ÖS 187,-/SFr 25,-
ISBN 3406334342

Wahre Geschichten, wie sie nur das Leben schreibt, hat Otto
Gritschneder mit einem feinen Gespür für Anekdotisches,
Komik und Humor in diesem Buch vereint. Einige sind so
unglaubwürdig, daß sie kaum von einem Schriftsteller aus-
gedacht sein könnten. Der Verfasser hat jedoch als Anwalt die
meisten selbst erlebt. Weil er auch zu schreiben versteht, ergibt
sich für jeden ein großes Lesevergnügen. Für Juristen wird es
darüber hinaus reizvoll sein, sich ihrem Alltag mit so außergewöhnlichen Fällen rein literarisch zu nähern.

„Otto Gritschneders Anwaltsgeschichten sind nicht nur gekonnt
erzählte Erinnerungen, nicht nur sozusagen sorgfältig protokol-
lierte Quintessenz höchst abwechslungsreicher Berufsjahrzehnte,
nicht nur gleichsam fernsehreife Unterhaltung. Sie dokumentie-
ren vielmehr die letzten fünf Jahrzehnte unseres turbulenten
Jahrhunderts überzeugend und packend wie das Leben selbst."

Deutsche Richterzeitung

*In derselben Ausstattung erschienen:*

Otto Gritschneder

# Angeklagter Ludwig Thoma
## Mosaiksteine zu einer Biographie
## aus unveröffentlichten Akten

2. Auflage 1992. 172 S. Gebunden. DM 29,80 / ÖS 233,- / SFr 29,80
ISBN 3406 36764 X

Ludwig Thoma (21.1.1867 bis 26.8.1921) ist einer der populär-
sten deutschen Dichter dieses Jahrhunderts. Auf ganz unkonven-
tionelle Weise beleuchtet Otto Gritschneder die Persönlichkeit
dieses umstrittenen Publizisten, die damalige Zeit und ihre An-
schauungen. Aus bislang unbekannten Gerichtsakten berichtet er
von Thomas Spottgedicht über eine Tagung eines Sittlichkeits-
vereins und die darin enthaltenen Beleidigungen zweier evange-
lischer Geistlicher, die deswegen erlittene Haft, die Thoma zu
seinem Meisterwerk „Moral" inspirierte, und manch weitere
biographische Details.

„… mit der Akribie des Historikers zusammengetragen und mit
dem Sachverstand des Juristen einläßlich kommentiert."

Benno Hubensteiner in „Müncher Stadtanzeiger"

„… illustriert die geistige Situation der Zeit auf eine ebenso
authentische wie eindringliche Art …"

Otto B. Roegele in „Rheinischer Merkur"